Chutneys, Öle, Marmeladen

Chutneys, Öle, Marmeladen

250 Feinschmeckerrezepte
süß oder pikant

Hilaire Walden
Fotos von David Gill

Christian Verlag

Aus dem Englischen übersetzt von Karin Hirschmann
Redaktion: Britta Muellerbuchhof
Korrektur: Eva Klunker
Umschlaggestaltung: Horst Bätz
Herstellung: Dieter Lidl
Satz: Satz & Repro Grieb, München

Die Originalausgabe mit dem Titel *Sensational Preserves*
wurde erstmals 1995 im Verlag Conran Octopus
Limited, London, veröffentlicht

Druck und Bindung: Mandarin Offset
Printed in Hong Kong

ISBN 3-88472-297-2

HINWEIS

Alle Informationen und Hinweise, die in diesem Buch enthalten sind, wurden vom Autor nach bestem Wissen erarbeitet und von ihm und dem Verlag mit größtmöglicher Sorgfalt überprüft. Unter Berücksichtigung des Produkthaftungsrechts müssen wir allerdings darauf hinweisen, daß inhaltliche Fehler oder Auslassungen nicht völlig auszuschließen sind. Für etwaige fehlerhafte Angaben können Autor, Verlag und Verlagsmitarbeiter keinerlei Verpflichtung und Haftung übernehmen.

Korrekturhinweise sind jederzeit willkommen und werden gerne berücksichtigt.

INHALT

VORWORT

Die unendliche Vielfalt an Eingemachtem bereichert unsere Küche und gibt uns interessante kreative Möglichkeiten. Die schönsten Sachen lassen sich damit zaubern, egal, ob man schnell eine kleine Mahlzeit bereitet, einem traditionellen Hauptgericht etwas mehr Pfiff geben möchte oder nach einer originellen Füllung für einen Kuchen oder Pudding sucht. Eingemachtes kann eine köstliche Beilage zu süßen wie pikanten Speisen sein, es verfeinert Saucen, Dressings, Getränke und auch Schmorgerichte und Sorbets.

Und auch so manches Geschenkproblem läßt sich mit diesen selbstgemachten Köstlichkeiten auf einfache Weise lösen. Eine hübsch verpackte Flasche oder ein Glas mit Eßbarem aus der eigenen Küche ist stets willkommen und zudem oft sehr preiswert.

Zugegeben, das Angebot an eingemachten Fertigprodukten ist überwältigend, kann aber bei weitem keine Konkurrenz für all die appetitlichen Kreationen aus der eigenen Küche sein. Das Gefühl der Zufriedenheit über einen Vorrat an purpurroten Erdbeeren im Glas oder bernsteinfarbener Marmelade läßt sich nicht leugnen, auch nicht der Stolz über einen Vorratsschrank, prall gefüllt mit Eingemachtem.

Oben: Diese Feigenkonfitüre (Rezept S. 93) ist nur eine von vielen exotischen Köstlichkeiten, die man bequem zu Hause bereiten kann.

Einkochen ist gar nicht so schwer wie vielfach angenommen. Viele der hier vorgestellten Rezepte gelingen selbst Anfängern ohne jede Erfahrung. Und alles, was dafür an Gerätschaften benötigt wird, gehört eigentlich zur Grundausstattung jeder Küche, so daß vermutlich nichts zusätzlich angeschafft werden muß. Falls das Obst und Gemüse zum Einmachen nicht aus dem eigenen Garten kommt, sollte man versuchen, es direkt von Bauern zu beziehen. Doch muß nicht gleich eine große Menge verarbeitet werden. Deshalb sind die Mengenangaben in den Rezepten bewußt klein gehalten.

Das vorliegende Buch enthält Einmachrezepte aus der ganzen Welt, die inspirieren sollen zum Experimentieren mit Gewürzen und zum Kombinieren von Früchten und Gemüsen, um eigene Kreationen von erlesenem Geschmack herzustellen – ob traditionell oder exotisch. Der Phantasie sind keine Grenzen gesetzt.

Die wichtigsten Zutaten

PEKTIN ist eine in den Zellen aller Früchte natürlich vorkommende gummiähnliche Substanz, die beim Kochen durch die ebenfalls in Früchten enthaltene Säure freigesetzt wird und in Verbindung mit Zucker das Einmachgut gelieren, d. h. fest werden läßt. Unreife Früchte enthalten mehr Pektin als reife Früchte derselben Art.

Der Pektingehalt verschiedenener Früchte

Hoch	Mittel	Gering
Damaszenerpflaumen Holzäpfel Kochäpfel Limetten Mispeln Orangen, vor allem Pomeranzen (Bitterorangen) Pflaumen (einige Sorten) Preiselbeeren Quitten Rote Johannisbeeren Schwarze Johannisbeeren Stachelbeeren Zitronen	Äpfel Aprikosen Brombeeren Heidelbeeren Himbeeren Loganbeeren Maulbeeren Pflaumen Renekloden	Ananas Bananen Erdbeeren Feigen Guaven Holunderbeeren Japanische Quitten Kirschen Mangos Melonen Nektarinen Pfirsiche Rhabarber Weintrauben

Pektinarme Früchte werden meist mit einer pektinreichen Fruchtart oder mit Zitronensaft kombiniert. Man kann den Früchten aber auch Gelierzucker oder die handelsüblichen Gelierhilfen (pulverförmig oder flüssig) zugeben oder Pektin aus pektinreichen Früchten selbst herstellen (siehe unten).

Pektin herstellen: 1 kg Apfelschalen und Kerngehäuse (oder ganze säuerliche Kochäpfel, Fallobst oder Holzäpfel) grob zerkleinern, mit 650 ml bis 1 l Wasser aufsetzen und unter gelegentlichem Rühren bei schwacher Hitze in etwa 45 Minuten zu Mus kochen. Den heißen Brei durch einen ausgekochten Saftbeutel in eine große Schüssel abtropfen lassen (siehe S. 17); nicht pressen oder wringen. Den Saftbeutel 8–10 Stunden oder über Nacht an einem kühlen Ort austropfen lassen. Von dem gewonnenen Saft 1 Teelöffel abnehmen und mit 1 Eßlöffel Isopropylalkohol in einem Glas vermischen. Das Glas verschließen, schütteln und anschließend 5 Minuten stehenlassen, bis die Klumpenbildung einsetzt. Ein hoher Pektingehalt wird durch eine dicke, feste Masse angezeigt. Anhand dieses Tests kann auch der Pektingehalt von Früchten nach dem ersten Aufkochen ermittelt werden.

Ist der Pektingehalt ausreichend, wird das Pektinkonzentrat anschließend im Kühlschrank aufbewahrt. Auf 1,8 kg pektinarme Früchte rechnet man 150–300 ml Pektinextrakt. Es wird nach dem Kochen der Früchte, jedoch vor der Zugabe von Zucker hinzugefügt.

SÄURE ist entweder natürlich in den Früchten vorhanden oder wird in Form von Zitronensäure oder Zitronensaft hinzugefügt. Sie erhöht die Gelierfähigkeit der Früchte. Da der Säuregehalt in Früchten mit ihrer Reife abnimmt, werden im allgemeinen noch nicht ganz reife Früchte empfohlen. Zusätzliche Säure benötigen wildwachsende Brombeeren oder späte Kulturbrombeeren, aber auch Erdbeeren, Birnen, Tafeläpfel, Kirschen sowie Kürbisse. Auf 1,8 kg pektin- und säurearme Früchte rechnet man 1/2 Teelöffel Zitronensäure oder 2 Eßlöffel Zitronensaft.

ZUCKER braucht man zum Konservieren, zum Süßen und auch zum Gelieren von Konfitüren, Marmeladen, Gelees und eingemachten Früchten (all diese Produkte müssen ausreichend Zucker, Pektin und Säure enthalten, damit sie fest werden). Je mehr Pektin eine Fruchtart enthält, desto mehr Zucker geliert damit. Bei pektinreichen Früchten kann man bis zu 750 g Zucker auf 500 g Frucht geben. Bei Früchten mit einem mittleren Pektingehalt sollte das Verhältnis von Zucker und Frucht 1:1 sein, ebenfalls bei Früchten mit einem geringen Pektingehalt bei gleichzeitiger Zugabe von Säure und Pektin.

Die festigende Wirkung des Zuckers ist abhängig von der Menge. Zuwenig Zucker begünstigt eine Gärung, zuviel Zucker beeinträchtigt die Gelierfähigkeit und kann zum Auskristallisieren des Einmachguts führen.

Wird der Zucker dazugegeben, bevor die Früchte richtig weich sind, werden sie fest, und dann hilft auch kein Kochen mehr, um sie weich zu bekommen. Dieser Effekt wird manchmal bewußt herbeigeführt. Wenn zum Beispiel sehr weiche Früchte wie Erdbeeren oder Himbeeren nicht auseinanderfallen sollen, bestreut man sie mit Zucker und läßt sie vor dem Kochen über Nacht durchziehen.

Kristallzucker ist der meistverwendete Zucker für süßes Einmachgut, aber auch Einmachzucker ist geeignet, da er weniger zur Schaumbildung neigt und die Farbe des Kochguts leuchtender und klarer bleibt.

Gelierzucker ist Haushaltszucker, dem Pektin und Wein- oder Zitronensäure beigemischt wurden. Er empfiehlt sich deshalb vor allem für die Verarbeitung von pektinarmen Früchten. Durch die gelierende Wirkung dieses Zuckers reduziert sich die Kochzeit nach dem Aufkochen der Früchte auf etwa 4 Minuten.

Brauner Zucker kann auch zum Marmeladekochen verwendet werden. Er braucht allerdings länger, um sich aufzulösen und beeinträchtigt Farbe und Geschmack des fertigen Produkts. Meistens wird brauner Zucker für pikante Zubereitungen verwendet.

Honig hat einen ausgeprägten Eigengeschmack und sollte daher nur in geringen Mengen gegen Zucker ausgetauscht werden. Honig kann die Gelierfähigkeit der Früchte beeinträchtigen.

Zucker vorwärmen: Zucker löst sich rascher auf, wenn er bereits warm ist. Zum Erwärmen gibt man die benötigte Menge Zucker in eine feuerfeste Schüssel und stellt diese für etwa 20 Minuten in den auf kleinster Flamme vorgeheizten Backofen, bis der Zucker warm, aber nicht heiß ist.

SALZ ist zum Konservieren nur geeignet, wenn es keine Zusätze (für eine bessere Streufähigkeit) enthält, weil diese zu Verfärbungen führen können und die konservierende Wirkung beeinträchtigen. Daher sollte nur reines Steinsalz oder Meersalz verwendet werden.

ESSIG hat einen feinen und unaufdringlichen Geschmack, wenn er aus Rot- oder Weißwein hergestellt worden ist. Apfelessig wird vorzugsweise für fruchtige Chutneys und Relishes verwendet.

EINGEMACHTES ALLER ART

KONFITÜRE UND MARMELADE ist eine süße Fruchtzubereitung, die größere Fruchtstückchen oder ganze Früchte enthalten kann und möglichst weder zu flüssig noch zu fest sein sollte.
Wichtige Hinweise siehe Zubereitung von Konfitüre und Marmelade (S. 14–15).
Zuckerreduzierte Konfitüre oder Marmelade sollte höchstens einen um 20% reduzierten Zuckergehalt haben, da die Konfitüre sonst zu flüssig wird und sich nicht länger als 3–4 Wochen an einem kühlen Ort oder höchstens 6 Wochen im Kühlschrank hält.
Rohgerührte Konfitüre und Marmelade schmeckt frisch, geliert aber nicht so stark wie herkömmliche Konfitüren. Die Früchte werden nicht gekocht. Damit diese Konfitüre fest wird, ist die Zugabe von Zucker und Pektin oder einer flüssigen Gelierhilfe erforderlich. Diese Mischung wird so lange gerührt, bis sich der Zucker vollständig aufgelöst hat. Die fertige Konfitüre wird in kleinen Portionen eingefroren und muß nach dem Auftauen im Kühlschrank aufbewahrt werden.
GELEE ist eine Zubereitung aus Fruchtsaft und Zucker, die so fest ist, daß man sie mit dem Löffel abstechen kann. Gelees sollten immer kristallklar sein. Das sind sie aber nur, wenn man den Saft der weichgekochten Früchte langsam, ohne zu pressen oder zu wringen, durch einen Saftbeutel abtropfen läßt. Das Aroma des Gelees ist davon abhängig, wieviel Wasser beim Kochen der Früchte verwendet wurde.
Wichtige Hinweise siehe Zubereitung von Gelee (S. 16–17).
ZITRUSMARMELADE wird am besten aus Pomeranzen (Bitterorangen) gekocht. Mit herkömmlichen Orangen bekommt die Marmelade ein etwas trüberes Aussehen, außerdem wird die weiße Haut der Orangen nicht durchscheinend. Zitrusmarmelade kann stückig, fein geschnitten oder fein geraspelt sein.
Wichtige Hinweise siehe Zubereitung von Konfitüre und Marmelade (S. 18–19).
EINGEMACHTE FRÜCHTE sind ganze oder grob zerkleinerte, kurz aufgekochte Früchte in einem stark oder schwach gelierten Sirup. Dazu mischt man die Früchte, die absolut trocken sein müssen, mit Zucker und läßt sie über Nacht Saft ziehen. Beim anschließenden kurzen Aufkochen geben die nunmehr festen Früchte weitere Flüssigkeit ab, so daß kein zusätzliches Wasser erforderlich ist. Dank der kurzen Kochzeit bleibt ihr fruchtig frischer Geschmack weitgehend erhalten.
Wichtige Hinweise siehe Zubereitung von Konfitüre und Marmelade (S. 14–15).
FRUCHTPÜREE ist eine musartige, streichfähige Mischung aus passiertem Fruchtmark und Zucker, deren Konsistenz weitgehend von der Kochzeit abhängt. Die Früchte einer Fruchtsorte werden mit wenig Wasser weich gekocht, püriert und anschließend durch ein Sieb (kein Metall!) gestrichen. Pro 500 g Fruchtmus 250–400 g Zucker zugeben und diese Mischung langsam erhitzen, dann bei schwacher Hitze 30–45 Minuten köcheln lassen, bis das Mus die Konsistenz einer dicken Creme hat. Die Masse anfangs nur gelegentlich durchrühren, später häufiger. Um zu prüfen, ob das Fruchtmus die richtige Konsistenz hat, gibt man einen Eßlöffel davon auf einen kalten Teller: Tritt noch Wasser aus, ist das Mus nicht dick genug und sollte weiterköcheln.
Wichtige Hinweise *Karamelisiertes Fruchtmus:* Das Fruchtmark war zu dünn, bevor der Zucker zugegeben wurde und bevor genügend Wasser verdampft war. *Dünnes, geschmackloses Fruchtmus:* Die Masse wurde nicht lange genug gekocht und neigt somit zur Gärung. Man läßt die Masse weiterköcheln und unter Rühren eindicken.
FESTE FRUCHTPASTE ist ein Fruchtmus, das man etwa 45–55 Minuten köcheln läßt, bis die Masse so dick ist, daß man sie nach dem Erkalten in Scheiben schneiden kann. Feste Fruchtpasten können auch in Formen gefüllt und gestürzt werden.
Wichtige Hinweise siehe Fruchtmus.
CREMIGE FRUCHTPASTEN sind gehaltvolle Zubereitungen mit Eiern, Butter, Zucker und Früchten oder Fruchtsaft.
Wichtige Hinweise *Creme gerinnt bei der Eizugabe:* Das Rührgefäß berührte während des Garens das heiße Wasser; sprudelnd kochendes Wasser statt siedendes Wasser. Das Gefäß sofort in eine Schüssel mit kaltem Wasser stellen und die Masse kräftig durchschlagen. Die Fruchtpaste durch ein Sieb aus Kunststoff streichen und mit einem neuen Ei von vorn beginnen.

Unten, von links nach rechts: Pflaumengelee, Pomeranzen-Marmelade, Erdbeerkonfitüre, Mincemeat mit Pekannüssen und Whisky, Lemon Curd.

Eingemachtes aller Art

MINCEMEAT ist eine beliebte englische Zubereitung, für die traditionell Hackfleisch verwendet wird. Das Fleisch wird heute meist durch kleingeschnittenen Rindertalg ersetzt. Es gibt aber auch Mischungen unter Verwendung von pflanzlichen Fetten.

Wichtige Hinweise *Gärung:* nicht genügend Zucker, Früchte, Säure oder Alkohol im Mincemeat; Gläser nicht sorgfältig gereinigt. Gegebenenfalls die Masse erneut aufkochen (wenngleich sie dadurch weicher wird und der Geschmack leidet). *Eintrocknen der Oberfläche:* Das Mincemeat wurde nicht sorgfältig verschlossen. Etwas von dem im Rezept verwendeten Alkohol unterrühren und fest verschließen.

FRÜCHTE IN ALKOHOL sind rohe oder kurz gegarte Früchte, die in Alkohol eingelegt werden. Jegliche Spirituosen (Branntwein oder Likör) mit einem Alkoholgehalt von mindestens 40% sind für das Einlegen geeignet. Weine und mit Alkohol angereicherte Weine müssen mit einem anderen Konservierungsmittel, meist Zucker, kombiniert werden.

Wichtige Hinweise *Früchte steigen an die Oberfläche:* mit zerknülltem Pergament beschweren; nach einer Woche das Papier entfernen und das Glas mit Alkohol aufgießen.

KANDIERTE, KRISTALLISIERTE UND GLASIERTE FRÜCHTE sind ausgewählte Früchte, die über einen Zeitraum von mehreren Tagen bis zu 3 Wochen mit Zuckersirup getränkt werden und die man anschließend an der Luft trocknen läßt.

Wichtige Hinweise siehe Herstellung von kandierten Früchten (S. 20–21).

Unten, von links nach rechts: Quittenpaste, Tomatenketchup, Dillgurken, Mango-Chutney und Rote-Bete-Meerrettich-Relish.

CHUTNEY nennt man eine süß-saure Würzpaste unter Verwendung von fein gehackten Früchten und Gemüsen, Essig, Zucker und Gewürzen oder Kräutern. Selbst Gemüse, das nicht mehr ganz frisch ist, kann verwertet werden. Beschädigte und faule Stellen müssen jedoch großzügig ausgeschnitten werden, um eine Schimmelbildung zu vermeiden. Früchte dürfen nicht überreif sein. Dickschaliges Obst oder Gemüse sollte vorab in Essig weichgekocht werden. Anschließend werden alle Zutaten zu einer glatten Paste von marmeladenähnlicher Konsistenz gekocht. Gelegentliches Umrühren nicht vergessen.

Wichtige Hinweise *Eingetrocknete, bräunliche Oberfläche:* Die Gläser sind nicht luftdicht verschlossen. Das Chutney wird zu warm gelagert. *Gärung oder Schimmelbildung:* Zu warm gelagert; zu wenig Essig oder Zucker; Chutney zu flüssig; unsaubere Gläser oder Deckel.

RELISH ist eine dem Chutney vergleichbare Würzpaste aus Früchten und Gemüsen, die aber mehr einem Kompott ähnelt, da noch Stücke der Zutaten enthalten sind. Relishes sind aufgrund der kürzeren Kochzeit knackiger und frischer.

Wichtige Hinweise siehe Chutney.

SAUCE ist eine cremige Frucht- oder Gemüsemischung. Saucen waren im viktorianischen und edwardianischen England sehr beliebt. Das Wort ›Ketchup‹ kommt aus dem Fernen Osten, wo es sich ursprünglich auf eine dünnflüssige salzige Würzsauce auf der Basis von Sojabohnen bezog. Für Saucen werden Früchte oder Gemüse in würzigem Essig gekocht, anschließend durch ein Sieb gestrichen oder püriert und bei schwacher Hitze zu einer cremigen Konsistenz eingekocht.

Wichtige Hinweise *Zu dünn geratene Sauce:* Die Sauce wurde nicht lange genug gekocht und verdirbt leicht.

PICKLE ist die Bezeichnung für Essiggemüse und süß-sauer Eingelegtes. Rohe oder knapp gegarte Früchte oder Gemüse werden in einem klaren Sud aus Essig und Gewürzen konserviert. Rohes Gemüse wird in der Regel vor dem Einlegen gesalzen, entweder mit Salz bestreut oder eingerieben (zum Beispiel Gurken) oder in Lake eingelegt. Durch das Einsalzen wird dem Einmachgut überschüssiges Wasser entzogen, Wasser, das die Essiglösung verdünnen und die Aufbewahrungszeit des Einmachguts verkürzen würde. Eingesalzenes Gemüse muß unter fließendem, kaltem Wasser abgespült werden, dann läßt man es abtropfen und trocknet es gründlich ab. Gekochtes Gemüse muß nicht erst in Lake eingelegt werden, sollte aber vor dem Kochen im Sud sorgfältig abgetrocknet werden. Früchte läßt man in einer gewürzten Essig-Zuckerlösung kochen, bis sie glasig sind. Den Sud kann man sirupartig einkochen lassen.

Wichtige Hinweise *Schimmelbildung:* Lake nicht konzentriert genug; Essiglösung zu schwach; unsaubere Gläser; Gemüse nicht vom Sud bedeckt. *Trübe Essiglösung:* Einmachgut nicht lange genug in die Salzlösung eingelegt; Verwendung von gemahlenen Gewürzen.

GEMÜSE IN ÖL muß vor dem Einlegen durch Kochen überschüssiges Wasser entzogen werden. Es kann nur makelloses Gemüse und frisches Öl zum Einlegen verwendet werden. Ein mildes Olivenöl ist besonders geeignet, es verfeinert den Geschmack der Gemüse.

Wichtige Hinweise *Ranziges Öl:* Aufbewahrung in einem zu warmen oder hellen Lagerraum; das verwendete Öl war nicht frisch. *Schimmeliges oder verfärbtes Gemüse schwimmt auf der Oberfläche:* Gemüse war nicht vollständig von Öl bedeckt; Gemüse wurde vor dem Einlegen nicht ausreichend entwässert.

Die Ausstattung

TÖPFE sollten ausreichend groß sein, da sie nur zur Hälfte mit süßem Kochgut gefüllt sein dürfen, das wegen der starken Schaumentwicklung leicht spritzt und zu Verbrennungen führen kann. Ein weiter, niedriger Topf ist besser als ein schmaler, hoher, da bei einer großen Oberfläche der Wasseranteil des Kochguts besser verdampft. Für die Zubereitung einer relativ kleinen Menge an Würzsauce kann man auch eine große antihaft-beschichtete Bratpfanne verwenden. Optimal ist ein traditioneller Einmachtopf mit abgeschrägten Seiten, einem Ausgießer und einem stabilen Griff, doch ein gewöhnlicher großer Topf tut es auch, da die in den Rezepten angegebenen Mengen relativ klein bemessen sind.

Das Kochgefäß darf weder eingedellt noch beschädigt sein. Es sollte einen planen, starken Boden haben, damit die Wärme gleichmäßig verteilt wird und nichts am Boden ansetzt oder anbrennt. Edelstahltöpfe, aber auch Aluminiumtöpfe mit einer speziellen Antihaftbeschichtung sind empfehlenswert. Unbeschichtete Kupfer- oder Messingtöpfe sind nur zu verwenden, wenn es ausdrücklich verlangt wird. Töpfe mit zwei Griffen erleichtern die Handhabung.

MESSER mit Edelstahlklingen verhindern das Verfärben von Obst und Gemüse.

KÜCHENMASCHINE UND MIXER sind zeitsparende elektrische Geräte für die arbeitsintensive Vorbereitung der Früchte und Gemüse.

HOLZLÖFFEL mit langem Stiel sind ideal zum Rühren, insbesondere von kochendheißem und säurehaltigem Kochgut (ein Metallöffel kann mit Säure reagieren und gibt so Nahrungsmitteln einen metallischen Geschmack und führt zu Verfärbungen).

SCHAUMLÖFFEL sind siebartig durchlöcherte Schöpflöffel, mit denen Schaum abgeschöpft oder Steine und Kerne aus dem kochendheißen Einmachgut herausgehoben werden können.

SIEBE UND DURCHSCHLÄGE für die Verarbeitung von säurehaltigen Zutaten sollten möglichst aus hitzebeständigem Kunststoff oder Nylon sein.

SCHÜSSELN aus Glas, Keramik oder Holz sind bei der Verwendung von säurehaltigen Zutaten erforderlich.

MESSBECHER sollten hitzebeständig sein, um heißes Kochgut abmessen und ausgießen zu können.

EINFÜLLRING/SPEZIALTRICHTER MIT KURZEM, WEITEM HALS erleichtern das Umgießen der heißen Massen und das Füllen der Gläser.

SAFTBEUTEL sind windsackförmige Beutel aus Stoff oder Nylon zur Saftgewinnung für Gelees. Der Saftbeutel wird oft mit einer eigenen Halterung angeboten, er läßt sich aber auch problemlos an den Beinen eines umgedrehten Hockers oder an einem aufgehängten Drahtkleiderbügel befestigen. Eine nichtmetallische Schüssel, die unter dem Saftbeutel steht, fängt den abtropfenden Saft auf. Als Ersatz für einen Saftbeutel kann man auch ein Mulltuch oder eine doppelte Lage dünnen Baumwollstoff zwischen den Beinen eines umgedrehten Hockers spannen. Der Saftbeutel sollte vor jeder Verwendung ausgekocht werden.

MUSSELINSÄCKCHEN sind Säckchen aus Musselin, Mull oder dünnem Baumwollstoff zum Einbinden von Gewürzen oder Kernen, die nach dem Kochen wieder entfernt werden sollen. Das Säckchen mit einem langen Stück Küchengarn am Topfgriff befestigen und in das Kochgut hängen.

SCHÖPFKELLEN erleichtern das Umfüllen des Einmachguts vom Topf in die Gläser.

ZANGEN werden zum Anheben von heißen Gläsern und Flaschen benötigt.

GLÄSER UND FLASCHEN müssen sorgfältig auf Risse, abgesplittertes Glas oder andere Mängel untersucht werden. Heißes Einmachgut läßt ein beschädigtes Glas zerspringen. In Haarrissen können sich Bakterien einnisten, die das Eingemachte verderben.

Zum Einkochen im Wasserbad (siehe S. 13) gibt es spezielle Einmachgläser mit Deckeln und Gummiringen, die während des Einkochens mit Klammern verschlossen werden.

Vorbereitung der Gläser und Flaschen: Gefäße sorgfältig mit heißem Wasser und Spülmittel reinigen, mit klarem, heißem Wasser ausspülen und zum Trocknen 30 Minuten in den auf 140 °C vorgeheizten Backofen stellen. Damit die Gläser beim Füllen nicht platzen, das heiße Einmachgut in vorgewärmte Gläser geben. Für kalte Massen die Gläser abkühlen lassen.

VERSCHLÜSSE und **DECKEL** gibt es in vielen Formen und Arten. Zum Versiegeln der Gläser passend zurechtgeschnittenes Wachspapier verwenden, mit der Paraffinseite nach unten auf das Einmachgut legen. Die Öffnung mit einem Stück Einmachhaut – Cellophan – oder einer doppelten Lage straff gespannter Frischhaltefolie überziehen und mit einem Stück Schnur oder einem Gummi-

Die Ausstattung

band befestigen. Schraub- oder Twist-off-Deckel müssen säurebeständig sein oder eine säurebeständige Beschichtung haben.

Gebrauchte Schraubdeckel werden vor der Wiederverwendung 10 Minuten ausgekocht und an der Luft getrocknet. Korken sind nicht wiederverwertbar. Neue Korken müssen vor Gebrauch 10 Minuten in kochendem Wasser sterilisiert werden. Dadurch werden sie außerdem elastisch und lassen sich besser handhaben.

ETIKETTEN sollten groß und selbstklebend sein. Sorte, Herstellungsdatum werden darauf dokumentiert.

SCHNELLKOCHTÖPFE sind zeitsparende Dampfkochtöpfe mit Kochregler und Druckanzeiger, in denen die natürliche Farbe und der Geschmack der Früchte und Gemüse weitgehend erhalten bleiben. Die Garzeiten in der Gebrauchsanleitung des Herstellers nachschlagen. Folgende Punkte sind generell zu beachten:

1. Den Dreifuß aus dem Topf nehmen (nur zum Sterilisieren verwenden).
2. Der Topf sollte immer nur halb gefüllt sein.
3. Für die Zubereitung von Marmeladen, Konfitüren und Gelees die Früchte nur auf Kochstufe 1 kochen, da auf Kochstufe 2 das Pektin zerstört wird.
4. Vor dem Öffnen des Topfes mit dem Kochstufenregler langsam den Dampf ablassen.

MIKROWELLENHERDE sind praktisch für die Zubereitung kleiner Mengen Einmachgut, zum Beispiel für Konfitüren, feste Fruchtpasten und Relishes. Damit nichts überkocht, nimmt man als Kochgeschirr eine große Schüssel, die nur zu einem Drittel gefüllt ist.

Unten, von links nach rechts: Zange, Schöpflöffel, Einmachtopf, Sieb, scharfes Edelstahlmesser, Edelstahltopf, Zuckerthermometer mit Klammer, Schaumlöffel, Saftbeutel, Holzlöffel, feuerfeste Glasschüssel, Einfüllring mit Antihaftbeschichtung.

Füllen und Verschliessen

Die Gläser sollen so befüllt werden, daß Glasrand und Seiten sauber bleiben. Ränder und Seiten werden mit einem feuchten Tuch abgewischt und anschließend mit einem sauberen Tuch trockengerieben. Alle Gefäße, mit Ausnahme der Gläser, die im Wasserbad eingekocht werden, müssen bis 1,25 cm unter den Rand befüllt werden.

Gläser mit heißem Einmachgut sollten innerhalb von 20 Minuten luftdicht verschlossen werden. Wenn die Gläser nicht rechtzeitig verschlossen werden können, sollte man warten, bis der Inhalt völlig erkaltet ist.

Lauwarm verschlossenes Kochgut bietet aufgrund der eingeschlossenen Feuchtigkeit und Wärme einen idealen Nährboden für Bakterien und Schimmelpilze.

Konfitüren, Marmeladen und eingemachte Früchte: Erdbeerkonfitüre, -marmelade und eingemachte Erdbeeren sollten stets von der Kochstelle genommen werden und 10–15 Minuten ruhen, damit die Früchte später nicht an die Oberfläche steigen. Die vorgewärmten, sauberen und trockenen Gläser anschließend mit Hilfe eines Einfüllrings befüllen, die Oberfläche mit Wachspapier versiegeln und die Gläser fest verschließen.

Zitrusmarmeladen: eine Weile stehenlassen; anschließend die Gläser füllen und wie oben beschrieben verschließen.

Gelees, Fruchtpürees, feste und cremige Fruchtpasten: können unmittelbar nach der Fertigstellung abgefüllt und verschlossen werden (Gelees nur stehenlassen, wenn sie Kräuter oder

Füllen und Verschliessen

andere feste Bestandteile enthalten). In Gläser füllen und fest verschließen, wie oben beschrieben. Soll eine Fruchtpaste gestürzt werden, die Form vor dem Füllen mit einem geschmacksneutralen Öl oder mit Glyzerin einpinseln.

Mincemeat: vor dem Einfüllen über Nacht stehenlassen. Beim Füllen der Gläser auf eine möglichst dichte Schichtung achten, Lufteinschlüsse vermeiden. Anschließend die Gläser wie oben beschrieben verschließen.

Chutneys, Relishes: die noch heiße Masse in vorgewärmte, saubere und trockene Gläser füllen, Lufteinschlüsse vermeiden. Die Oberfläche mit Wachspapier versiegeln und die Gläser mit luftdichten, säurebeständigen Deckeln oder mit Cellophanpapier verschließen.

Saucen und Getränke: Flaschen oder andere Gefäße mit den noch heißen Flüssigkeiten füllen und mit säurebeständigen Schraubdeckeln oder geschliffenen Stöpseln aus Glas verschließen.

Pickles (Essiggemüse und süß-sauer Eingelegtes): Früchte oder Gemüse in saubere, trockene Gläser bis 1,25 cm unter den Rand schichten und nach jeder Lage würzen. Das Einmachgut mit der Essig-Zuckerlösung oder dem Essig übergießen, so daß es ganz von Flüssigkeit bedeckt ist, der Sud aber nicht mit dem Deckel in Berührung kommt. Das Glas drehen, damit die Luftblasen entweichen und mit einem säurebeständigen Deckel fest verschließen.

Gemüse in Öl, Früchte in Alkohol: Die eingelegten Gemüse oder Früchte müssen ganz von Öl bzw. Alkohol bedeckt sein. Damit Luftblasen entweichen können, wird das Glas gedreht. Die Gläser der in Alkohol eingelegten Früchte werden mit säurebeständigen Deckeln verschlossen; der Alkohol sollte nicht bis an den Deckel reichen.

ETIKETTIEREN – Außer Sorte und Herstellungsdatum sollten auf den Etiketten spezielle Verwendungszwecke oder Angaben zur Lagerung vermerkt werden.

AUFBEWAHRUNG UND HALTBARKEIT – Jegliches Einmachgut sollte kühl, dunkel und trocken aufbewahrt werden.

Konfitüren, Marmeladen, Zitrusmarmeladen, Gelees, eingemachte Früchte: Halten sich bei richtiger Lagerung bis zu einem Jahr.

Fruchtpürees: Sind bis zu 3 Monate lagerfähig. Feste Fruchtpasten: Halten sich, da stark konzentriert, mindestens 1 Jahr.

Cremige Fruchtpasten: Halten sich 4–6 Wochen an einem kühlen Ort oder bis zu 3 Monate im Kühlschrank.

Mincemeat: 12–18 Monate haltbar.

Chutneys, Relishes: Bei richtiger Lagerung mindestens 1 Jahr haltbar.

Saucen: Selbstgemachte Saucen mit geringem Essig- oder Salzanteil sollten im Wasserbad sterilisiert werden, um ihre Haltbarkeit zu verlängern.

Getränke: Auf Alkoholbasis 3–5 Jahre haltbar.

Pickles (Essiggemüse und süß-sauer Eingelegtes): Mindestens 1 Jahr haltbar.

Gemüse in Öl: 9–12 Monate haltbar.

Früchte in Alkohol: Bei richtiger Lagerung mindestens 2 Jahre haltbar.

Kandierte, kristallisierte und glasierte Früchte: Mindestens 2 Jahre haltbar. Aber überzuckerte und glasierte Früchte, die zuvor nicht kandiert worden sind, halten sich nur kurze Zeit.

STERILISIEREN IM WASSERBAD – Eine praktische Methode, um die Haltbarkeit von Einmachgut zu verlängern. Während des Einkochens entweicht die Luft, und es entsteht ein Unterdruck in den Einkochgläsern. Der Außendruck hält den Deckel fest und verhindert, daß Mikroorganismen eindringen und das sterilisierte Einkochgut verderben. Nur einwandfreie Gläser, passende Gummiringe mit Metallklammern oder gegebenenfalls Gläser mit dicht schließenden Schraubdeckeln verwenden.

***Heißes Einmachgut versiegeln:** Die Oberfläche mit passendem Wachspapier – Wachsseite nach unten – abdecken, das Glas mit angefeuchteter Einmachhaut verschließen.*

Früchte sterilisieren: Die Früchte nach Rezeptanweisung vorbereiten und kochen. Dicht in die vorgewärmten, sauberen und trockenen Gläser einfüllen. 225 g Zucker mit 300 ml Wasser in einen Topf geben und unter Rühren langsam erhitzen, bis sich der Zucker aufgelöst hat. Die Zuckerlösung 1 Minute kochen lassen, 270 ml Wasser zugießen und den Sirup wieder zum Kochen bringen. Der Sirup kann mit ganzen Gewürzen, mit frisch geriebenem Ingwer oder Alkohol aromatisiert werden. Die Früchte vollständig mit der heißen Zuckerlösung bedecken; bis zum Rand sollten 1,25 cm Platz bleiben. Die Gläser drehen, damit Luftblasen entweichen können, Gummiringe und Deckel auflegen und mit den Metallklammern verschließen. Bei Gläsern mit Schraubdeckeln die Deckel um eine halbe Drehung lockern. Anschließend die Gläser auf einen Dreifuß oder eine dicke Lage Zeitungspapier in einen tiefen Topf – ideal ist ein Einkochtopf – stellen (darauf achten, daß sich die Gläser nicht berühren). Dann soviel Wasser einfüllen, daß die Gläser mindestens 2,5 cm hoch davon umgeben sind. Das Wasser (in etwa 25–30 Minuten) auf 80–90 °C erhitzen und diese Temperatur halten. Nach der vorgeschriebenen Einkochzeit (siehe unten) die Gläser mit einer Zange aus dem Topf nehmen und auf einem Holzbrett abkühlen lassen.

Erst wenn das Einmachgut völlig erkaltet ist, die Metallklammern lösen und prüfen, ob der Deckel fest sitzt. Ist dies nicht der Fall, hat sich kein Vakuum gebildet, und der Inhalt des Glases muß sofort verbraucht werden. Die Gläser kühl und dunkel oder in der Vorratskammer lagern.

Einkochzeiten (für 1-l-Gläser): Brombeeren, Johannisbeeren, Loganbeeren, Maulbeeren, Himbeeren, Stachelbeeren: 2 Minuten (locker gefüllt), 10 Minuten (dicht gefüllt); Aprikosen (ganz), Kirschen, Damaszenerpflaumen, Renekloden und andere Pflaumen: 10 Minuten; Aprikosen, Nektarinen, Pfirsiche, Pflaumen (alle halbiert): 20 Minuten; ganze kleine, geschälte Pfirsiche: 20 Minuten bei 100 °C.

Saucen und Getränke: Die heißen Flüssigkeiten in vorgewärmte, saubere und trockene Flaschen bis 1,25 cm unter den Rand füllen. Mit sauberen Deckeln verschließen, aber nicht ganz fest zudrehen. Die Flaschen wie oben beschrieben sterilisieren. Die Einkochzeiten sind in den jeweiligen Rezepten angegeben.

Konfitüre und Marmelade

Noch nicht ganz reife Früchte lassen sich am besten zu Marmelade und Konfitüre verarbeiten, da sie das meiste Pektin enthalten. Die benötigte Zuckermenge richtet sich nach dem natürlichen Zuckergehalt der Früchte (bei der fertigen Marmelade sollte der Zuckeranteil 60–65% des Gesamtgewichts betragen). Je länger die Früchte kochen, desto mehr Wasser muß hinzugefügt werden. Um mehr Saft zu erhalten, kann man die Früchte leicht zerdrücken (Erdbeeren sollten stückig bleiben). Das nachstehend aufgeführte Rezept kann durch die Zugabe von Aromazutaten wie Orangenblüten- oder Rosenwasser, Gin, Weinbrand oder Obstbranntwein, zum Beispiel Kirschwasser, verfeinert werden. Zwei Eßlöffel davon werden nach Beendigung der Kochzeit eingerührt.

Erdbeerkonfitüre

ERGIBT 2 KG

1 kg Erdbeeren
Saft von 1/2 Zitrone
1 kg vorgewärmter Gelierzucker (siehe S. 7)
15 g Butter (nach Belieben)

AUSSTATTUNG

Scharfes Küchenmesser mit Edelstahlklinge
Schneidbrett
Einkochtopf oder großer Topf (nicht aus Aluminium)
Holzlöffel mit langem Stiel
Zuckerthermometer (nach Belieben)
Untertasse
Teelöffel
Schaumlöffel
Einfüllring
Marmeladengläser, Wachspapier, Einmachhaut oder Schraubdeckel

1 Die gewaschenen Erdbeeren sorgfältig verlesen, Blüten und Stiele entfernen. Mit einem scharfen Messer die Erdbeeren halbieren. Die vorbereiteten Früchte mit dem Zitronensaft und 4 Eßlöffeln Wasser in einen großen Topf geben. Den Inhalt 3–4 Minuten bei schwacher Hitze erwärmen.

2 Den vorgewärmten Gelierzucker hinzufügen und unter Rühren auf kleinster Flamme erhitzen, bis sich der Zucker vollständig gelöst hat.

Konfitüre und Marmelade

3 Gegebenenfalls nach der Zugabe des Zuckers ein kleines Stück Butter zufügen, um die Schaumbildung zu verringern. In der Zwischenzeit die Untertasse kühl stellen.

WICHTIGE HINWEISE

Trübe Marmelade: Früchte waren nicht einwandfrei oder nicht sauber.

Kristallisierte, körnige Marmelade: Marmelade kochte bereits, bevor sich der Zucker vollständig gelöst hatte. Marmelade nochmals aufkochen, etwas Wasser oder Alkohol wie Weinbrand, Whisky oder Likör, hinzufügen und alles erneut abfüllen.

Dunkle, flüssige Marmelade: Marmelade wurde über den Gelierpunkt hinaus gekocht.

Marmelade geliert nicht oder ist sirupähnlich: Marmelade wurde nicht lange genug gekocht (erneut Aufkochen bis zum Gelierpunkt); Früchte enthielten zu wenig Pektin (flüssiges Pektin unter die fertige Marmelade rühren oder vor dem ersten Aufkochen mehr Zitronensaft verwenden).

Marmelade gärt während der Lagerung: Marmelade wurde nicht ausreichend lange gekocht. Gegorene Marmelade ist nicht gesundheitsschädlich und kann erneut aufgekocht werden, bis sie den Gelierpunkt erreicht. Das Wiederaufkochen beeinträchtigt jedoch Geschmack und Farbe der Marmelade.

Harte, eingetrocknete Marmelade mit blasser Farbe und relativ geschmacklos: Zu lange Kochzeit oder zu warme oder feuchte Lagerung.

Schimmelige Marmelade: Gläser waren beim Füllen zu kalt oder feucht oder wurden nicht ausreichend hoch befüllt. Eine nicht gleich mit Wachspapier abgedeckte Oberfläche begünstigt das Eindringen von Schimmelpilzen aus der Luft, die dann auf der Marmelade weiterwachsen. Die Marmelade wurde zu warm oder feucht gelagert.

Luftbläschen: Marmelade war beim Befüllen der Gläser zu kalt.

Früchte steigen an die Oberfläche: Marmelade wurde vor dem Abfüllen nicht 10–15 Minuten stehengelassen.

4 Die Temperatur erhöhen und die Masse – ohne zu rühren – sprudelnd bis zum Gelierpunkt kochen lassen (das dauert etwa 4 Minuten; bei Rezepten mit gewöhnlichem Haushaltszucker etwa 10–15 Minuten). Für die Gelierprobe den Topf vom Herd nehmen und etwas von der heißen Flüssigkeit auf die kalte Untertasse tropfen lassen. Der Gelierpunkt ist erreicht, sobald die Marmelade auf der Oberfläche Fältchen bildet, wenn man sie mit Löffel- oder Fingerspitze zusammenschiebt. Die Gelierprobe kann auch mit einem Zuckerthermometer gemacht werden (siehe S. 17).

5 Schaum, der sich an der Oberfläche der Marmelade gebildet hat, mit einem Schaumlöffel abschöpfen. Die heiße Masse vor dem Abfüllen 10–15 Minuten ruhen lassen, damit die Früchte beim Befüllen der Gläser nicht an die Oberfläche steigen, sondern gleichmäßig in der Marmelade verteilt sind.

6 Zum Einfüllen einen Einfüllring verwenden, damit die Ränder der Gläser sauber bleiben. Mit einer Schöpfkelle die heiße Marmelade in die vorgewärmten, sauberen und trockenen Gläser füllen. Auf die Oberfläche der Marmelade sofort ein passendes Stück Wachspapier – mit der gewachsten Seite nach unten – legen und mit der Fingerspitze glattstreichen. Mit einem angefeuchteten Stück Einmachhaut das Glas überziehen und mit Küchengarn oder einem Gummiring befestigen. Die Gläser über Nacht abkühlen lassen und anschließend kühl, dunkel und trocken aufbewahren.

Gelee

Gelees sind im Vergleich zu Marmeladen und Konfitüren vielseitiger zu verwenden, da sie ausgezeichnet zu pikanten wie süßen Speisen passen. Um ein kristallklares Gelee zu erhalten, muß der gekochte Fruchtbrei durch einen Saftbeutel (siehe S. 10) abtropfen, was zwischen acht und zwölf Stunden dauern kann. Wer keinen Wert auf ein klares Gelee legt, kann die Zeit verkürzen, indem er ein mit einer doppelten Lage Mulltuch ausgelegtes Sieb zum Abtropfen benutzt, und ganz Eilige können den Fruchtbrei auch pressen. Das untenstehende Rezept nennt die Grundregeln für die Geleezubereitung, erklärt aber auch, wie und wann Kräuter und andere Aromazutaten zugegeben werden. Es ist beispielhaft für die in diesem Buch aufgeführten Geleerezepte.

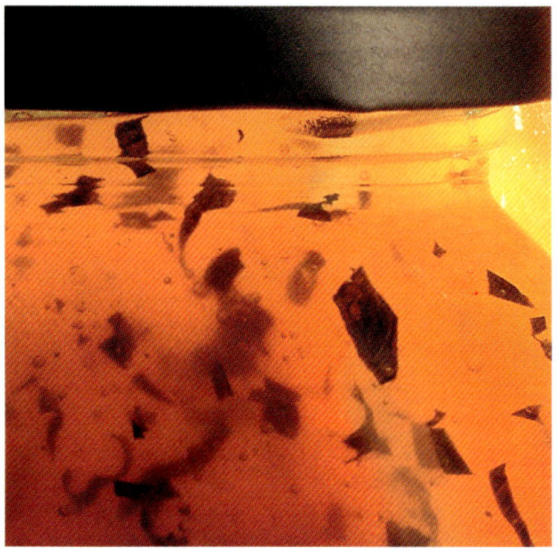

Orangen-Estragon-Gelee

ERGIBT 1,4–1,5 KG

1,4 kg unbehandelte Orangen
350 g unbehandelte Zitronen
4 EL gehackter Estragon
Vorgewärmter Zucker (siehe S. 7)

AUSSTATTUNG

Scharfes Küchenmesser mit Edelstahlklinge
Schneidbrett
Meßbecher und Küchenwaage
Einkochtopf oder großer Topf (nicht aus Aluminium)
Holzlöffel mit langem Stiel
Saftbeutel oder ein großes Stück Baumwollstoff oder ein dreilagiges Stück Musselin
Umgedrehter Hocker oder eine andere Befestigungsmöglichkeit für den Saftbeutel
Zuckerthermometer (nach Belieben)
Untertasse
Teelöffel
Schaumlöffel
Einfüllring
Marmeladengläser, Wachspapier, Einmachhaut oder Schraubdeckel

1 Die Zitrusfrüchte in Scheiben schneiden, grob zerkleinern und mit 2,1 l Wasser und der Hälfte des Estragons in einen großen Topf geben. Zum Kochen bringen und etwa 1 1/4 Stunden köcheln lassen, bis die Stückchen durch und durch weich sind. Die Früchte hin und wieder mit einem Holzlöffel durchrühren, damit nichts am Topfboden ansetzt.

2 Den Saftbeutel oder den Stoff, je nachdem, was verwendet wird, auskochen bzw. mit kochendheißem Wasser überbrühen. Anschließend den Beutel oder den Stoff an den Beinen eines umgedrehten Hockers befestigen und eine Schüssel (nicht aus Metall, außer Edelstahl) darunterstellen. Den Topfinhalt in den Saftbeutel oder in das aufgespannte Tuch geben und den Saft langsam, ohne zu pressen oder zu wringen, an einem kühlen Ort abtropfen lassen (das dauert etwa 8–12 Stunden).

Gelee

3 Den in der Schüssel aufgefangenen Saft abmessen und in einen Topf geben. Auf jeweils 570 ml Flüssigkeit 450 g vorgewärmten Zucker dazugeben. Saft und Zucker unter Rühren langsam erhitzen, bis sich der Zucker vollständig aufgelöst hat. Dann die Temperatur erhöhen und die Zuckerlösung sprudelnd kochen, bis der Gelierpunkt erreicht ist. Beim Kochen darauf achten, daß keine Gasflammen am Topfrand hochschlagen. Die Flüssigkeit gelegentlich durchrühren, damit das Gelee gleichmäßig durchkocht.

WICHTIGE HINWEISE

Trübes Gelee: Früchte waren nicht einwandfrei; der Saftbeutel war nicht sauber oder wurde während des Abtropfens gepreßt oder gewrungen.

Körniger, kristallisierter Zucker: Abgetropfter Saft wurde aufgekocht, bevor sich der Zucker vollständig gelöst hatte.

Sirupähnliches, dunkles Gelee, das nicht fest wird: Gelee wurde über den Gelierpunkt hinaus gekocht.

Wässriges Gelee, das nicht fest wird: Gelee wurde nicht lange genug sprudelnd gekocht und muß erneut aufgekocht werden.

Schimmeliges Gelee: Gläser waren beim Befüllen kalt oder feucht oder unzureichend gefüllt; das Gelee wurde nicht kühl, dunkel und trocken gelagert.

Siehe auch Zubereitung von Konfitüre und Marmelade (S. 14–15).

4 Ein Zuckerthermometer zeigt genau an, wann der Gelierpunkt erreicht ist. Dazu das Thermometer am Topfrand einhängen, falls eine Aufhängung vorgesehen ist, oder es kurz in das kochende Gelee halten; es darf aber nicht den Topfboden berühren. Die meisten Gelees gelieren bei 105 °C, andere aber auch bei einem Grad höher oder niedriger. Deshalb empfiehlt es sich, zusätzlich die Gelierprobe mit Hilfe einer kalten Untertasse zu machen.

5 Dazu stellt man eine Untertasse vor dem zweiten Aufkochen kühl. Nach der vorgeschriebenen Kochzeit den Topf vom Herd nehmen und etwas Gelee auf die gekühlte Untertasse tropfen lassen. Der Gelierpunkt ist erreicht, sobald das Gelee Fältchen wirft, wenn man es mit der Löffel- oder Fingerspitze zusammenschiebt.

6 Entstandenen Schaum mit einem Schaumlöffel vom etwas abgekühlten Gelee abheben und den restlichen Estragon unterrühren. Das Gelee 10–15 Minuten ruhen lassen. Die vorbereiteten Gläser bereitstellen. Das Gelee durch einen Einfüllring in die Gläser geben und bis zum Rand füllen. Die Ränder mit einem feuchtem, warmen Tuch abwischen, passend zurechtgeschnittenes Wachspapier auf die Oberfläche legen und glattstreichen. Angefeuchtete Einmachhaut über die Gläser ziehen und festbinden oder mit Schraubdeckeln fest verschließen. Über Nacht stehenlassen. Die Gläser kühl, dunkel und trocken aufbewahren.

ZITRUSMARMELADE

Zitrusmarmeladen werden ähnlich zubereitet wie Marmelade und Konfitüre. Die verwendeten Schalen können stückig, fein geschnitten oder fein geraspelt sein. Die im Vergleich zu Fruchtschalen dickeren Zitrusschalen haben eine längere Kochzeit, bis sie weich sind. Die besten Zitrusmarmeladen kocht man mit Pomeranzen (Bitterorangen), die in Spanien fast ausschließlich für den Export nach Großbritannien angebaut werden, wo man sie zur dort typischen herben Marmelade verarbeitet. Die Früchte kommen im Januar und Anfang Februar auf den Markt. Man kann größere Mengen davon auf Vorrat kaufen und in Plastikbeutel verpackt für später einfrieren (da Pektin sich mit der Zeit abbaut, gibt man dann auf etwa 500 g Pomeranzen eine Orange dazu).

Pomeranzen-Marmelade

ERGIBT ETWA 2,5 KG

750 g unbehandelte Pomeranzen
Saft von 1 großen Zitrone
1,5 kg Zucker

AUSSTATTUNG

Scharfes Küchenmesser mit Klinge aus Edelstahl
Schneidbrett
Zitruspresse
Kleines Stück Musselin
Küchengarn
Einkochtopf oder ein anderer großer Topf (kein Aluminium)
Schaumlöffel
Holzlöffel
Untertasse
Zuckerthermometer (nach Belieben)
Einfüllring
Marmeladengläser
Wachspapier
Einmachhaut oder Schraubdeckel

1 Die Pomeranzen halbieren und auspressen; die Kerne und alle Trennhäute, die sich beim Saftpressen lösen, zurückbehalten.

2 Die Kerne und Trennhäute auf ein Stück Musselin geben und mit Küchengarn zu einem Säckchen binden.

Zitrusmarmelade

3 Die Pomeranzenschale nach Rezeptanweisung in mehr oder weniger große Stücke schneiden und mit dem Saft und 1,8 l Wasser in einen großen Topf geben.

4 Das Musselinsäckchen am Topfgriff festbinden und in die Fruchtmischung hängen. Zum Kochen bringen und etwa 1–1½ Stunden köcheln lassen.

WICHTIGE HINWEISE

Harte Schalenstücke: Schale wurde nicht lange genug gekocht, bevor der Zucker zugefügt wurde.
Schale schwimmt obenauf: Marmelade wurde zu heiß eingefüllt (10–15 Minuten Ruhezeit wurden nicht eingehalten).
Marmelade trocknet bei der Lagerung ein: Gläser wurden nicht ordnungsgemäß verschlossen; Oberfläche der Marmelade wurde nur unzureichend mit Wachspapier abgedeckt; Marmelade wurde nicht vorschriftsmäßig gelagert.
Siehe auch Zubereitung von Konfitüre und Marmelade (S. 14–15).

5 Zum Ende der Kochzeit sollte die Schale weich und die Flüssigkeit um die Hälfte eingekocht sein. Das Musselinsäckchen mit einem Schaumlöffel herausnehmen und fest gegen den Topfrand pressen, um den verbliebenen Saft auszudrücken. Das Säckchen wegwerfen.

In der Zwischenzeit die Untertasse für die Gelierprobe kühl stellen.

6 Bei schwacher Hitze den Zucker mit einem Holzlöffel in die Marmelade einrühren, bis sich der Zucker aufgelöst hat. Die Temperatur erhöhen und die Masse in 10–15 Minuten sprudelnd kochen, bis der Gelierpunkt erreicht ist. Nach Bedarf rühren.

Für die Gelierprobe einen Teelöffel Marmelade auf die kalte Untertasse geben. Der Gelierpunkt ist erreicht, sobald die Marmelade Fältchen wirft, wenn man sie mit dem Löffel zusammenschiebt. Eine andere Möglichkeit, den Gelierpunkt festzustellen, ist die Verwendung eines Zuckerthermometers (siehe S. 17).

7 Den Topf von der Kochstelle nehmen. Den Schaum mit einem Schaumlöffel abheben. Die Marmelade 10–15 Minuten stehenlassen, durchrühren und in Gläser füllen. Zurechtgeschnittenes Wachspapier darauflegen und die Gläser verschließen (siehe S. 12–13). Abkühlen lassen, anschließend kühl, dunkel und trocken lagern.

Abwandlungen: ***Orangen-Whisky-Marmelade***
Nach dem Abschäumen der Marmelade 150 ml Whisky hinzufügen; ***Ingwermarmelade:*** 150 g frischen Ingwer schälen, raspeln und mit den Orangenschalen in der Saftmischung kochen.

Kandierte Früchte

Kandierte, kristallisierte und glasierte Früchte, wie sie in Konditoreien und guten Fachgeschäften angeboten werden, haben einen stolzen Preis. Man kann dieses süße Konfekt aber auch gut selbst herstellen. Es werden nur makellose, reife, aber noch feste Früchte verwendet. Vorbereitung: Pflaumen, Renekloden, Aprikosen und Kumquats rundherum mit einer Nadel einstechen, damit der Sirup gut eindringen kann. Kirschen entsteinen. Zitrusfrüchte mit Ausnahme von Kumquats schälen, in einzelne Segmente teilen und von der weißen pelzigen Schicht und den Trennhäuten befreien. Birnen, Äpfel und Pfirsiche schälen und halbieren oder in dicke Scheiben schneiden. Ananas dick schälen, die holzige Mitte herausschneiden und das Fruchtfleisch in Ringe oder Stücke teilen.

Kandierte Früchte: auf jeweils 500 g Früchte 700 g Zucker
Kristallisierte Früchte: auf jeweils 500 g kandierte Früchte etwa 250 g feiner Zucker
Glasierte Früchte: auf jeweils 500 g kandierte Früchte 500 g Zucker

AUSSTATTUNG

Für kandierte Früchte:
Nadel, Entsteiner oder scharfes Küchenmesser
Küchenwaage
2 große Töpfe
Schaumlöffel
Drahtkorb passend für den zweiten Topf
Meßbecher
Holzlöffel
Kuchengitter
Alufolie oder Wachspapier
Zusätzlich (für kristallisierte Früchte):
Spieß
Kleine Schüssel
Backblech
Zusätzlich (für glasierte Früchte):
2 Töpfe (1 großer und 1 kleiner)
Tasse oder Schälchen
Spieß
Außerdem Dosen oder andere geeignete Gefäße, Wachspapier

1 Die vorbereiteten Früchte wiegen. Die Früchte mit Wasser bedeckt in einen Topf geben, den Deckel auflegen und köcheln lassen, bis sie gerade eben weich sind. Weiche Früchte benötigen nur 2–3 Minuten, festere wie Aprikosen etwa 10–15 Minuten. Nach dem Garen die Früchte mit einem Schaumlöffel aus der Flüssigkeit herausheben und behutsam in den Drahteinsatz im zweiten Topf geben.

2 Für die Zuckerlösung 330 ml (pro 500 g vorbereitete Früchte) von der Kochflüssigkeit abnehmen, in einen Topf geben und darin 200 g Zucker (auf jeweils 500 g vorbereitete Früchte) bei schwacher Hitze unter Rühren mit einem Holzlöffel auflösen. Dann die Temperatur erhöhen und die Flüssigkeit zum Kochen bringen.

Kandierte Früchte

3 Die heiße Zuckerlösung über die Früchte gießen, den Topf abdecken und die Früchte im Sirup 24 Stunden an einem kühlen Ort ziehen lassen.

4 Den Drahtkorb mit den Früchten aus dem Sirup heben. Die Zuckerlösung mit 50 g Zucker unter Rühren langsam erhitzen, bis sich der Zucker vollständig gelöst hat. Den Sirup zum Kochen bringen, vom Herd nehmen und den Drahtkorb mit den Früchten wieder in den Topf hängen. Anschließend die Früchte zugedeckt 24 Stunden kühl stellen. Dieses Verfahren an weiteren 5 Tagen wiederholen.

5 Den Drahtkorb mit den Früchten abermals aus dem Sirup heben, weitere 80 g Zucker hinzufügen und das Ganze unter Rühren erhitzen, bis sich der Zucker aufgelöst hat. Die Früchte erneut in den Sirup hängen und 3–4 Minuten köcheln lassen. Den Topf von der Kochstelle nehmen und zugedeckt 2 Tage an einem kühlen Ort stehenlassen. Diese Vorgehensweise noch einmal wiederholen, die Früchte dann aber 4 Tage bis 2 Wochen im Sirup ziehen lassen.

6 Den Drahtkorb mit den Früchten aus dem Sirup heben und die Fruchtstücke mit Hilfe einer Zange einzeln auf ein Kuchengitter legen und abtropfen lassen.

Zum Schutz gegen Staub und sonstige Verunreinigungen die kandierten Früchte locker mit Alufolie abdecken; die Folie darf die Früchte aber nicht berühren.

Anschließend die Früchte an einem warmen Ort trocknen lassen, die einzelnen Fruchtstückchen 2–3mal wenden, bis sie sich nicht mehr klebrig anfühlen und seidig glänzen.

Die fertigen Früchte mit einer Zange lagenweise in formschöne Dosen oder andere geeignete Gefäße geben; jede Lage kandierter Früchte mit Wachspapier trennen. Wenn verschiedene Früchte verarbeitet worden sind, kann man sie nach Sorten ordnen oder sie farblich attraktiv zusammenstellen.

Kristallisierte Früchte

Vor dem Kristallisieren müssen die Früchte wie oben beschrieben kandiert werden.

Feinkörnigen Zucker in eine kleine Schüssel geben und etwas Wasser in einem Topf zum Kochen bringen. Die fertig kandierten Früchte einzeln aufspießen und kurz in das kochendheiße Wasser tauchen. Überschüssige Flüssigkeit abtropfen lassen und dann die Fruchtstückchen im Zucker wälzen. Auf ein mit Alufolie überzogenes Tablett legen und trocknen lassen.

Glasierte Früchte

Kandierte Früchte sind auch die Ausgangsbasis für glasierte Früchte. Zum Glasieren 170 ml Wasser mit dem Zucker erhitzen, bis sich der Zucker aufgelöst hat. Die Zuckerlösung 1 Minute kochen. Etwas heißen Sirup in eine vorgewärmte Tasse gießen. Den restlichen Sirup im Topf abdecken und im Wasserbad warmhalten. Jedes Fruchtstückchen einzeln aufspießen, für 20 Sekunden in kochendheißes Wasser und anschließend in den heißen Sirup tauchen.

Die fertigen Fruchtstückchen auf ein Kuchengitter legen und abtropfen lassen. Den durch das ständige Eintauchen allmählich trüb werdenden Sirup in der Tasse weggießen und durch den heißen Sirup im Topf ersetzen.

Die Fruchtstückchen locker mit Alufolie abdecken und an einem warmen Ort 2–3 Tage trocknen lassen; zwischendurch mehrmals wenden.

WICHTIGER HINWEIS

Zerfallende oder zähe Früchte: Weiche Früchte wurden anfangs übergart.

GEMÜSE

Dieses Kapitel stellt die ganze Vielfalt eingemachter Gemüsezubereitungen vor: die Auswahl reicht von einfacher Rote Bete in Essig (siehe S. 26) über edle Artischocken in Öl (siehe S. 24) bis zu Engelshaar, eine leuchtend orangefarbene Möhrenmarmelade (siehe S. 27) oder den köstlichen gegrillten Paprika in Öl (siehe S. 32), die auch im Rezept für Fettucine mit geräucherter Forelle und Basilikum (siehe S. 33) vertreten sind. Eingemachtes Gemüse darf eigentlich in keiner Vorratskammer fehlen. Die nachstehenden Rezepte sollen zum Nachahmen inspirieren, und allein schon beim Lesen kann man Appetit bekommen. An interessanten Ideen mangelt es nicht: ob für einen schnellen Imbiß, eine Vorspeise, eine Gemüsebeilage oder eine originelle Abwandlung von einem Hauptgericht, für einen Salat, ein Picknick oder ein Buffet – für alles und jeden ist etwas dabei.

Linke Seite (von links nach rechts): Italienisches Essiggemüse, Artischocken in Öl, Ratatouille-Chutney und Grüne Oliven in Öl.

Artischocken in Öl

Falls gerade ganz kleine, zarte Artischocken erhältlich sind, kann man sie, wie es in Italien üblich ist, im ganzen einlegen.

ERGIBT 1 L

1,4 kg Artischocken
1/2 Zitrone, 1 l Weißweinessig
500 ml trockener Weißwein
3 Zweige frischer Thymian
1 kleiner Zweig frischer Rosmarin
6 Knoblauchzehen, etwa 850 ml Olivenöl
2 getrocknete rote Chillies (nach Belieben)
Meersalz

Die Stiele der Artischocken abbrechen und die äußeren Blätter abschneiden. Die stacheligen Blattspitzen mit einer Schere kürzen, dann die Artischocken, je nach Größe, halbieren oder vierteln. Mit einem Messer das Heu entfernen. Die Artischocken in eine Schüssel mit gesäuertem Wasser (ein kräftiger Spritzer Zitronensaft genügt) legen.

Essig, Wein, 2 Thymianzweige und den Rosmarin in einem großen Topf zum Kochen bringen. Den Knoblauch kurz mitkochen lassen. Dann herausnehmen und beiseite legen.

Die Artischocken hinzufügen und etwa 20 Minuten köcheln lassen, bis sie weich sind. Herausnehmen und auf Küchenkrepp abtropfen lassen.

Etwas Öl in ein Einmachglas gießen, darauf eine Lage Artischocken verteilen; leicht andrücken, um eine möglichst dichte Schichtung ohne Lufteinschlüsse zu erreichen. Die Artischocken mit Öl übergießen, eine Knoblauchzehe und, falls verwendet, ein kleines Stück Chilischote hinzufügen und abermals eine Lage Artischocken darauflegen. Mit dem Einschichten fortfahren, bis das Glas gefüllt ist. Sobald es zur Hälfte gefüllt ist, den übriggebliebenen Thymianzweig an die Seite stecken. Zuletzt die Artischocken vollständig mit Öl bedecken und das Glas fest verschließen (siehe S. 12–13). Die eingelegten Artischocken mindestens 2 Monate kühl, dunkel und trocken lagern.

Zum Servieren die Artischocken mit gehackter Petersilie, einem Spritzer Zitronensaft, schwarzem Pfeffer, einer fein gehackten getrockneten Chilischote und einem Schuß Olivenöl mischen.

Pizza mit Artischocken und Austernpilzen

Wenn es schnell gehen soll, belegen Sie einfach einen fertigen Pizzaboden mit Artischocken in Öl und Austernpilzen.

FÜR 2 PERSONEN

115 g Austernpilze
350 g Artischocken in Öl (siehe links)
2–3 EL Öl von den eingelegten Artischocken
1 Spritzer Zitronensaft
1 ofenfertiger Pizzaboden von 25 cm Durchmesser
75–120 g Fontina, gerieben
Meersalz und frisch gemahlener schwarzer Pfeffer
Gehackter frischer Thymian zum Bestreuen

Den Backofen auf 220 °C vorheizen.

Die Austernpilze in Scheiben schneiden und in einer schweren Pfanne in etwas von dem Öl der eingelegten Artischocken sautieren. Die Pilze aus der Pfanne heben und mit den eingelegten Artischocken mischen.

Einen Spritzer Zitronensaft und das restliche Öl miteinander verrühren und den Pizzaboden damit einpinseln. Gleichmäßig mit Artischocken und Pilzen belegen und mit dem geriebenen Käse bestreuen. Die Pizza etwa 20 Minuten bzw. entsprechend den Packungshinweisen backen.

Die fertige Pizza mit Thymian bestreuen und sofort servieren.

Unten: Pizza mit Artischocken und Austernpilzen. Wer es gehaltvoller mag, verwendet noch mehr Artischocken und Pilze für den Belag.

Auberginen-Paprika-Pickle

ERGIBT ETWA 1 KG

450 g Auberginen, Meersalz
4 große rote oder 2 rote und 2 gelbe Paprikaschoten
300 ml Weißweinessig
1–2 Knoblauchzehen, in dünne Scheiben geschnitten, 6 Sardellenfilets, abgetropft
2–3 TL Kapern, möglichst eingesalzen, abgetropft
1 TL schwarze Pfefferkörner, Basilikumblätter
Etwa 300 ml Olivenöl

Den Grill auf höchster Stufe vorheizen. Die Auberginen der Länge nach halbieren und in 1/2 cm dicke Scheiben schneiden. Die Scheiben lagenweise in einen Durchschlag aus Kunststoff geben und gleichmäßig mit Salz bestreuen. Die Auberginenscheiben 2–3 Stunden Wasser ziehen lassen.

In der Zwischenzeit die Paprikaschoten unter dem Grill rösten, bis die Schale schwarz ist und Blasen wirft. Die Paprika bis zur Weiterverarbeitung etwas abkühlen lassen und dann die Haut abziehen. Den Stielansatz, Samen und Rippen herausschneiden und das Fruchtfleisch in 1/2 cm dicke Streifen schneiden.

Die Auberginen gründlich unter fließendem, kaltem Wasser abspülen, abtropfen lassen und sorgfältig mit Küchenkrepp abtrocknen.

Den Essig mit 150 ml Wasser in einem großen Topf zum Kochen bringen, die Auberginen und den Knoblauch dazugeben und 1 Minute blanchieren. Gründlich abtropfen lassen.

Etwas Öl in ein vorgewärmtes, saubereres und trockenes Glas von 1 kg Fassungsvermögen gießen und die Auberginen, den Knoblauch und die Paprikastreifen lagenweise einfüllen. Ab und zu ein Sardellenfilet, 2 oder 3 Kapern, 1–2 Pfefferkörner und ein Basilikumblatt dazugeben und etwas Öl zugießen. Zum Schluß mit soviel Öl aufgießen, daß das Gemüse vollständig davon bedeckt ist. Das Glas schwenken, damit eingeschlossene Luftbläschen entweichen können, und fest verschließen (siehe S. 12–13). Vor dem Öffnen mindestens 1 Monat kühl, dunkel und trocken lagern.

Gefüllte Auberginen in Öl auf orientalische Art

Eingelegtes Gemüse erfreut sich im Vorderen Orient großer Beliebtheit. In vielen Familien ist es auch heute noch Tradition, große Glasgefäße *(martabans)* mit Gemüse zu füllen, und überall in den Auslagen der Lebensmittelgeschäfte sieht man die Gläser mit dem farbenfrohen Inhalt stehen.

ERGIBT 750 ML

900 g kleine Auberginen
Meersalz
4 Knoblauchzehen, fein gehackt
1–2 kleine getrocknete rote Chillies, entkernt und fein gehackt
Koriander- oder Petersilienblätter
Etwa 250–300 ml Olivenöl

Die Stiele der Auberginen abschneiden. Jede Aubergine in der Mitte längs einritzen, dann in einen großen Topf mit Salzwasser geben und bei schwacher Hitze etwa 20 Minuten pochieren, bis die Auberginen weich sind. Die Auberginen während des Garens mit einem Deckel, der kleiner als der Topf ist, beschweren, damit sie unter der Wasseroberfläche bleiben.

Das Wasser abgießen und die abgetropften Auberginen bis zur Weiterverarbeitung abkühlen lassen. Anschließend mit der Hand die verbliebene Flüssigkeit vorsichtig ausdrücken.

Auberginen füllen: *Die Würzmischung mit einem kleinen scharfen Messer in die aufgeschlitzten Auberginen füllen.*

Knoblauch, Chillies, Koriander oder Petersilie und eine Prise Salz vermischen.

Den Einschnitt in den Auberginen vergrößern und etwas von der Würzmischung hineingeben (siehe unten).

Die Auberginen in ein sauberes, trockenes Glas füllen und mit soviel Öl aufgießen, daß sie ganz davon bedeckt sind. Das Glas fest verschließen (siehe S. 12–13) und bis zum Öffnen 2–4 Wochen kühl, dunkel und trocken aufbewahren.

Auberginen-Okra-Relish mit Koriander

Für dieses aromatische Relish sollten nur kleine, hellgrüne Okraschoten von bester Qualität verwendet werden.

ERGIBT ETWA 1,25 KG

450 g Auberginen, grob gewürfelt
4 TL Meersalz
1 große Zwiebel, grob gehackt
2 Knoblauchzehen, zerdrückt
2 Selleriestangen, grob gehackt
225 g kleine Okraschoten, in Scheiben geschnitten
2 EL Tomatenpüree
1–2 EL Currypulver, nach Geschmack
2 TL gemahlener Piment
1 TL gemahlener Ingwer
115 g brauner Zucker, 1,1 l Weißweinessig
2 EL gehacktes frisches Koriandergrün

Die gewürfelten Auberginen in einen Durchschlag aus Kunststoff geben, gleichmäßig mit Salz bestreuen und über Nacht Wasser ziehen lassen.

Am nächsten Tag die Auberginen trockentupfen, aber nicht abspülen, und zusammen mit den anderen Zutaten, mit Ausnahme des Korianders, in einen Topf geben. Alles 30 Minuten köcheln lassen, dann das Koriandergrün unterrühren und die Masse in vorgewärmte, saubere und trockene Gläser füllen. Mit säurebeständigen Deckeln verschließen (siehe S. 12–13). Das fertige Relish bis zum Öffnen 2–4 Wochen kühl, dunkel und trocken lagern.

Das Relish als Beilage zu indischen Gerichten reichen, es paßt aber auch zu Brot und Käse.

Rote Bete in Essig

Nehmen Sie für dieses Rezept möglichst kleine rote Beten mit makelloser, unverletzter Schale, und schälen Sie die Knollen erst nach dem Kochen, weil sie sonst ›ausbluten‹.

Die meisten Pickles werden kalt eingelegt, doch angesichts der Größe der Knollen in diesem Rezept werden die Gläser gefüllt, solange die Zutaten noch heiß sind.

ERGIBT ETWA 1 KG

1 kg kleine rote Bete, unzerteilt
1–1 1/2 TL Zucker
2 TL Salz
630 ml Gewürzessig (siehe S. 139), zubereitet mit Rotweinessig
Piment

Die roten Rüben 30–40 Minuten kochen, bis sie weich sind. Abgießen und unter fließendem, kaltem Wasser abspülen, bis zur Weiterverarbeitung etwas abkühlen lassen.

In der Zwischenzeit den Zucker und das Salz bei schwacher Hitze unter Rühren im Gewürzessig auflösen und den Sud zum Kochen bringen. Den Topf von der Kochstelle nehmen und den Sud abkühlen lassen.

Die abgekühlten Knollen schälen und in vorgewärmte, saubere und trockene Gläser füllen. In jedes Glas 2 Pimentkörner geben. Das Gemüse mit dem Essig aufgießen. Die Gläser schwenken, damit eingeschlossene Luftblasen entweichen können, anschließend mit säurebeständigen Deckeln fest verschließen (siehe S. 12–13). Bis zum Öffnen mindestens 1 Monat kühl, dunkel und trocken aufbewahren.

Abwandlung: Falls kleine rote Beten nicht erhältlich sind, größere Knollen fest in ein Stück Alufolie wickeln und je nach Größe 2–3 Stunden bei 180 °C im Backofen backen. Die abgekühlten roten Rüben schälen, in dünne Scheiben schneiden und dann in die vorbereiteten Gläser füllen. Das Gemüse vollständig mit dem Gewürzessig übergießen; dabei auf jeweils 570 ml Essig 2 TL Salz geben und den Zucker weglassen.

Rote-Bete-Meerrettich-Relish

Meerrettich, Rote Bete und Apfel ergeben ein erfrischendes Relish mit pikanter Schärfe. Wem das Reiben der Meerrettichwurzel von Hand die Tränen in die Augen treibt, der zerkleinert sie am besten in einer Küchenmaschine.

ERGIBT ETWA 1,4 KG

450 g rote Bete
50 g Meerrettich, gerieben
115 g Zwiebeln, geschält und gehackt
225 g Kochäpfel, zum Beispiel Bramley oder Gravensteiner, geschält, entkernt und gehackt
150 g Zucker
350 ml Apfelessig

Oben: Rote Bete in Essig schmecken vorzüglich zu kaltem Braten und Fleischpasteten.

Die roten Rüben schälen, grob raspeln und zusammen mit den anderen Zutaten in einen Topf geben. Die Mischung unter Rühren langsam erhitzen, bis sich der Zucker aufgelöst hat. Zum Kochen bringen und unter gelegentlichem Rühren etwa 1 1/4 Stunden köcheln lassen, bis Gemüse und Äpfel weich sind und die Masse eine marmeladenähnliche Konsistenz hat. Das Relish in vorgewärmte, saubere und trockene Gläser füllen und mit säurebeständigen Deckeln verschließen (siehe S. 12–13). Vor dem Öffnen 4–6 Wochen kühl, dunkel und trocken aufbewahren.

Dieses Relish ist eine köstliche Beilage zu kalten Fleischpasteten, kaltem Roastbeef oder Schweinebraten, Steaks und Käse.

Eingelegter Rotkohl mit Orange

Orangen und Rosinen machen den eingelegten Kohl fruchtiger und milder im Geschmack.

ERGIBT ETWA 1,8 KG

1 Rotkohl (etwa 900 g), halbiert, vom harten Strunk befreit und gehobelt
2 EL Meersalz
570 ml Gewürzessig (siehe S. 139), zubereitet mit Rotweinessig
1 große Zwiebel, in dünne Scheiben geschnitten
50 g Rosinen
Saft und abgeriebene Schale von 2 großen unbehandelten Orangen
1 EL brauner Zucker

Den Kohl in eine große Schüssel (nicht aus Metall) geben, salzen und 8 Stunden ruhen lassen.

In der Zwischenzeit den Gewürzessig mit den Gewürzen und dem Lorbeerblatt aufkochen, von der Kochstelle nehmen und abkühlen lassen.

Den Kohl gründlich abbrausen, abtropfen lassen und trockentupfen; dicht in die vorgewärmten, sauberen und trockenen Gläser schichten.

Den Gewürzessig mit Zwiebel, Rosinen, Orangensaft, abgeriebener Orangenschale und Zucker in einen Topf geben und auf kleiner Flamme unter Rühren erhitzen, bis sich der Zucker aufgelöst hat. Alles zum Kochen bringen. Den Kohl mit dem kochendheißen Sud übergießen, die Gläser vorsichtig aufstoßen, damit sich der Essig gleichmäßig verteilt. Die Gläser mit säurebeständigen Deckeln verschließen (siehe S. 12–13) und bis zum Öffnen mindestens 1 Monat kühl, dunkel und trocken aufbewahren.

Den Rotkohl zu kaltem Gänsebraten oder Wild, insbesondere zu Reh und Hase, aber auch zu geschmortem Ochsenschwanz oder Ochsenschwanz in Aspik und zu Schweinefleischpastete reichen.

Rechts: Eingelegter Rotkohl mit Orange schmeckt angenehm fruchtig und ist nicht so stark gewürzt wie die meisten Rotkohlzubereitungen, die man fertig kaufen kann.

Engelshaar

›Engelshaar‹ ist der schöne Phantasiename für eine attraktiv leuchtend orangefarbene Möhrenmarmelade.

ERGIBT ETWA 450 G

300 g Möhren, geschabt und gerieben (es werden etwa 225 g benötigt)
225 g Zucker
1 große unbehandelte Zitrone
3 Kardamomkapseln, aufgebrochen

Die Möhren mit dem Zucker in einen Topf geben.

Die äußere Schale der Zitrone dünn abschälen und in feine Streifen schneiden, den Saft auspressen und beides mit dem Kardamom in den Topf geben. Unter Rühren langsam erhitzen, bis sich der Zucker aufgelöst hat, dann 10 Minuten sprudelnd kochen lassen, bis die Masse eingedickt ist. Entstandenen Schaum mit einem Schaumlöffel abheben.

Die Marmelade in die vorbereiteten Gläser füllen und fest verschließen (siehe S. 12–13). Kühl, dunkel und trocken aufbewahrt, hält sie sich bis zu einem Jahr.

Kürbismus

Dieses orangefarbene Kürbismus – allein optisch schon ein Genuß – bereitet man am besten im November zu, wenn die großen prallen Früchte überall auf den Märkten angeboten werden.

1 Kürbis, in Scheiben geschnitten, geschält, Kerne und Fasern herausgeschabt
Auf jeweils 500 g vorbereiteten Kürbis:
500 g Zucker
25 g frischer Ingwer, gerieben
Saft von einer halben Zitrone

Das Kürbisfleisch würfeln und etwa 20 Minuten dämpfen, bis es weich ist.

Kürbis, Zucker, Ingwer und Zitronensaft in eine Schüssel geben und gründlich verrühren. Die Schüssel abdecken und die Mischung 24 Stunden kühl stellen.

Am nächsten Tag die Kürbismischung in einen großen schweren Topf mit extrastarkem Boden geben und bei schwacher Hitze rühren, bis sich der Zucker aufgelöst hat. Dann unter gelegentlichem Rühren etwa 15 Minuten sprudelnd kochen, bis die Masse dick und durchscheinend ist.

Das Mus in die vorbereiteten Gläser füllen und fest verschließen (siehe S. 12–13). Abkühlen lassen und bis zum Öffnen mindestens 1 Monat kühl, dunkel und trocken aufbewahren.

Das Kürbismus als Brotaufstrich zum Frühstück reichen oder mit ungesalzenem Doppelrahmfrischkäse zu einem Dessert verarbeiten.

Oben: Leuchtend orangefarbenes Kürbismus wird in England zum Guy-Fawkes-Day oder zu Thanksgiving zubereitet, denn das ist die Zeit, in der Kürbisse Saison haben.

Kürbis-Rum

Dies ist sicher die beste Verwendungsmöglichkeit für einen Markkürbis, und obwohl es lange dauert, bis man das fertige Produkt genießen kann – mindestens 1 Jahr – lohnt sich das Warten. Am geeignetsten dafür ist ein fester Markkürbis, der zum Kochen oder zum Schneiden zu hart ist. Außerdem benötigt man einen fest gewebten Stoffbeutel. Die gewonnene Flüssigkeit und die benötigte Zuckermenge sind davon abhängig, wie groß und saftreich der Markkürbis ist.

ERGIBT ETWA 850 ML–1,1 L

1 großer fester und reifer Markkürbis
Muscovado, Demerara- oder Melassezucker

Den Markkürbis unterhalb des Stielansatzes durchsägen und das Endstück als Deckel zurückbehalten. Die Kerne und anhängende Fasern herausschaben und den ausgehöhlten Kürbis mit Zucker füllen. Das zurückbehaltene Endstück als Deckel auf den Kürbis setzen und mit Klebeband sichern. Den gefüllten Kürbis in einen reißfesten Stoffbeutel geben und 2 Wochen an einem kühlen, trockenen Ort aufhängen.

Die Klebefolie mit dem Deckel entfernen und den Kürbis erneut mit Zucker auffüllen, den Deckel wieder mit Klebestreifen befestigen und den Kürbis zurück in den Stoffbeutel geben. Eine Schüssel unter den Stoffbeutel stellen, um austropfenden Saft aufzufangen. Den Kürbis 1 Monat im Stoffbeutel hängen lassen.

Einen Trichter mit Musselin auslegen und in eine saubere, trockene Flasche hängen.

Den Kürbis aus dem Stoffbeutel nehmen, an der Stelle, wo bereits Saft austritt, einstechen, und die Flüssigkeit durch den Trichter in die Flasche laufen lassen.

Die Flasche locker verkorken, da die Flüssigkeit noch gärt. Einige Wochen kühl, dunkel und trocken aufbewahren, bis der Gärvorgang beendet ist, dann fest verkorken. Bis zum ersten Probieren 1 Jahr kühl, dunkel und trocken lagern.

Weiße Rüben in Essig

Dieses Essiggemüse besticht durch seine angenehm milde Schärfe und seine knackige Konsistenz.

ERGIBT ETWA 1,2 KG

50 g Meersalz
225 ml Weißweinessig
900 g kleine weiße Rüben, halbiert
1 kleine rote Bete, geschält und in Scheiben geschnitten
2–4 Knoblauchzehen (nach Belieben)
Einige Sellerieblätter

450 ml Wasser mit dem Salz unter Rühren erhitzen. Zum Kochen bringen, von der Kochstelle nehmen, den Essig zugießen und abkühlen lassen.

Die weißen Rüben, die rote Bete, den geschälten Knoblauch – falls verwendet – und die Sellerieblätter in ein sauberes, trockenes Glas schichten. Den abgekühlten Sud über das geschichtete Gemüse gießen und das Glas drehen und schwenken, so daß Luftblasen entweichen können. Zerknülltes Butterbrotpapier obenauf legen, damit die weißen Rüben nicht an die Oberfläche steigen. Das Glas fest verschließen (siehe S. 12–13) und bis zum Öffnen etwa 2 Wochen auf einer sonnigen Fensterbank oder an einem anderen warmen Ort stehenlassen. Ungeöffnete Gläser sind 3 Monate haltbar; nach dem Öffnen sollten sie jedoch im Kühlschrank aufbewahrt werden.

Dillgurken

Einlegegurken gibt es von Ende Juni bis September.

ERGIBT ETWA 1 KG

1 kg kleine feste Gurken
325 g Meersalz
700 ml Weißweinessig
2 TL Dillsamen
100 g Perlzwiebeln
2 Knoblauchzehen

Die Gurken gründlich waschen, in eine Schüssel legen, mit Salz bestreuen und etwa 24 Stunden an einem kühlen Ort durchziehen lassen.

Am nächsten Tag die Gurken abspülen, abtropfen lassen, mit Küchenkrepp trockentupfen und wieder in eine Schüssel geben.

Den Essig aufkochen und 5 Minuten köcheln lassen. Über die Gurken gießen, abdecken und einen Tag an einem kühlen Ort durchziehen lassen. Den Essig in einen Topf abgießen, abermals zum Kochen bringen und dann vollständig erkalten lassen.

Gurken, Dill, Perlzwiebeln und Knoblauch in ein sauberes Glas schichten, vorsichtig aufstoßen, damit die einzelnen Zutaten zusammenrutschen und Luftbläschen entweichen können. Den erkalteten Essig über die Gurken gießen. Das Glas mit einem säurebeständigen Deckel fest verschließen (siehe S. 12–13) und bis zum Öffnen mindestens 2 Monate kühl, dunkel und trocken aufbewahren.

Dillgurken zu pikanten Würsten, zu Salami oder Pastete und frischem, knusprigem Brot servieren.

Grüne Oliven in Öl

Ein gutes Rezept, um Oliven von nicht so guter Qualität aufzuwerten. Das Öl kann für Salatsaucen oder zum Kochen verwendet werden.

ERGIBT 450 G

225 g grüne, in Lake eingelegte Oliven, abgespült und abgetropft
1 EL Fenchelsamen, leicht zerdrückt
4 große Knoblauchzehen, geschält und zerdrückt
1 langer Streifen Zitronenschale
4 Zweige frischer Thymian
Etwa 175 ml Olivenöl

Mit einem Fleischklopfer oder Hammer leicht auf die Oliven schlagen, damit sie aufbrechen, dabei die Steine aber nicht beschädigen. Oder jede einzelne Olive mit einem Messer einritzen. Die Oliven mit Küchenkrepp trockentupfen.

Die Oliven mit Fenchelsamen, Knoblauch, Zitronenschale und Thymian in ein sauberes, trockenes Glas schichten, zwischendurch das Glas vorsichtig aufstoßen, damit die Oliven zusammenrutschen.

Soviel Öl zugießen, daß die Oliven ganz davon bedeckt sind. Das Glas schwenken, damit eingeschlossene Luftblasen entweichen können. Das Glas fest verschließen (siehe S. 12–13) und bis zum Öffnen 2 Wochen kühl, dunkel und trocken aufbewahren; das Glas zwischendurch ab und zu schwenken.

Pilze in Öl

ERGIBT ETWA 2 L

50 g Zwiebeln, fein gehackt
1/2 kleine rote Paprikaschote, geputzt, entkernt und fein gehackt
2 Knoblauchzehen, zerdrückt
Etwa 425 ml Olivenöl
425 ml Weißweinessig
Einige Zweige Petersilie
Einige Zweige Thymian
1 Zweig Rosmarin
3 frische Lorbeerblätter
5 Koriandersamen, zerdrückt
10 schwarze Pfefferkörner, zerdrückt
900 g Pilze

Zwiebeln, Paprika und Knoblauch in etwas Öl anbraten, bis das Gemüse weich, aber noch nicht gebräunt ist. Essig, Kräuter, Koriandersamen, Pfefferkörner und 400 ml Wasser zugeben, zum Kochen bringen und anschließend ohne Deckel 10 Minuten weiterköcheln lassen.

Die Pilze in eine große Schüssel geben, mit der gekochten Gemüsemischung übergießen, mit einem Teller beschweren und 12 Stunden durchziehen lassen; zwischendurch hin und wieder umrühren. Die Flüssigkeit abgießen und die Pilze, Kräuter und Gemüse mit Küchenkrepp trockentupfen.

Die Pilze, Kräuter und Gemüse mit einem Schaumlöffel in ein sauberes, trockenes Glas füllen. Soviel Olivenöl zugießen, daß alles davon bedeckt ist. Die Pilze mit dem Löffel zusammendrücken und das Glas vorsichtig aufstoßen, damit eingeschlossene Luftblasen entweichen können. Das Glas fest verschließen (siehe S. 12–13) und vor dem Öffnen mindestens 3–4 Wochen kühl, dunkel und trocken lagern.

Die Pilze zu Hühnchen in Wein geben, mit etwas Crème fraîche oder Sahne abrunden, und das Hühnchen im Pilzöl anbraten.

Ganz links und links: Pilz-Ketchup und Pilze in Öl, die vorzugsweise mit Pfifferlingen und Wiesenchampignons zubereitet werden. Aber auch Shiitake und Austernseitlinge sind einen Versuch wert.

Pilze, Zwiebeln, Schalotten

Pilz-Ketchup

ERGIBT ETWA 425 ML

900 g Pilze, fein gehackt
1/4 TL gemahlene Nelken
Je 1/2 TL gemahlene Muskatblüte (Macis) und Piment
2 Sardellenfilets, gehackt
300 ml Portwein (ruby)
Meersalz und reichlich frisch gemahlener schwarzer Pfeffer

Alle Zutaten mit 5 Eßlöffeln Wasser in einem großen Topf zum Kochen bringen und 10 Minuten unter gelegentlichem Rühren köcheln lassen, bis die Mischung eindickt.

Die Masse in ein angewärmtes, sauberes und trockenes Glas gießen, abdecken, und abkühlen lassen. Das Glas fest verschließen (siehe S. 12–13), das Ketchup bis zum Öffnen mindestens 10 Tage kühl, dunkel und trocken aufbewahren.

Würzige Zwiebelmarmelade

In den letzten Jahren sind pikante Marmeladen immer mehr in Mode gekommen. Ihre Zubereitung ist, zumindest für einen Neuling im Marmeladekochen, etwas aufwendig, aber wenn man erst einmal einige Gläser davon gekocht hat, dann sind die köstlichen süßen Varianten geradezu ein Kinderspiel.

ERGIBT ETWA 900 G

675 g große rote Zwiebeln, in dünne Scheiben geschnitten
2 EL Olivenöl
Meersalz und frisch gemahlener schwarzer Pfeffer
150 g Zucker
225 ml Rotwein
4 EL Sherry-Essig
2 EL Crème de Cassis (siehe S. 87)
1/4 TL gemahlener Piment

Das Öl in einer großen Bratpfanne oder einem großen Topf erhitzen und die Zwiebeln darin behutsam garen, bis sie weich sind. Mit Salz, Pfeffer und Zucker bestreuen, den Deckel auflegen und die Masse 10 Minuten weitergaren; zwischendurch umrühren.

Wein, Essig, Likör und Piment unterrühren, die Temperatur erhöhen und die Mischung unter häufigem Rühren etwa 30 Minuten köcheln lassen, bis sie eingedickt ist.

Die Marmelade in die vorbereiteten Gläser füllen, mit säurebeständigen Deckeln fest verschließen (siehe S. 12–13) und bis zum Öffnen 2–3 Tage kühl, dunkel und trocken aufbewahren.

Zwiebelmarmelade paßt heiß oder kalt zu gegrilltem Fleisch oder Geflügel, hausgemachten Würsten, Wildterrinen oder Blätterteigpasteten, oder man reicht sie kalt zu gereiftem Cheddar, knusprigem Brot und ungesalzener Butter.

Links (im Uhrzeigersinn von oben links): Shiitake, gelbe und elfenbeinfarbene Austernseitlinge, schwarze Pfifferlinge.

Schalottenkonfitüre

Für die Zubereitung diese Konfitüre braucht man mehrere Tage. Nur so erhalten die Schalotten eine samtige Konsistenz und entwickeln eine angenehme Süße.

ERGIBT ETWA 1,2 KG

675 g Schalotten, geschält, aber mit intaktem Wurzelende, 100 g Meersalz, 1 l Apfel-Essig, 450 g Zucker, 1 1/2 TL Nelken
2 Kardamomkapseln, zerdrückt
1 1/2 TL Kümmelkörner
1 Streifen Zitronenschale, 1 Zimtstange
2–4 getrocknete rote Chillies, zerstoßen
1 kräftige Prise Chilipulver

Die Schalotten in eine Schüssel geben, gleichmäßig mit Salz bestreuen und soviel Wasser zugießen, daß sie davon bedeckt sind; sorgfältig umrühren, bis das Salz aufgelöst ist. Die Schalotten mit einem Teller beschweren und einen Tag an einem kühlen Ort stehenlassen.

Das Wasser abgießen, die Schalotten unter fließendem kaltem Wasser gründlich waschen, abtropfen lassen und mit Küchenkrepp trockentupfen. Den Essig in einen Topf gießen und den Zucker unterrühren. Die Gewürze, mit Ausnahme des Chilipulvers, auf ein Stück Musselin geben und zusammenbinden. Das Musselinsäckchen zusammen mit dem Chilipulver in den Topf geben und alles unter Rühren langsam erhitzen, bis sich der Zucker aufgelöst hat. Die Temperatur erhöhen und den Essigsud 10 Minuten sprudelnd kochen. Entstandenen Schaum mit einem Schaumlöffel abheben.

Die Schalotten dazugeben und 15 Minuten sehr behutsam köcheln lassen. Den Topf von der Kochstelle nehmen, den Deckel auflegen und über Nacht durchziehen lassen.

Am nächsten Tag die Schalotten abermals behutsam aufkochen und weitere 15 Minuten köcheln lassen. Von der Kochstelle nehmen, abdecken und wieder über Nacht stehenlassen. Am nächsten Tag die Schalotten ein letztes Mal köcheln lassen, bis sie goldbraun und durchscheinend sind. In die vorbereiteten Gläser füllen, dabei Lufteinschlüsse vermeiden. Die Gläser mit säurebeständigen Deckeln fest verschließen (siehe S. 12–13). Die Konfitüre bis zum Öffnen mindestens 2 Monate kühl, dunkel und trocken aufbewahren.

Eingelegte rote Paprika

Auch wenn es so aussieht, als wären alle roten Paprika gleich, so gibt es doch verschiedene Sorten. Für dieses Rezept können auch ein oder zwei gelbe Schoten verwendet werden. Grüne Paprika sind aber nicht geeignet. Auf jeden Fall sollten die Schoten prall und fleischig sein.

ERGIBT 1,1 L

4 große, fleischige Paprikaschoten, geputzt, entkernt und in Streifen geschnitten
1 kleine rote Zwiebel, fein gehackt
Meersalz
25 g getrocknete Tomaten
3 kleine Lorbeerblätter
Etwa 350 ml Weißweinessig

Die Paprikastreifen und die gehackte Zwiebel in eine Schüssel schichten, jede Lage großzügig mit Salz bestreuen. Das Gemüse mit einem Teller beschweren und 24 Stunden an einem kühlen Ort durchziehen lassen; zwischendurch hin und wieder behutsam durchrühren.

Die getrockneten Tomaten in eine feuerfeste Schüssel geben, mit kochendheißem Wasser überbrühen und 5 Minuten einweichen. Abtropfen lassen, mit Küchenkrepp trockentupfen und in feine Streifen schneiden.

Das eingesalzene Gemüse unter fließendem, kaltem Wasser gründlich abspülen, abtropfen lassen und sorgfältig mit Küchenkrepp trockentupfen. Paprika, Zwiebeln und Tomaten in einer Schüssel vermengen und zusammen mit den Lorbeerblättern in ein sauberes, trockenes Glas füllen. Mit dem Essig aufgießen, durch Schwenken des Glases Luftbläschen entweichen lassen. Mit säurebeständigem Deckel fest verschließen (siehe S. 12–13) und bis zum Öffnen 2 Monate kühl, dunkel und trocken aufbewahren.

Die Paprika gut abtropfen lassen und – mit kaltgepreßtem Olivenöl beträufelt – als leichte Vorspeise oder mit schwarzen, möglichst in Öl eingelegten Oliven, feinstreifig geschnittenen Sardellenfilets und gehackter Petersilie als ersten Gang oder als Bestandteil einer Antipasti-Platte servieren. Die eingelegten Paprika passen auch vorzüglich zu gegrilltem Huhn und Fisch.

Paprika-Relish

Dieses scharfwürzige Relish harmoniert gut mit gekochtem Fleisch und Geflügel, schmeckt aber auch köstlich zu kaltem Braten.

ERGIBT ETWA 675 G

2 rote Paprikaschoten, geputzt, entkernt und gehackt
2 gelbe Paprikaschoten, geputzt, entkernt und gehackt
1 große Zwiebel, gehackt
3 große Knoblauchzehen, in dünne Scheiben geschnitten
2 rote Chillies, entkernt und gehackt
2 EL Paprikapulver
2 EL Hoisin-Sauce
4 EL Limettensaft
2 EL brauner Zucker (z. B. Muscovado)
4 EL mildes Olivenöl
1 Messerspitze Meersalz

Alle Zutaten in einen großen Topf geben und behutsam unter gelegentlichem Rühren erhitzen, bis sich der Zucker gelöst hat, dann 12–15 Minuten unter häufigem Rühren köcheln lassen, bis das Gemüse weich ist.

Das fertige Relish in vorgewärmte, saubere und trockene Gläser füllen, mit säurebeständigen Deckeln fest verschließen (siehe S. 12–13) und bis zum Öffnen mindestens 6 Wochen kühl, dunkel und trocken aufbewahren.

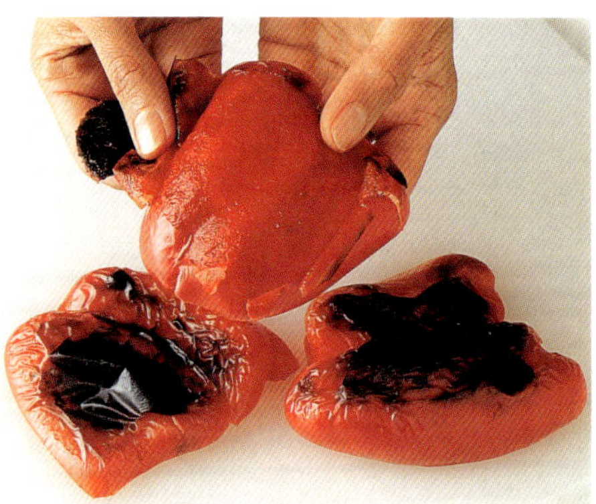

***Gegrillte Paprikaschoten enthäuten:** Die schwarze Schale der gegrillten roten Paprikaschoten läßt sich mühelos abziehen, sobald die Schoten abgekühlt sind.*

Gegrillte rote Paprika in Öl

Durch das Grillen werden die roten Paprikaschoten noch aromatischer und schmecken leicht rauchig. Die Schoten sollten für ihre Größe relativ schwer sein, dann ist ihr Fruchtfleisch fest und fleischig. Die Kräuter können beliebig ausgetauscht werden.

ERGIBT 1,4–1,7 L

6–8 rote Paprikaschoten, längs halbiert
Etwa 570–700 ml Weißweinessig
2 frische Lorbeerblätter, halbiert oder einige kleine Basilikumzweige
Etwa 300 ml Olivenöl

Die Paprikahälften unter dem Grill rösten, bis die Schale schwarz ist und Blasen wirft. Abkühlen lassen, Stielansatz, Kerne und Trennhäute herausschneiden und die Haut abziehen.

Den Essig in einem großen Topf zum Kochen bringen. Die Paprikahälften in den kochendheißen Essig geben und zudecken. Erneut bei starker Hitze aufkochen lassen und 45–60 Sekunden blanchieren. Die Paprika herausheben und auf Küchenkrepp abtropfen lassen.

Die Paprikahälften mit Lorbeer oder Basilikum in ein sauberes Glas schichten, dabei immer etwas Öl zugeben. Zuletzt mit Öl aufgießen und das Glas schwenken, damit Luftbläschen entweichen können. Das Glas fest verschließen (siehe S. 12–13) und bis zum Öffnen mindestens 2–3 Wochen kühl, dunkel und trocken aufbewahren.

Abwandlung: *Gefüllte rote Paprika*
Die gegrillten und blanchierten Paprikaschoten in sechs Stücke teilen. Ein Sardellenfilet auf jedes Paprikasechstel geben und fest zusammenrollen. Die Paprikaröllchen in das Glas schichten, jede Lage mit einem Basilikumblättchen und einem Scheibchen Knoblauch abschließen und mit Öl bedecken. Auf diese Weise das ganze Glas füllen und wie oben fest verschließen.

Die gegrillten Paprika als Vorspeise, zu Käse, kaltem Braten und kalten Pasteten reichen; fein gehackt an Salate geben oder in Scheiben geschnitten mit Nudeln vermengen (siehe S. 33).

Fettucine mit geräucherter Forelle, Basilikum und gegrillten roten Paprika

Unter den besten Einmach-Kreationen der mediterranen Küche sind einige, aus denen man im Nu ein köstliches Abendessen zaubern kann. In der Zeit, in der die Nudeln kochen, ist auch der Rest fertig.

FÜR 4 PERSONEN

3 EL Öl von den gegrillten roten Paprika in Öl (siehe S. 32)
3–4 Frühlingszwiebeln, fein gehackt
1 Knoblauchzehe, gehackt
350 g frische oder getrocknete Fettucine
6 gegrillte rote Paprikahälften in Öl, in Streifen geschnitten
225 g geräucherte Forelle, zerpflückt
1 Bund frisches Basilikum, zerpflückt
Salz und frisch gemahlener schwarzer Pfeffer

Das Öl in einem Topf erhitzen, die Frühlingszwiebeln und den Knoblauch dazugeben und bei schwacher Hitze weich dünsten, aber nicht bräunen.

In der Zwischenzeit die Nudeln in einen Topf mit kochendem Salzwasser geben und al dente kochen. Während die Nudeln kochen, die Paprikastreifen zu den Zwiebeln und den Knoblauch geben und 1 Minute unter Rühren erhitzen, dann die zerpflückte Forelle und die Basilikumblättchen dazugeben. Eine weitere Minute erhitzen, von der Kochstelle nehmen und mit Salz und frisch gemahlenem schwarzem Pfeffer abschmecken.

Die fertigen Nudeln abgießen, abtropfen lassen und behutsam mit der Gemüsemischung vermengen. Sofort servieren.

Links: Fettucine mit geräucherter Forelle, Basilikum und gegrillten roten Paprika; im Hintergrund Gegrillte rote Paprika in Öl und Gefüllte Auberginen in Öl auf orientalische Art.

Getrocknete Tomaten in Öl

Wer seine eigenen Tomaten anbaut oder gute Bezugsquellen hat, für den lohnt es sich, die saftigen Früchte im Backofen zu trocknen. Die gedörrten Tomaten entwickeln ein sehr ausgeprägtes Aroma.

2 kg fleischige reife Tomaten
Meersalz
1 Bund frische Kräuter wie Basilikum oder Thymian und Majoran mit etwas Rosmarin (nach Belieben)
1 Lorbeerblatt oder 2–3 Zweige getrockneter Oregano (nach Belieben)
4–5 Knoblauchzehen (nach Belieben)
Kaltgepreßtes Olivenöl

Den Backofen auf kleinster Flamme vorheizen. Den Boden zum Schutz gegen den austropfenden Saft mit Alufolie auslegen.

Die Tomaten längs halbieren, die Kerne mit einem Teelöffel herausschaben, mit der Schnittfläche nach unten auf mehrere Lagen Küchenkrepp legen und abtropfen lassen.

Die Tomatenhälften leicht mit Salz bestreuen und mit der Schnittfläche nach unten und etwas Abstand zueinander auf ein Kuchengitter legen.

Das Kuchengitter in den Backofen schieben und die Backofentür einen Spaltbreit offenlassen (ein Holzlöffel oder ähnliches dazwischenklemmen), damit die Tomaten nur trocknen und nicht garen. Die Tomaten je nach Größe und Ofentemperatur 6–12 Stunden im Ofen lassen, bis sich die Früchte trocken anfühlen, aber noch etwas fleischig sind (sie dürfen nicht zu sehr austrocknen). Die Tomaten aus dem Ofen nehmen und abkühlen lassen.

Die Tomaten locker in saubere und trockene Gläser schichten und die Kräuter und den Knoblauch – falls verwendet – dazugeben. Mit Olivenöl aufgießen und die Gläser schwenken, damit eingeschlossene Luftbläschen entweichen können. Fest verschließen (siehe S. 12-13) und bis zum Öffnen mindestens 2-4 Wochen an einem kühlen, dunklen und trockenen Ort durchziehen lassen.

Rechts: Getrocknete Tomaten in Öl verbergen sich im Teig für diese köstlich schmeckenden Maisbrötchen.

Maisbrötchen mit getrockneten Tomaten

ERGIBT 6–12 BRÖTCHEN

300 g Mehl, zusätzlich etwas Mehl zum Kneten
1 TL Salz
175 g Maisgrieß
1 TL getrockneter Oregano oder Kräuter der Provence
1 Päckchen Trockenhefe
2 EL Öl von den getrockneten Tomaten in Öl, zusätzlich etwas Öl zum Bestreichen
50 g getrocknete Tomaten in Öl, abgetropft und gehackt
Meersalz

Mehl und Salz in eine Schüssel sieben, dann den Maisgrieß, die Kräuter und die Hefe unterrühren. Eine Vertiefung in die Mitte drücken, 250 ml Wasser und das Öl hineingießen und alles zu einem glatten, klebrigen Teig verrühren, der zum Kneten jedoch zu feucht ist. Den Teig abdecken und an einem warmen Ort gehen lassen, bis er sein Volumen verdoppelt hat.

Den Teig auf einer bemehlten Arbeitsfläche abschlagen. Anschließend den Teig etwa 15 Minuten kneten und dabei soviel Mehl wie nötig einarbeiten, damit ein glatter, geschmeidiger Teig entsteht. Den Teig flachdrücken, mit den gehackten Tomaten bestreuen und etwa 5 Minuten weiterkneten, bis die Tomatenstückchen gleichmäßig im Teig verteilt sind.

Ein Backblech mit Mehl bestäuben. Den Teig zu 6–12 Brötchen formen, auf das Backblech legen und an einem warmen Ort zur doppelten Größe aufgehen lassen. Den Backofen auf 220 °C vorheizen.

Die Brötchen mit etwas Öl bepinseln und mit Meersalz bestreuen. Je nach Größe 12–20 Minuten backen, bis sie aufgegangen, leicht gebräunt sind und hohl klingen, wenn man auf die Unterseite klopft.

Chutney aus grünen Tomaten

Fast jeder, der Tomaten im eigenen Garten zieht, kennt das Problem mit den unreifen, noch grünen Früchten. Am besten, man verarbeitet sie zu Chutney. Die dabei verwendete Knoblauchmenge erscheint auf den ersten Blick gewaltig, aber keine Angst, der Geschmack wird während des Kochens und Lagerns milder.

ERGIBT ETWA 675 G

1 kg grüne Tomaten, grob gehackt
115 g frischer Ingwer, in dünne Scheiben geschnitten
3 frische grüne Chillies, entkernt und gehackt
23 große Knoblauchzehen, gehackt
1 EL brauner Zucker
1 TL Meersalz, 570 ml Apfelessig

Alle Zutaten und die Hälfte des Essigs in einen Topf geben und zum Kochen bringen. Die Hitze reduzieren und unter Rühren etwa 20 Minuten köcheln lassen, bis die Zutaten weich sind. Den restlichen Essig zugießen.

Wieder zum Kochen bringen, dann weiterköcheln lassen, bis die Masse eine marmeladenähnliche Konsistenz erreicht hat und sich keine Flüssigkeit mehr absetzt.

Das Chutney in vorgewärmte, saubere und trockene Gläser füllen und mit säurebeständigen Deckeln fest verschließen (siehe S. 12–13). Das Chutney bis zum Öffnen 1 Monat kühl, dunkel und trocken aufbewahren.

Tomaten-Ketchup

ERGIBT ETWA 1,1 L

2,2 kg reife Tomaten, gehackt
1 1/2 fleischige rote Paprikaschoten, geputzt, entkernt und gehackt
2 große rote Zwiebeln, gehackt
4 Knoblauchzehen, gehackt
225 ml Rotweinessig
1 TL Sellerie- oder Senfsamen
1 kleines Stück Muskatblüte
1 TL schwarze Pfefferkörner
3/4–1 TL Paprikapulver
1 Prise Cayennepfeffer
1 TL Stein- oder Meersalz
1 EL Estragonessig (nach Belieben)

Tomaten, Paprika, Zwiebeln und Knoblauch mit 115 ml Essig aufsetzen und köcheln lassen, bis das Gemüse durch und durch weich ist. Dann die Temperatur erhöhen und unter Rühren sprudelnd kochen, bis die Flüssigkeit verdampft und die Masse stark eingedickt ist.

Die Masse mit einem Holzlöffel durch ein Kunststoff- oder Nylonsieb streichen. Den entstandenen Saft abgießen und die Gemüsemasse wieder in den Topf geben. Sellerie- oder Senfsamen, Muskatblüte und Pfefferkörner auf ein quadratisches Stück Musselin geben und zusammenbinden. Das Musselinsäckchen mit dem Gewürzpaprika, Cayennepfeffer, Salz, dem restlichen Essig und – falls verwendet – dem Estragonessig in den Topf geben. Die Mischung zum Kochen bringen und unter Rühren langsam einkochen lassen. Die stark eingedickte Masse von der Kochstelle nehmen und das Musselinsäckchen entfernen.

Den Ketchup in vorgewärmte, saubere und trockene Flaschen füllen und mit säurebeständigen Deckeln fest verschließen (siehe S. 12–13). Anschließend im Wasserbad 30 Minuten sterilisieren (siehe S. 12–13). Die Ketchupflaschen bis zum Öffnen mindestens 2 Wochen und höchstens 9–12 Monate kühl, dunkel und trocken aufbewahren.

Tomaten-Paprika-Relish

Dieses Relish ist sehr mild im Geschmack, weil es mit relativ wenig Essig zubereitet wird. Eine frische Chilischote verleiht ihm eine angenehme Schärfe. Bei einem Gasherd ist es schwierig, die Temperatur konstant so niedrig zu halten, hier empfiehlt sich die Verwendung eines speziellen Untersetzers, der die Hitze besser verteilt.

ERGIBT ETWA 1,5 KG

4 EL Olivenöl
225 g Gemüsezwiebel, fein gehackt
2 große fleischige rote Paprikaschoten, geputzt, entkernt und gehackt
1 Knoblauchzehe, zerdrückt
1 frische rote Chilischote, geputzt, entkernt und fein gehackt (nach Belieben)
Je 1/2 TL gemahlener Piment, gemahlener Ingwer, Paprikapulver und Salz
450 g reife Tomaten, geschält und gehackt
225 g Zucker
150 ml Weißweinessig

Das Öl in einem Topf erhitzen, die Zwiebeln dazugeben und behutsam dünsten, bis sie sehr weich sind. Die Paprika, den Knoblauch, die Chilischote – falls verwendet – , die Gewürze und das Salz dazugeben und 10 Minuten köcheln lassen.

Die restlichen Zutaten dazugeben und alles zugedeckt auf kleinster Flamme mindestens 1 1/4 Stunden köcheln lassen, bis die Masse eingedickt ist. Während des Kochvorgangs gelegentlich umrühren, zum Ende hin häufiger, um ein Ansetzen zu verhindern.

Das Relish in vorgewärmte, saubere und trockene Gläser füllen und mit säurebeständigen Schraubdeckeln fest verschließen (siehe S. 12–13). Bis zum Öffnen 2 Monate an einem kühlen, dunklen und trockenen Ort aufbewahren.

Ratatouille-Chutney

Das Verhältnis der Zutaten untereinander kann – mit Ausnahme der Tomaten – nach Geschmack beliebig abgewandelt werden.

ERGIBT ETWA 1,8 KG

1 kg Tomaten, geschält und fein gehackt
350 g Zwiebeln, fein gehackt
350 g Auberginen, fein gewürfelt
350 g Zucchini, fein gewürfelt
350 g rote Paprikaschoten, geputzt, entkernt und fein gewürfelt
225 g grüne Paprikaschoten, geputzt, entkernt und fein gewürfelt
3 Knoblauchzehen, zerdrückt
1 EL Paprikapulver
1 EL Cayennepfeffer
1¹/4 EL Korianderkörner
1 EL Meersalz
350 g Zucker
300 ml Rotweinessig

Die Korianderkörner in einer Pfanne mit schwerem Boden, möglichst mit Antihaft-Beschichtung, ¹/2–1 Minute bei schwacher Hitze rösten, bis die Samen aromatisch duften; häufig rühren, damit sie nicht anbrennen. Die Körner anschließend im Mörser oder mit dem Nudelholz zerstoßen. Beiseite stellen.

Gemüse, Knoblauch, Gewürze und Salz in einem geschlossenen Topf behutsam etwa 10 Minuten erhitzen; gelegentlich umrühren, bis das Gemüse Saft zieht. Den Deckel abnehmen und die Mischung zum Kochen bringen, dann eine Stunde offen köcheln lassen, bis das Gemüse weich und die Flüssigkeit verdampft ist.

Bei schwacher Hitze den Zucker und Essig unterrühren, bis sich der Zucker aufgelöst hat, dann unter gelegentlichem Rühren eine weitere Stunde köcheln lassen, bis die Masse stark eingedickt ist.

Das Chutney in vorgewärmte, saubere und trockene Gläser füllen, mit säurebeständigen Schraubdeckeln fest verschließen (siehe S. 12–13) und bis zum Öffnen mindestens 1 Monat kühl, dunkel und trocken aufbewahren.

Italienisches Essiggemüse

Wie der Name schon andeutet, werden für dieses Rezept all die schmackhaften Gemüse verwendet, die normalerweise in einem italienischen Garten wachsen. Das fertige Produkt ist optisch und geschmacklich ein Genuß.

ERGIBT 1,7 L

225 g rote Zwiebeln
1 rote Paprikaschote, geputzt, entkernt und in dicke Stücke geschnitten
1 Aubergine, in dicke Streifen geschnitten
225 g kleine Zucchini, in dicke Streifen geschnitten
1 kleine Fenchelknolle, in keilförmige Stücke geschnitten
115 g Champignons mit geschlossenen Köpfen
175 g Meersalz, 115 g Kirschtomaten
4–6 Knoblauchzehen, in Scheiben geschnitten
7 EL Walnußöl
700 ml Weißweinessig
2–3 kleine Zweige frischer Lorbeer oder Rosmarin
Einige Estragonzweige
2 TL schwarze Pfefferkörner, leicht zerdrückt

Die Zwiebeln schälen und den Stengelansatz, aber nicht das Wurzelende entfernen, dann längs in keilförmige Stücke schneiden. Das vorbereitete Gemüse, mit Ausnahme der Tomaten und des Knoblauchs, in eine Schüssel schichten und zwischendurch gleichmäßig mit Salz bestreuen. Mit 1,7 l Wasser übergießen, das Gemüse mit einem Teller beschweren und über Nacht an einem kühlen Ort durchziehen lassen.

Am nächsten Tag das Wasser abgießen, das Gemüse gut abspülen und abtropfen lassen.

Das Gemüse in eine Schüssel geben und die Tomaten, den Knoblauch und das Walnußöl unterrühren. Den Boden eines großen sauberen und trockenen Glases mit Essig bedecken und ein Lorbeerblatt oder einen Zweig Rosmarin oder Estragon dazugeben. Das Gemüse löffelweise in das Glas füllen, die Pfefferkörner und die restlichen Kräuter gleichmäßig darauf verteilen. Nach jeder Lage etwas Essig zugießen. Zum Schluß mit Essig auffüllen, das Glas schwenken, damit die Luft entweichen kann, und mit einem säurebeständigen Deckel fest verschließen (siehe S. 12–13). Das Essiggemüse vor dem Öffnen mindestens 1 Monat kühl, dunkel und trocken aufbewahren.

Mit etwas Öl gemischt, kann dieses Essiggemüse als Teil einer Vorspeisenplatte oder zu kaltem Braten, Pasteten und Käse serviert werden.

Indonesisches Essiggemüse

Ein Essiggemüse mit einem Hauch Fernost und nussig im Geschmack.

ERGIBT ETWA 675 G

2 Knoblauchzehen, zerdrückt
25 g frischer Ingwer, geschält und gerieben
2 EL gemahlene Kurkuma, 3 EL Erdnußöl
150 ml Gewürzessig (siehe S. 139)
175 g Blumenkohlröschen
1 große rote Paprikaschote, geputzt, entkernt und gehackt
¹/2 Gurke, in Scheiben geschnitten
1–2 grüne Chillies, geputzt und entkernt
4 EL Sesamkörner
115 g heller oder dunkler brauner Zucker (z. B. Muscovado)
115 g gesalzene Erdnüsse, gehackt

Knoblauch, Ingwer und Kurkuma etwa 5 Minuten unter Rühren behutsam erhitzen, dann den Essig unterrühren. Zum Kochen bringen, die Blumenkohlröschen, Paprika und Gurkenscheiben dazugeben und erneut aufkochen. Zugedeckt köcheln lassen, bis das Gemüse weich ist. Anschließend die restlichen Zutaten unterrühren.

Das Essiggemüse in vorgewärmte, saubere und trockene Gläser füllen. Jedes Glas schwenken, damit die Luft entweichen kann, und mit säurebeständigen Schraubdeckeln fest verschließen (siehe S. 12–13). Bis zum Öffnen 2 Monate an einem kühlen, dunklen und trockenen Ort aufbewahren.

Dieses fernöstliche Essiggemüse paßt ausgezeichnet zu Hartkäse.

Mixed Pickles mit Ingwer und Minze

Durch frischen Ingwer, Minze und Reisessig erhält das eingelegte Gemüse seinen feinwürzigen Geschmack. Der milde Reisessig ist in asiatischen Lebensmittelgeschäften und gutsortierten Supermärkten erhältlich. Da seine konservierende Wirkung im Verhältnis zu anderen Essigsorten eher gering ist, sollten die Mixed Pickles innerhalb von 6 Monaten verbraucht werden.

ERGIBT 1,1 L

1 kg gemischtes Gemüse, z. B. kleine Fenchelknollen, kleine Möhren, Selleriestangen, rote und gelbe Paprikaschoten, Frühlingszwiebeln und Blumenkohl
115 g Meersalz
Einige Zweige frische Minze
10 g frischer Ingwer, geschält und in dünne Scheibchen geschnitten
800 ml Reisessig

Das Gemüse vorbereiten: die Fenchelknollen in keilförmige Stückchen schneiden, die Möhren und Selleriestangen vierteln; die Paprika putzen, entkernen und in Streifen schneiden; das Grün der Frühlingszwiebeln größtenteils abschneiden; den Blumenkohl in Röschen zerteilen.

Das vorbereitete Gemüse mit Salz bestreut in eine große Schüssel schichten, mit einem Teller beschweren und 8–12 Stunden durchziehen lassen.

Das Gemüse unter fließendem, kaltem Wasser abspülen, gut abtropfen lassen und mit Küchenkrepp sorgfältig trockentupfen. Zusammen mit Minze und Ingwer in saubere, trockene Gläser füllen.

Den Essig über das Gemüse gießen und die Gläser schwenken, damit die Luft entweichen kann. Die Gläser mit säurebeständigen Deckeln fest verschließen (siehe S. 12–13) und bis zum Öffnen mindestens 1 Monat kühl, dunkel und trocken aufbewahren.

Links: Mixed Pickles mit Ingwer und Minze werden mit Reisessig zubereitet und sind eine delikate Beilage zu vielen Gerichten.

SCHARF, WÜRZIG UND SALZIG

Jedes Land hat seine scharfen, würzigen oder salzigen Einmach-Spezialitäten. Die delikaten Zubereitungen in diesem Kapitel sind sicher eine geschmackliche Bereicherung für alle Gerichte, zu denen sie serviert werden, angefangen bei der feurigen roten Currypaste (siehe S. 40) aus Thailand über den für die japanische Küche so typischen eingelegten Ingwer (siehe S. 48) bis hin zu Harissa (siehe S. 42), einer Paste, die in jeder tunesischen Küche zu finden ist. Die Menge der in den Rezepten verwendeten Chillies kann natürlich variiert werden, je nachdem, ob man richtig scharfes Essen mag oder nur einen Hauch von Schärfe. Im allgemeinen sind die scharfen Schoten in den Rezepten eher sparsam eingesetzt worden, so daß die Zubereitungen auf den folgenden Seiten zu unzähligen Gerichten passen und trotzdem eine feine Würze beisteuern.

Linke Seite (von links nach rechts): Schalotten auf chinesische Art, Chillies in Essig und Eingelegte Eier.

Harvey's Sauce

Diese klassische englische Würzsauce ist ebenso vielseitig zu verwenden wie die berühmte Worcester-Sauce.

ERGIBT 570 ML

1 Knoblauchknolle, in Zehen zerteilt und gehackt
1 Schalotte, gehackt
6 Sardellenfilets, abgetropft und gehackt
570 ml Rotweinessig
1 EL Cayennepfeffer

Alle Zutaten in eine Schüssel geben, gut verrühren und zugedeckt 2 Wochen an einem kühlen Ort durchziehen lassen. Die Mischung täglich zwei bis drei Mal durchrühren, damit sich das Aroma richtig entwickeln kann.

Den Inhalt der Schüssel durch ein doppelt mit Musselin ausgelegtes Sieb aus Kunststoff streichen und in Flaschen abfüllen. Mit säurebeständigen Deckeln fest verschließen (siehe S. 12–13), und die Sauce bis zum Öffnen kühl, dunkel und trocken aufbewahren.

Diese Sauce verfeinert alle Fischgerichte, rundet Saucen ab, die zu Fisch gereicht werden, sowie helle Saucen und Käsesaucen.

Links: Knoblauch, Zitronengras und verschiedene Sorten Chillies

Olivenpaste

Französischer grobkörniger Senf gehört unbedingt in diese Olivenpaste.

ERGIBT ETWA 225 G

50 g Sardellenfilets in Öl
50 g Getrocknete Tomaten in Öl (siehe S. 34), abgetropft
25 g Kapern, vorzugsweise in Salz
200 g entsteinte, in Öl eingelegte schwarze Oliven, abgetropft
2 Knoblauchzehen
1 TL französischer körniger Senf
1 Prise gemahlener Piment
1 TL Weinbrand
Etwa 5 EL kaltgepreßtes Olivenöl, zusätzlich etwas Öl zum Versiegeln
Frisch gemahlener schwarzer Pfeffer

Die Sardellenfilets mit ihrem Öl, die getrockneten Tomaten, Kapern, Oliven, Knoblauch, Senf und Piment in der Küchenmaschine oder im Mixer zu einer glatten Paste verarbeiten. Den Weinbrand unterrühren und bei laufender Maschine das Olivenöl langsam in dünnem Strahl zugeben.
Mit Pfeffer abschmecken.

Die fertige Paste in ein sauberes, trockenes Glas füllen, mit einer dünnen Schicht Olivenöl bedecken und fest verschließen. Bis zum Öffnen mindestens 2 Tage kühl, dunkel und trocken aufbewahren. Zugedeckt hält sich die Paste 6–8 Wochen im Kühlschrank.

Die Paste auf frisches, knuspriges Brot geben und beispielsweise mit Ziegenkäse belegen, oder gegrillte Rinder-, Lamm- oder Schweinesteaks und -koteletts oder gegrillte Auberginenscheiben damit bestreichen. Vor dem Grillen kann man die Paste auch vorsichtig unter der Haut eines Hähnchen verteilen. Wenn man das Eigelb von hartgekochten Eiern herauslöst und zerdrückt, etwas von der Paste unterrührt und die Masse wieder in die leeren Eihälften füllt, ist im Handumdrehen eine kleine Vorspeise fertig.

Rote Currypaste

Dies ist eine für Thailand typische Currypaste aus Zutaten, die fast überall erhältlich sind.

ERGIBT ETWA 65 ML / 4 EßLÖFFEL

1 TL Kreuzkümmelsamen
1 EL Koriandersamen
1 TL schwarze Pfefferkörner
4 Knoblauchzehen, gehackt
1 Stück frischer Ingwer (etwa 2,5 cm lang), geschält und fein gehackt
1 TL fein abgeriebene Zitronenschale
2 Stengel Zitronengras, nur das verdickte Ende, fein gehackt
Etwa 8 getrocknete rote Chillies (gegebenenfalls entkernt, um die Schärfe zu mindern), gehackt
2 TL Garnelenpaste

Eine Bratpfanne mit schwerem Boden, möglichst mit Antihaft-Beschichtung, auf kleinster Flamme erhitzen und die Kreuzkümmel- und Koriandersamen darin 1/2–1 Minute anrösten, bis sie zu duften beginnen. Die Samen in einem Mörser oder kleinen Mixer zerstoßen. Die restlichen Zutaten dazugeben und zu einer glatten Paste verarbeiten.

Die Paste in ein kleines sauberes, trockenes Glas füllen, fest verschließen und bis zum Öffnen mindestens 2 Tage an einem kühlen, dunklen und trockenen Ort durchziehen lassen. Die angebrochene Paste ist 6–8 Wochen im Kühlschrank haltbar.

Die Paste verleiht Schmorgerichten und Saucen eine würzige Note. Man kann Fleisch vor dem Grillen sparsam damit bestreichen oder daraus einen Brotaufstrich für pikante Sandwiches machen.

Thailändisches Garnelencurry

Im Gegensatz zu indischen Currygerichten, die eine lange Garzeit benötigen, sind thailändische Currys im Nu zubereitet. Die Fischsauce und die Kokosmilch findet man in gutsortierten Supermärkten, in Feinkostläden oder in asiatischen Lebensmittelgeschäften.

FÜR 2–3 PERSONEN

2 EL Erdnußöl
1 Knoblauchzehe, fein gehackt
1 EL Thailändische Rote Currypaste (siehe S. 40)
225 ml Kokosmilch
2 EL Fischsauce *(nam pla)*
1 TL Zucker (nach Belieben)
12 rohe Garnelen mittlerer Größe (7–8 cm lang), ohne Schale und Kopf, aber mit unversehrtem Schwanzteil
Abgeriebene Schale von 2–3 Limetten
10 Basilikumblätter, zerpflückt

Das Öl in einer Pfanne erhitzen und den Knoblauch darin anrösten. Die rote Currypaste unterrühren und kurz erhitzen, dann die Hälfte der Kokosmilch, die Fischsauce und – falls verwendet – den Zucker zugeben.

Die Garnelen hinzufügen und insgesamt 2–3 Minuten garen – zwischendurch einmal wenden. Die restliche Kokosmilch und die abgeriebene Limettenschale dazugeben und weiterköcheln lassen, bis die Garnelen gar sind. Die zerpflückten Basilikumblätter unterrühren und das Curry mit gekochtem Langkornreis oder Basmati-Reis servieren.

Links: In diesem herrlich duftenden Garnelencurry vermischen sich die Aromen von festfleischigen Garnelen, samtiger Kokosmilch, frischem Basilikum und roter Currypaste.

Harissa

Harissa ist eine scharfe Paste aus Chillies, die eng mit der tunesischen Küche verknüpft ist, aber auch in Algerien und Marokko viel verwendet wird. Sie wird zum Kochen und – abgefüllt in ein Schälchen – zum Würzen bei Tisch genommen und ist unverzichtbar für den berühmten Couscous.

ERGIBT 75 ML / 5 EßLÖFFEL

25 g getrocknete rote Chillies
1 Knoblauchzehe, gehackt
1 TL Koriandersamen
1 TL Kreuzkümmelsamen
1 TL Kümmelkörner
1 Prise Meersalz
3 EL kaltgepreßtes Olivenöl

Die Chillies in eine Schüssel geben, mit heißem Wasser übergießen und 1 Stunde einweichen.

Abseihen und mit dem Knoblauch, den Gewürzen und dem Salz in einen Mörser oder Mixer geben. Zu einer Paste verarbeiten und 2 Eßlöffel Olivenöl unterrühren.

Die fertige Paste in ein kleines Glas umfüllen und mit einer dünnen Schicht Olivenöl versiegeln. Das Glas fest verschließen und bis zum Öffnen 1 Tag kühl, dunkel und trocken aufbewahren. Die Paste hält sich etwa 4 Monate.

Harissa ist eine vielseitige Würzpaste, die vielen pikanten Gerichten das gewisse Etwas gibt. Man kann sie für geschmortes Fleisch, Geflügel oder Gemüse und für mit Safran gewürzte Fischsuppen und -eintöpfe verwenden, oder man würzt damit Salatsaucen und geschmorte rote Paprika und Tomaten als Basis für verlorene Eier.

Etwas Harissa, vermischt mit geschälten, entkernten und fein gehackten vollreifen Tomaten und einer Prise Salz, ergibt eine würzige Sauce für Kebabs.

Scharfes Tomaten-Paprika-Relish

Wer eine Vorliebe für scharfes Essen hat, verwendet einfach etwas Harissa – das spart das Entkernen und Hacken von Chillies.

Für das folgende feurige Relish wird auf ein Rezept aus diesem Buch zurückgegriffen, auf die Gegrillten Paprika in Öl (siehe S. 32). Das abgetropfte Öl kann für Salatsaucen zurückbehalten werden. Man kann aber auch eine frische rote Schote grillen, bis die Haut rundherum angekohlt ist und Blasen wirft, und sie dann, wie auf Seite 32 beschrieben, vorsichtig enthäuten und weiterverarbeiten.

FÜR 4 PERSONEN

500 g vollreife, aromatische Tomaten
1–2 Knoblauchzehen, ungeschält
2 Hälften von den Gegrillten Paprika in Öl (siehe S. 32), gehackt
1–2 TL Harissa (siehe links)
Meersalz
2 EL Öl von den Gegrillten Paprika oder 2 EL kaltgepreßtes Olivenöl

Rechts: Scharfes Tomaten-Paprika-Relish ist schnell zubereitet und paßt zu vielen Gerichten.

Den Grill auf mittlere Temperatur vorheizen.

Die Tomaten und Knoblauchzehen unter dem Grill rösten, bis die Schale schwarz ist und Blasen wirft; der Knoblauch sollte weich sein. Gelegentlich wenden. Bis zur Weiterverarbeitung abkühlen lassen. Die Tomaten enthäuten, entkernen und grob hacken, den Knoblauch schälen und fein hacken.

Tomaten, Knoblauch, Paprika, Harissa und Öl vermischen und mit Salz abschmecken. Die Mischung 2 Stunden durchziehen lassen.

Das Öl abgießen und das Relish in ein sauberes, trockenes Glas füllen. Fest verschließen und bis zum Öffnen 1 Monat kühl, dunkel und trocken aufbewahren.

Das Relish paßt gut zu gegrilltem oder gebratenem Fleisch oder Geflügel, aber auch zu gebackenem, pochiertem, gegrilltem oder gebratenem Fisch. Es schmeckt auch köstlich als Brotaufstrich.

Tomatillo-Chili-Relish

Tomatillos werden zuweilen auch mexikanische grüne Tomaten genannt, obwohl sie mit Tomaten nichts verbindet. Sie sind vielmehr enge Verwandte der Kapstachelbeere und wie diese von einer papierartigen Hülle – dem Kelch – umschlossen. Im unreifen Zustand blaßgrün und sauer (wie die meisten Früchte), sind Tomatillos bei Vollreife von leuchtendgelber Farbe. Geschmacklich erinnern sie an Äpfel, was sich durch das Kochen noch verstärkt. Um die Schärfe in diesem Relish zu mildern, nimmt man einfach weniger Chillies oder entkernt die Schoten vor der Weiterverarbeitung.

ERGIBT ETWA 200 G

8 frische Tomatillos, Kelche entfernt
10 frische grüne Chillies
3 Knoblauchzehen
1 Zwiebel, geviertelt
75 g Zucker
5 EL Apfelessig
1 TL gemahlener Zimt, 1 TL Meersalz

Alle Zutaten im Mixer oder in der Küchenmaschine entsprechend der gewünschten Konsistenz zerkleinern. Die Mischung in einen Topf geben und unter Rühren etwa 20 Minuten köcheln lassen, bis die Masse eingedickt ist.

Das Relish in vorgewärmte, saubere und trockene Gläser füllen, mit säurebeständigen Schraubdeckeln verschließen und 20 Minuten im Wasserbad sterilisieren (siehe S. 13). Das Relish bis zum Öffnen 1 Monat kühl, dunkel und trocken lagern. Angebrochene Gläser im Kühlschrank aufbewahren. Wurde auf das Sterilisieren verzichtet, hält sich das Relish im Kühlschrank etwa 4 Wochen.

Dieses Relish zu mexikanischen Gerichten oder zu Fleisch und Geflügel reichen.

Chillies in Essig

Die vielen verschiedenen Farben, Sorten und Größen der Chillies machen diese Zubereitung optisch wie geschmacklich zu einem Genuß. Doch selbst wenn nur Chillies, die mehr oder weniger gleich aussehen, zur Verfügung stehen, lohnt es sich, dieses Rezept auszuprobieren.

ERGIBT 1–1,1 L

225 g gemischte frische Chillies, unzerteilt
1 kleine getrocknete rote Chilischote, zerstoßen
3 Knoblauchzehen
1 TL Koriandersamen, leicht zerdrückt
1 TL Nelken
2 Lorbeerblätter
570 ml Weißweinessig, vorgewärmt
2 TL feiner Zucker

Die frischen Chillies unzerteilt in einen Topf geben, mit Wasser bedecken und zum Kochen bringen. Nach dem Aufkochen 5 Minuten weiterköcheln lassen.

Die Chillies mit einem Schaumlöffel aus dem Topf heben und zum Abtropfen auf Küchenkrepp legen, dann in ein sauberes, trockenes Glas füllen. Die restlichen Zutaten dazugeben und das Glas schwenken, um den Zucker aufzulösen und die Luft entweichen zu lassen. Mit säurebeständigem Deckel fest verschließen (siehe S. 12–13) und bis zum Öffnen 2 Wochen kühl, dunkel und trocken aufbewahren. Zwischendurch das Glas hin und wieder schütteln.

Scharfe Pfeffersauce

Der Schärfegrad dieser curryfarbenen Sauce hängt von mehreren Faktoren ab: von der verwendeten Chilisorte (kleine Schoten sind in der Regel schärfer als große), ob die Kerne entfernt worden sind oder nicht und von der Anzahl der verarbeiteten Schoten. Nicht zuletzt hat auch die Menge an Senfpulver Einfluß auf die Schärfe.

ERGIBT 850 ML

1 kleine grüne Mango
2 Zwiebeln, fein gehackt
2 Knoblauchzehen, fein gehackt
Etwa 10–12 frische rote Chillies, gegebenenfalls entkernt, gehackt
1 TL Currypulver
1/2 TL gemahlenes Kurkuma
2 TL Salz
425 ml Weißweinessig
4 EL englisches Senfpulver

Die Mango in einen Topf geben, knapp mit Wasser bedecken und zum Kochen bringen. Zugedeckt etwa 10 Minuten köcheln lassen. Das Wasser abgießen und die Mango bis zur Weiterverarbeitung abkühlen lassen. Dann schälen und das Fruchtfleisch grob hacken.

Die Mango mit Zwiebeln, Knoblauch, Chillies, Curry, Kurkuma, Salz und 400 ml Essig in einen Topf geben und unter gelegentlichem Rühren 15 Minuten köcheln lassen.

In einem kleinen Schälchen das Senfpulver mit dem restlichen Essig verrühren, unter die Mischung im Topf geben und alles kurz aufkochen lassen. Den Topf von der Kochstelle nehmen und die heiße Masse in ein vorgewärmtes, sauberes und trockenes Glas füllen. Mit einem säurebeständigen Deckel fest verschließen (siehe S. 12–13) und bis zum Öffnen 1 Monat kühl, dunkel und trocken aufbewahren.

Diese Sauce verfeinert Schmorgerichte, Marinaden und Salatsaucen, oder man serviert sie einfach als Relish.

Oben: Körniger Senf schmeckt vorzüglich zu frischem Brot mit Schinken.

Körniger Senf

Die für dieses Rezept benötigten Senfkörner sind in Naturkostläden oder asiatischen Lebensmittelgeschäften erhältlich. Für die Aussaat bestimmte Senfkörner dürfen nicht verwendet werden.

ERGIBT ETWA 230 ML

50 g schwarze Senfkörner
25 g gelbe Senfkörner
115 ml Weißweinessig
1 Schalotte, fein gehackt
1 EL Meersalz

Die Senfkörner in dem Essig 24 Stunden in einer Porzellan- oder Glasschüssel einweichen.

Am nächsten Tag das Salz und die fein gehackte Schalotte unterrühren und die Körner mit einem Stößel oder einem Stampfer grob zerkleinern, gegebenenfalls noch etwas Essig zugeben. Den Senf in saubere, trockene Gläser füllen, mit säurebeständigen Deckeln fest verschließen und bis zum Öffnen mindestens 2 Wochen kühl, dunkel und trocken aufbewahren.

Estragonsenf

Im Gegensatz zum hausgemachten Senf aus englischem Senfpulver, der schon kurze Zeit nach dem Anrühren serviert werden kann, sollte der Estragonsenf mindestens 2 Wochen durchziehen, damit sich das Aroma voll entfalten kann.

ERGIBT ETWA 150 G

25 g gelbe Senfkörner
75 g schwarze Senfkörner
100 ml trockener Weißwein
1 EL Weißweinessig
1 kleines Bund frischer Estragon, fein gehackt
1 EL Meersalz

Die Senfkörner in einer Gewürzmühle oder einem kleinen Mixer entsprechend dem gewünschten Feinheitsgrad mahlen – je feiner das Senfpulver, desto schärfer der Senf. Das Pulver in eine Schüssel geben, mit 3 Eßlöffeln Wasser verrühren und 10 Minuten stehenlassen. Dann die restlichen Zutaten unterrühren.

Den Senf in kleine saubere, trockene Gläser umfüllen, abdecken und über Nacht bei Raumtemperatur durchziehen lassen. Am nächsten Tag den Senf nochmals durchrühren, mit säurebeständigen Deckeln fest verschließen und bis zum Öffnen mindestens 2 Wochen kühl, dunkel und trocken aufbewahren.

Scharfe Senfsauce

Diese Sauce ist dünnflüssiger als die Süße Senfsauce auf der folgenden Seite.

ERGIBT ETWA 210 ML

6 EL Sojasauce, 3 EL Dijon-Senf
6 El Sake (japanischer Reiswein)
Einige Tropfen Tabasco

In einer kleinen Schüssel die Sojasauce unter den Senf rühren und dann den Sake unterschlagen. Mit Tabasco abschmecken.

Die Sauce in eine saubere, trockene Flasche füllen und fest verschließen. Die Sauce ist zum sofortigen Verzehr geeignet, sie sollte aber, wenn möglich, bis zu 4 Stunden durchziehen. Vor Gebrauch gut schütteln. Die Sauce hält sich an einem kühlen, dunklen und trockenen Ort bis zu 1 Jahr.

Süße Senfsauce

Mirin, japanischer gesüßter Sake (Reiswein) verleiht dieser vielseitig verwendbaren Sauce eine angenehme Süße. Mirin ist in gutsortierten Supermärkten, Feinkost- und Naturkostläden oder asiatischen Lebensmittelgeschäften erhältlich.

ERGIBT ETWA 250 ML

3 EL Reisweinessig
6 EL Dijon-Senf
6 EL neutrales Öl, wie mildes Oliven- oder Sonnenblumenöl
3 EL Mirin

In einer kleinen Schüssel den Essig in den Senf einrühren, dann unter kräftigem Rühren langsam, wie bei einer Mayonnaise, in dünnem Strahl das Öl zugeben (siehe unten). Zum Schluß den gesüßten Sake unterrühren.

Die Sauce in eine saubere, trockene Flasche gießen und verschließen (siehe S. 12–13). Mindestens 2–4 Stunden durchziehen lassen und vor Gebrauch kräftig schütteln. An einem kühlen, dunklen und trockenen Ort hält sich die Sauce mindestens 6 Monate.

Eingelegte Eier

Die Eier sind problemlos in der Zubereitung und vielseitig zu verwenden. Verbrauchte Eier können durch frisch gekochte ersetzt werden. Allerdings sollten dann die frischen ganz unten im Glas liegen, damit die schon länger eingelegten Eier zuerst aufgebraucht werden.

ERGIBT 1,8 KG

850 ml Apfel- oder Weißweinessig
1 Stück frischer Ingwer (etwa 2,5 cm lang)
1 EL Koriandersamen
2 getrocknete rote Chillies
2 Knoblauchzehen, zerdrückt (nach Belieben)
1 1/2 EL schwarze Pfefferkörner
12 hartgekochte Eier, gepellt

Alle Zutaten, mit Ausnahme der Eier, in einem großen Topf zum Kochen bringen und dann etwa 10 Minuten köcheln lassen. Von der Kochstelle nehmen und zugedeckt abkühlen lassen.

Die Eier in saubere, trockene Gläser geben, den Essig abseihen und über die Eier gießen; sie müssen vollständig davon bedeckt sein.

Die Gläser mit säurebeständigen Deckeln fest verschließen (siehe S. 12–13) und bis zum Öffnen 6–8 Wochen kühl, dunkel und trocken aufbewahren. Bei ordnungsgemäßer Lagerung halten sich die Eier bis zu 1 Jahr.

Das Öl zugeben: *Das Öl, wie für eine Mayonnaise, unter ständigem Rühren langsam in die Essig-Senf-Mischung gießen.*

Schalotten auf chinesische Art

Diese Schalotten sind eine köstliche Alternative zu eingelegten Zwiebeln. Nach derselben Methode lassen sich auch Perlzwiebeln und Knoblauch haltbar machen.

ERGIBT 1,4 KG

1,4 kg Schalotten
1 getrocknete rote Chilischote
3 Scheibchen frischer Ingwer
Etwa 570 ml Sojasauce, vorzugsweise aus Japan (Shoyu)

Die Schalotten in eine feuerfeste Schüssel geben, mit kochendheißem Wasser übergießen und 2 Minuten stehenlassen.

Die Schalotten abgießen und abtropfen lassen, dann schälen und Wurzelende und Stengelansatz abschneiden. Die vorbereiteten Schalotten mit der Chilischote und dem Ingwer in ein ausreichend großes sauberes, trockenes Glas füllen und mit Sojasauce aufgießen. Die Schalotten müssen ganz von der Sojasauce bedeckt sein. Das Glas fest verschließen (siehe S. 12–13) und bis zum Öffnen 4–6 Monate kühl, dunkel und trocken aufbewahren.

Perlzwiebeln auf indische Art

Der in diesem Rezept verwendete Rotweinessig färbt die Zwiebeln rosa. Um das Schälen der Perlzwiebeln zu erleichtern, schneidet man Wurzelende und Stengelansatz ab, übergießt die Zwiebeln mit kochendheißem Wasser und läßt sie gut eine Minute ziehen, damit die Haut aufweicht. Dann gießt man das Wasser ab und spült die Zwiebeln unter fließendem, kaltem Wasser kurz ab. Unschöne Verfärbungen lassen sich vermeiden, wenn zum Schneiden der Zwiebeln ein Messer mit einer Klinge aus Edelstahl verwendet wird.

ERGIBT ETWA 1,1 L

450 g Perlzwiebeln
50 g Meersalz, 450 ml Rotweinessig
2 Knoblauchzehen, in Scheiben geschnitten
2 getrocknete rote Chillies

Die vorbereiteten Perlzwiebeln kreuzweise bis zur Wurzel ein-, aber nicht ganz durchschneiden. In einer Glas- oder Porzellanschüssel das Salz in 570 ml Wasser auflösen, die Zwiebeln dazugeben und zugedeckt einen Tag bei Raumtemperatur stehenlassen; zwischendurch hin und wieder umrühren.

Das Wasser abgießen, die Zwiebeln gründlich abspülen und dann mit Küchenkrepp trockentupfen. Die Zwiebeln in ein Glas von 1,1 l Fassungsvermögen füllen. Übriggebliebene Zwiebeln zum Kochen verwenden.

Den Essig mit Knoblauch und Chillies verrühren und über die Zwiebeln gießen, so daß sie vollständig davon bedeckt sind. Falls die Zwiebeln obenauf schwimmen, zerknülltes Butterbrotpapier in das Glas geben, um sie unter der Oberfläche zu halten. Das Glas schwenken, damit eingeschlossene Luft entweichen kann, dann mit einem säurebeständigen Deckel fest verschließen (siehe S. 12–13). Die eingelegten Perlzwiebeln bis zum Öffnen 1 Monat kühl, dunkel und trocken aufbewahren.

Möhren in Öl auf indische Art

In Bengalen und Kaschmir benutzt man ein Senföl mit recht widersprüchlichen Eigenschaften zum Kochen: im kalten Zustand verströmt es einen stechend scharfen Geruch, der sich beim Erhitzen aber verliert und in eine leichte Süße verwandelt.

ERGIBT ETWA 1 L

450 g Möhren, in dicke Stifte geschnitten
Meersalz
1 EL schwarze Senfkörner, auf Wunsch auch mehr
1 TL Cayennepfeffer
1 TL gemahlene Kurkuma
250–300 ml Senföl oder Erdnußöl zum Auffüllen, nach Belieben vorgewärmt

Salzwasser in einem großen Topf zum Kochen bringen, die Möhrenstifte hineingeben und etwa 5 Minuten kochen. Abgießen und abtropfen lassen, dann zum Trocknen auf Küchenkrepp ausbreiten.

In einer kleinen Schüssel die Senfkörner mit einem Stößel grob zerstoßen. Die aufgebrochenen Samen mit den Gewürzen und etwa 115 ml Öl in einer kleinen Schüssel verrühren.

Die Möhrenstifte senkrecht in ein sauberes, trockenes Glas schichten. Mit dem gewürzten Öl übergießen und weiteres Öl aufgießen, bis die Möhren ganz davon bedeckt sind. Das Glas schwenken, damit die Luft entweichen kann, dann fest verschließen (siehe S. 12–13). Die Möhren bis zum Öffnen 1 Monat kühl, dunkel und trocken aufbewahren; in den ersten 10 Tagen das Glas täglich schütteln. Vor dem Öffnen abermals schütteln.

Die Möhren zum Aperitif oder als Teil eines indischen Menüs, aber auch als Beilage zu kaltem Braten, Fleisch-Pies, Pasteten und Hartkäse reichen.

Rechts: Möhren in Öl passen hervorragend zu indischen Gerichten, sind aber auch für die westliche Küche eine delikate Bereicherung.

Kreolisches Senfgemüse

Mitte des 19. Jahrhunderts führten chinesische Wanderarbeiter im Eisenbahnbau dieses scharf eingelegte Mischgemüse in die amerikanische Küche ein. Das Rezept erinnert stark an das englische Senfgemüse *piccalilli*, das ursprünglich aus Indien kommt.

ERGIBT ETWA 4 KG

225 g Weißkohl, gehobelt
450 g Prinzeßbohnen
2 rote Paprikaschoten, geputzt, entkernt und gewürfelt
1 grüne Paprikaschote, geputzt, entkernt und gewürfelt
450 g Gurke, gehackt
1 kleiner Blumenkohl, in Röschen zerteilt
675 g grüne Tomaten, gehackt
225 g Perlzwiebeln
5 EL Meersalz
2,3 l Apfelessig
50 g frischer Meerrettich, gerieben
8 Knoblauchzehen, zerdrückt
2 EL schwarze Senfkörner
115 g französischer Senf
15 g gemahlene Kurkuma
175 g brauner Zucker (z. B. heller Muscovado)
150 ml Oliven- oder Sonnenblumenöl

Das vorbereitete Gemüse in einen großen Durchschlag aus Kunststoff legen und gleichmäßig mit Salz bestreuen. Etwa 12 Stunden durchziehen lassen und gelegentlich umrühren.

Die restlichen Zutaten in einen großen Topf geben, vermischen und zum Kochen bringen. Dann unter ständigem Rühren 5 Minuten köcheln lassen. Das abgetropfte Gemüse, ohne es vorher abzuspülen, dazugeben und erneut zum Kochen bringen. Alles 15–20 Minuten köcheln lassen; das Gemüse sollte bißfest bleiben. In saubere, trockene Gläser füllen und verschließen (siehe S. 12–13) und bis zum Öffnen 2 Wochen kühl, dunkel und trocken aufbewahren.

Dieses Gemüse paßt gut zu kaltem Braten, gereiftem Käse und frischem, knusprigem Brot.

Mixed Pickles

Die hier vorgegebene Gemüseauswahl ist nur ein Vorschlag. Man kann ganz nach Belieben das eine oder andere Gemüse weglassen oder gegen ein anderes austauschen.

Zum Gemüseschneiden empfiehlt sich ein Buntschneidemesser (mit gerippter Klinge). Besonders hübsch und appetitlich sieht es aus, wenn das vorbereitete Gemüse nach Sorten oder Farben in das Glas geschichtet wird.

ERGIBT 1,7 L

4 frische oder getrocknete rote Chillies
2 getrocknete Muskatblüten
1 1/2 Zimtstangen, 8 Pimentkörner
2 Lorbeerblätter, zerteilt
Etwa 1,1 l Weißweinessig, Meersalz
Etwa 250 g Möhren, in 1,25 cm dicke Scheiben geschnitten
115 g kleine Maiskölbchen
1 Sellerieknolle oder 225 g kleine weiße Rüben, in 1,25 cm dicke Scheiben geschnitten
4 Selleriestangen, in 1,25 cm dicke Scheiben geschnitten
1 große rote Paprikaschote, geputzt, entkernt, geviertelt und in 1,25 cm dicke Streifen geschnitten
250 g Broccoliröschen
100 g Zuckerschoten oder junge Prinzeßbohnen, Spitze und Stielansatz entfernt
150 g Perlzwiebeln

Paprikaschoten vorbereiten: *Die Schoten längs halbieren, erst den Stielansatz und die restlichen Kerne entfernen, dann die weißlichen Rippen an der Innenseite herausschneiden.*

In einem Topf die Chillies, Muskatblüten, Zimtstangen, Pimentkörner und Lorbeerblätter mit dem Essig aufkochen und 2 Minuten köcheln lassen. Den Topf von der Kochstelle nehmen und zugedeckt über Nacht stehenlassen.

Möhren, Maiskölbchen, Sellerie oder weiße Rüben und Stangensellerie in einen großen Topf mit kochendem Salzwasser geben und 10 Minuten garen. Das restliche Gemüse dazugeben und 7–10 Minuten knapp garkochen.

Das Wasser abgießen und das Gemüse auf Küchenkrepp trocknen lassen. Den Essig abseihen und ein wenig davon in ein sauberes, trockenes Glas gießen. Das Gemüse löffelweise ins Glas schichten und mit etwas Essig übergießen. Zum Schluß so viel Essig zugießen, daß das Gemüse davon bedeckt ist. Das Glas schwenken, damit Luft entweichen kann, dann mit einem säurebeständigen Deckel fest verschließen (siehe S. 12–13). Die Mixed Pickles bis zum Öffnen 1–3 Monate kühl, dunkel und trocken aufbewahren.

Schnelles Essiggemüse

Dieses Essiggemüse ist einfach zubereitet und kann schon nach einem Tag serviert werden. Bei entsprechender Lagerung hält es sich bis zu einem Jahr.

ERGIBT 900 G

225 g kleine Zwiebeln oder 1 kleine Gemüsezwiebel, in dünne Scheiben geschnitten
4 Selleriestangen, in dünne Scheiben geschnitten
2 kleine Kochäpfel, vorzugsweise Bramley oder Gravensteiner, geschält, entkernt (siehe S. 56) und in dünne Scheiben geschnitten
115 ml Sojasauce
115 ml Sherry (medium dry), 1 TL Chilipulver
225 ml Weißweinessig

Zwiebeln, Selleriestangen und Äpfel in ein sauberes, trockenes Glas füllen. Die Sojasauce mit dem Sherry und dem Chilipulver verrühren und über das Gemüse gießen. Mit Essig aufgießen und Luftblasen entweichen lassen.

Das Glas mit einem säurebeständigen Deckel fest verschließen (siehe S. 12–13) und gut schütteln, um den Essig gleichmäßig zu verteilen. Bis zum Öffnen mindestens 24 Stunden kühl, dunkel und trocken aufbewahren.

Knoblauchzehen in Öl

Je länger die Zehen im Öl liegen, desto milder wird der Knoblauch. Nach 3 oder 4 Monaten schmekken sie wie pochiert, sind aber immer noch angenehm knackig. Nach 6 Monaten sind sie butterweich – ideal zum Würzen von Gemüse- und Fleischgerichten oder zum Verfeinern einer Sauce auf der Basis von Bratensaft.

ERGIBT ETWA 225 G

225 g Knoblauchzehen, geschält
3 EL Fenchelsamen
1 EL schwarze Pfefferkörner
1 EL *garam masala* (indische Gewürzmischung)
1 EL Schwarzkümmelsamen
1 TL Chilipulver
1 EL Meersalz
Etwa 175 ml Erdnußöl

Die Knoblauchzehen mit den Gewürzen und Salz in ein Glas schichten, mit soviel Öl begießen, daß sie vollständig davon bedeckt sind, dann fest verschließen (siehe S. 12–13).

Das Glas 1 Woche an einem sonnigen oder warmen Ort stehenlassen und mehrmals täglich drehen. Nach einer weiteren Woche das Glas kühl, dunkel und trocken aufbewahren. Bis zum Öffnen mindestens 2 Monate durchziehen lassen.

Japanisch eingelegter Ingwer

Der eingelegte Ingwer wird in Japan in zwei Formen angeboten: als *gari*, auch *amuzu-shoga* genannt, der je nachdem, wie lange er eingelegt wird, von gelblicher oder lachsrosa Farbe ist, und als *beni-shoga*, eingefärbt in einem grellen Pink.

ERGIBT 350 G

225 g frischer Ingwer, mit einem scharfen Messer oder einem Gemüsehobel in hauchdünne Scheiben geschnitten
Meersalz
1 EL Zucker
225 ml Reisessig
Einige Tropfen rote Lebensmittelfarbe (nach Belieben)

Den vorbereiteten Ingwer 30 Minuten in Eiswasser einweichen.

Das Wasser abgießen und den Ingwer in einen Topf mit kochendem Wasser geben, aufkochen lassen, dann abseihen und abkühlen lassen.

Die Ingwerscheibchen in ein sauberes, trockenes Glas schichten und gleichmäßig mit etwas Salz bestreuen.

In einem Topf den Essig mit dem Zucker unter Rühren behutsam erhitzen, bis sich der Zucker aufgelöst hat. Nach Belieben jetzt die rote Lebensmittelfarbe unterrühren und den Essigsud über den Ingwer gießen, so daß er ganz davon bedeckt ist. Das Glas schwenken, damit eingeschlossene Luftblasen entweichen können. Mit einem säurebeständigen Deckel fest verschließen (siehe S. 12–13) und bis zum Öffnen mindestens 2 Wochen kühl, dunkel und trocken oder im Kühlschrank aufbewahren. Der eingelegte Ingwer hält sich 3 Monate.

Eingelegter Ingwer wird traditionell zu *sushi* und *sashimi* gereicht, er paßt aber auch gut zu anderen Fischgerichten, insbesondere zu gegrilltem Lachs, sowie zu Geflügel. Fein gewürfelt kann man ihn Salaten beigeben, oder man serviert ihn als erfrischenden Zwischengang eines Menüs.

Ingwerwein

ERGIBT 450 ML

1 Stück frischer Ingwer (15 cm lang), geschält und gehackt
450 ml Reiswein

Den Ingwer in eine saubere, trockene Flasche oder ein Glas geben, mit dem Reiswein aufgießen und bis zum Servieren verschlossen mindestens 2 Wochen an einem warmen Ort durchziehen lassen; zwischendurch hin und wieder schütteln. Den Wein abseihen, wenn die gewünschte Geschmacksintensität erreicht ist, und gegebenenfalls mit frischem Wein auffüllen. Der Ingwerwein ist unbegrenzt haltbar.

Ingwerwein kann man pur trinken oder zum Verfeinern von Salatsaucen, pfannengerührten Gerichten oder Obstsalaten verwenden. Er ist auch als Marinade für Hühnchen vorzüglich geeignet.

Ingwer-Pfirsich-Chutney

Diese mild würzige Fruchtpaste verdankt ihren angenehm säuerlichen und erfrischenden Geschmack einer Mischung aus Pfirsichen, Ingwer und Gewürzen.

ERGIBT ETWA 1,5 KG

1 kg Pfirsiche, geschält, entsteint und geviertelt
570 ml Weißweinessig
225 g brauner Zucker (z. B. Muscovado)
175 g Ingwer in Sirup, gehackt
115 g entkernte getrocknete Datteln, gehackt
115 g Rosinen
115 g Mandelblättchen
2 Zwiebeln, fein gehackt
3 Knoblauchzehen, gehackt
Saft und abgeriebene Schale von 2 unbehandelten Orangen
1 TL gemahlener Piment
1 TL gemahlener Zimt
2 TL Meersalz

Alle Zutaten in einen Topf geben und unter Rühren behutsam erhitzen, bis sich der Zucker aufgelöst hat. Die Mischung zum Kochen bringen und zugedeckt unter gelegentlichem Rühren etwa 1 1/2 Stunden köcheln lassen, bis die Masse eingedickt ist und sich keine Flüssigkeit mehr absetzt.

Das Chutney in vorgewärmte, saubere und trockene Gläser füllen, mit säurebeständigen Deckeln fest verschließen (siehe S. 12–13) und bis zum Öffnen mindestens 2 Monate kühl, dunkel und trocken aufbewahren.

Dieses Chutney schmeckt hervorragend zu reifem Camembert und Hartkäse und ist eine delikate Beigabe zu geräuchertem Hühnchen oder zu Brathähnchen, heiß oder kalt serviert. Außerdem paßt es vorzüglich zu Lamm, Schweinefleisch, Schinken aller Art und Wild.

Ananas-Chutney

So richtig fruchtig schmeckt dieses feinwürzige Chutney nur, wenn es mit frischer Ananas zubereitet wird.

ERGIBT ETWA 675 G

2 Ananas, Gesamtgewicht etwa 1,2 kg
115 ml Weißweinessig
1 TL gemahlener Zimt
1 TL Kardamomsamen
2 TL Currypulver
1/2 TL gemahlener Ingwer
1/2 TL gemahlene Nelken
175 g Zucker

Die Kardamomsamen in einer Pfanne mit schwerem Boden, möglichst mit Antihaft-Beschichtung, 1 Minute unter Rühren anrösten, bis sie beginnen zu duften. Die Samen herausnehmen und mit einem Stößel oder einem Nudelholz zerdrücken. Beiseite stellen.

Die Ananas schälen, dabei alle ›Augen‹ entfernen. Die Früchte anschließend in Scheiben schneiden, die harte Mitte ausstechen und das Fruchtfleisch fein hacken. Den beim Verarbeiten austretenden Saft auffangen.

Den Ananassaft mit Essig und den Gewürzen in einem Topf aufkochen und 5 Minuten köcheln lassen. Die Ananasstückchen dazugeben und weitere 20 Minuten köcheln lassen, bis sie durch und durch weich sind.

Bei schwacher Hitze den Zucker unterrühren. Sobald er sich aufgelöst hat, die Temperatur erhöhen und unter gelegentlichem Rühren das Chutney köcheln lassen, bis es eine marmeladenähnliche Konsistenz hat und sich keine Flüssigkeit mehr absetzt.

Die eingedickte Masse in vorgewärmte, saubere und trockene Gläser füllen, mit säurebeständigen Deckeln fest verschließen (siehe S. 12–13) und bis zum Öffnen 1 Monat kühl, dunkel und trocken aufbewahren.

Rechts: Ananas-Chutney ist eine schmackhafte Beilage zu Schinken, Schweinefleisch, Truthahn, Hühnchen – warm oder kalt serviert – und zu Käse.

Äpfel und Birnen

Im Spätsommer und Herbst, wenn die über und über mit Birnen und Äpfeln behangenen Bäume in den Obstgärten abgeerntet wurden, begann früher die traditionelle Einmachzeit. Nur wenige besitzen heutzutage in ihren Gärten noch Apfel- und Birnbäume, doch dank moderner Lagermöglichkeiten sind die verschiedensten Apfel- und Birnensorten nunmehr fast ganzjährig und in großen Mengen im Handel erhältlich. Dieses Kapitel enthält auch Rezepte für Wildfrüchte wie Holzäpfel und Mispeln oder Quitten, die alle nur eine kurze Saison haben und daher manchmal schwer zu bekommen sind.

Links (von links nach rechts): Apfelhonig, Apfel-Mincemeat mit Whisky, Rotweinbirnen und Apfel-Möhren-Chutney mit Curry.

Apfel-Kirsch-Marmelade

Reine Kirschmarmelade geliert nur schlecht, da der Pektingehalt der Früchte relativ gering ist. Daher werden die Kirschen manchmal in rotem Johannisbeersaft gekocht, der von Natur aus reich an Pektin ist. In diesem Rezept wird jedoch der Saft von Kochäpfeln verwendet, da sie zur Kirschenzeit in großen Mengen anfallen und zudem preiswerter sind als rote Johannisbeeren. Geschmacklich passen Äpfel und Kirschen gut zusammen, und die fertige Marmelade ist auch optisch ein Genuß.

ERGIBT ETWA 2 KG

675 g säuerliche, saftige Kochäpfel, vorzugsweise Bramley oder Gravensteiner
1,4 kg Sauerkirschen, zum Beispiel Morelle oder Montmorency, entsteint
2 1/2 EL Zitronensaft
1,2 kg vorgewärmter Zucker (siehe S. 7)

Die ungeschälten Äpfel in Stücke schneiden, mit 570 ml Wasser in einen Topf geben und zugedeckt auf kleinster Flamme unter gelegentlichem Rühren etwa 30 Minuten köcheln lassen, bis die Apfelstückchen sehr weich sind. Die Masse in einen Saftbeutel geben und den Saft langsam, ohne zu pressen, an einem kühlen Ort 6–8 Stunden in eine metallfreie Schüssel abtropfen lassen.

Von dem Saft 300 ml abmessen und mit dem Zitronensaft mischen. Darin die Kirschen etwa 30 Minuten köcheln lassen, bis die Flüssigkeit weitgehend verdampft ist.

Den Topf von der Kochstelle nehmen, den Zucker einstreuen und bei milder Hitze unter Rühren auflösen. Die Temperatur erhöhen und die Mischung etwa 10 Minuten sprudelnd kochen, bis der Gelierpunkt erreicht ist (siehe S. 17).

Den Topf vom Herd nehmen und entstandenen Schaum mit einem Schaumlöffel vorsichtig abheben. Die Marmelade in vorgewärmte, saubere und trockene Gläser füllen und fest verschließen (siehe S. 12–13). Die Gläser über Nacht stehenlassen und anschließend kühl, dunkel und trocken lagern.

Rechts: Die Apfel-Kirsch-Monde sind gefüllt mit einer fruchtigen Marmelade und zergehen auf der Zunge.

Apfel-Kirsch-Monde

Dieses mit Frischkäse und ohne Wasser hergestellte mürbe Feingebäck schmeckt ungewöhnlich zart.

ERGIBT 12 PLÄTZCHEN

115 g Butter, zimmerwarm
115 g ungesalzener Frischkäse (Vollfettstufe)
150 g Mehl, einige Tropfen Mandelessenz
Apfel-Kirsch-Marmelade (siehe links)

Die Butter, den Frischkäse und die Mandelessenz in einer Schüssel verrühren und nach und nach das Mehl unterarbeiten. Den Teig zur Kugel formen, in Butterbrotpapier oder Klarsichtfolie wickeln und 1 Stunde kühlen stellen.

Den Backofen auf 200 °C vorheizen. Den Teig auf einer leicht bemehlten Arbeitsfläche etwa 5 mm stark ausrollen und zwölf runde Plätzchen von etwa 7 cm Durchmesser ausstechen. Auf jedes Plätzchen einen gehäuften Teelöffel Marmelade geben. Die Plätzchen zu einem Halbmond zusammenklappen und die Ränder zusammendrücken. Die Halbmonde auf ein Backblech setzen und etwa 15 Minuten backen. Die Plätzchen heiß mit Crème fraîche servieren.

Äpfel

Apfelhonig

Mit Hilfe von Äpfeln und Gewürzen wird aus einem einfachen Honig ein erlesener Brotaufstrich. Für dieses Rezept kann man sowohl Koch- als auch Tafeläpfel verwenden, vorausgesetzt, letztere sind knackig, saftig und nicht zu süß.

ERGIBT ETWA 1,4 KG

1,4 kg Koch- oder Tafeläpfel, mit Schale und Kerngehäuse gehackt
Auf je 570 ml Saft:
350 g Zucker
115 g flüssiger Honig
1 Zimtstange (etwa 5 cm lang)
3 Nelken
1 kleines Stück frischer Ingwer

Die Äpfel mit 850 ml Wasser in einen Topf geben und 20–30 Minuten unter gelegentlichem Rühren kochen, bis sie weich sind. Das Apfelmus in einen sauberen Saftbeutel geben und den Saft an einem kühlen Ort 8–10 Stunden langsam in eine metallfreie Schüssel abtropfen lassen.

Den Apfelsaft abmessen und in einen Topf gießen. Auf je 570 ml Saft 350 g Zucker und 115 ml Honig sowie 1 Zimtstange, 3 Nelken und 1 Stück frischen Ingwer (eingebunden in ein Musselinsäckchen) geben und das Ganze unter Rühren langsam erhitzen, bis sich der Zucker aufgelöst hat. Die Temperatur heraufschalten und die Mischung etwa 4 Minuten sprudelnd kochen lassen, bis der Gelierpunkt erreicht ist (siehe S. 17).

Den Topf von der Kochstelle nehmen, entstandenen Schaum mit einem Schaumlöffel abheben und das Gewürzsäckchen entfernen. Den Apfelhonig in vorbereitete Gläser füllen, fest verschließen (siehe S. 12–13) und kühl, dunkel und trocken aufbewahren.

Apfelhonig kann man unter griechischen Joghurt, Frischkäse oder Sahne rühren oder zu Pfannkuchen oder Waffeln reichen.

Als Aufstrich für Brot, Toast oder einfachen Kuchen ist er ebenfalls geeignet, und auch Pudding wird mit ihm verfeinert.

Karamelisierte Apfelkonfitüre

Sobald der geschmolzene Zucker bernsteinfarben ist, muß man den Topf von der Kochstelle nehmen, da der Karamel sonst beim Weiterkochen bitter wird.

ERGIBT ETWA 1,8 KG

2,2 kg Kochäpfel, vorzugsweise Bramley oder Gravensteiner
Saft von 1 Zitrone, 1 kg Zucker
4 EL Weinbrand oder Calvados

Die Äpfel schälen, entkernen (siehe S. 56) und würfeln, dann in einer Schüssel mit dem Zitronensaft vermischen, um ein Braunwerden des Fruchtfleisches zu verhindern.

450 g Zucker mit 4 Eßlöffeln Wasser in einen Topf geben und bei schwacher Hitze zum Kochen bringen. Den geschmolzenen Zucker weiterkochen, bis er bernsteinfarben ist, dann den Topf schnell von der Kochstelle nehmen, sofort die gewürfelten Äpfel zugeben und rühren, bis sie gleichmäßig mit dem Karamel überzogen sind (siehe unten). Der Karamel erstarrt, sobald er mit den Fruchtstückchen in Berührung kommt, schmilzt aber wieder beim erneuten Erhitzen. (Vorsicht Verbrennungsgefahr durch kochendheißen Dampf.)

Den restlichen Zucker zugeben und unter ständigem Rühren bei schwacher Hitze auflösen. Alles ganz langsam unter Rühren erneut zum Kochen bringen. Etwa 10–15 Minuten weiterkochen lassen, bis die Apfelstückchen sehr weich sind und ein Teil der Flüssigkeit verdampft ist. Die weichgekochte Fruchtmasse mit einem Holzlöffel durch ein Kunststoffsieb streichen und in den Topf zurückgeben. Sehr dickes Püree nur 1 Minute weiterkochen lassen, dünnflüssiges Püree erneut aufkochen und eindicken lassen.

Den Topf von der Kochstelle nehmen und den Alkohol unterrühren. Die heiße Konfitüre in die vorbereiteten Gläser füllen, fest verschließen (siehe S. 12–13) und über Nacht stehenlassen. Anschließend kühl, dunkel und trocken aufbewahren.

Äpfel karamelisieren: *Sobald der Zucker bernsteinfarben ist, den Topf von der Kochstelle nehmen und die gewürfelten Äpfel unterrühren.*

Apfelnektar

Ein kühles Glas Apfelnektar ist genau das richtige für heiße Sommertage.

ERGIBT ETWA 1,7 L

3 Nelken
1,4 kg Kochäpfel, geschält, geviertelt und entkernt (es wird 1 kg benötigt)
400 g Zucker, Saft von 1 Zitrone

Die Nelken in ein Stück Musselin einbinden und mit den vorbereiteten Äpfeln und 300 ml Wasser in einen Topf geben. Zugedeckt etwa 30 Minuten – unter gelegentlichem Rühren – köcheln lassen, bis die Äpfel weich sind. Das Musselinsäckchen herausnehmen und die Fruchtstückchen im Mixer pürieren oder durch ein Kunststoffsieb streichen.

Den Zucker mit 450 ml Wasser bei schwacher Hitze unter Rühren auflösen. Die Temperatur erhöhen, den Zitronensaft zugeben und 2 Minuten kochen lassen. Das Püree hinzufügen und 10 Minuten unter gelegentlichem Rühren köcheln lassen.

Die Hitze gegebenenfalls regulieren, so daß der Nektar sanft köchelt. Die Flüssigkeit in vorgewärmte, saubere, trockene Flaschen füllen und fest verschließen (siehe S. 12–13). Kühl, dunkel und trocken aufbewahrt hält sich der Nektar etwa 4 Monate. Die Flasche vor dem Öffnen gut schütteln.

Den Apfelnektar gut gekühlt als Erfrischungsgetränk oder zu Plätzchen oder Kuchen reichen. Man kann mit ihm auch Obstsalate verfeinern.

Würziges Apfelmus mit Cidre

Aromatische Tafeläpfel geben diesem köstlichen Apfelpüree den Geschmack, herbe Kochäpfel und eventuell auch einige Holzäpfel die Säure.

ERGIBT ETWA 1,1 KG

1,1 l trockener Cidre
675 g Kochäpfel, geschält, entkernt (siehe S. 56) und in Scheiben geschnitten
675 g aromatische Tafeläpfel, geschält, entkernt und in Scheiben geschnitten
Saft und abgeriebene Schale von 1 unbehandelten Zitrone
Vorgewärmter Zucker (siehe S. 7)
1/2 TL gemahlener Zimt
1/2 TL frisch geriebene Muskatnuß

Den Cidre in einen Topf gießen, aufkochen lassen und bei starker Hitze auf die Hälfte reduzieren. Die vorbereiteten Äpfel mit der abgeriebenen Schale und dem Saft der Zitrone dazugeben und zugedeckt in etwa 20–30 Minuten zu einem dicken Fruchtbrei kochen; zwischendurch rühren, damit die Äpfel gleichmäßig durchkochen. Die gekochten Äpfel durch ein Kunststoffsieb in eine Schüssel streichen.

Das Püree abwiegen und in den ausgespülten Topf zurückgeben. Auf je 350 g Püree 175 g Zucker zugeben und mit den Gewürzen unter Rühren erhitzen, bis der Zucker aufgelöst ist. Die Masse anschließend 35–45 Minuten sanft köcheln lassen, anfangs unter gelegentlichem, dann unter ständigem Rühren, bis die Masse stark eingedickt ist und die Konsistenz einer Creme hat.

Das Mus in vorgewärmte, saubere und trockene Gläser füllen, fest verschließen (siehe S. 12–13) und bis zum Öffnen einige Tage kühl, dunkel und trocken aufbewahren.

Für einen wunderbar saftigen Apfelkuchen bestreicht man einfach einen Mürbteigboden mit diesem Apfelmus und verteilt in dicke Spalten oder Ringe geschnittene Äpfel darauf.

Apfel-Orangen-Gelee

Dieses Gelee paßt mit seinem warmen, würzigen Aroma gut zu Wintertagen und winterlichen Gerichten.

ERGIBT ETWA 1,1 KG

675 g säuerliche Kochäpfel, mit Schale und Kerngehäuse gehackt
4 große unbehandelte Orangen, gehackt
1 große unbehandelte Zitrone, gehackt
1 Zimtstange
25 g ungeschälter frischer Ingwer, in Scheiben geschnitten
Vorgewärmter Zucker (siehe S. 7)

Alle Zutaten – bis auf den Zucker – mit 1,75 l Wasser in einen Topf geben und zum Kochen bringen, dann zugedeckt unter gelegentlichem Rühren etwa 1 Stunde sanft köcheln lassen, bis die Früchte weich sind.

Den Topfinhalt in einen Saftbeutel geben und den Saft langsam, ohne zu pressen oder zu wringen, 8–10 Stunden an einem kühlen Ort in eine metallfreie Schüssel tropfen lassen.

Den Saft abmessen und in den ausgespülten Topf zurückgießen. Auf je 570 ml Saft 450 g Zucker zugeben und bei schwacher Hitze unter Rühren auflösen, dann etwa 10 Minuten sprudelnd kochen lassen, bis der Gelierpunkt erreicht ist (siehe S. 17).

Den Topf von der Kochstelle nehmen und den entstandenen Schaum vom Gelee abheben. Das Gelee in vorgewärmte, saubere und trockene Gläser füllen, fest verschließen (siehe S. 12–13) und über Nacht stehenlassen. Das Gelee kühl, dunkel und trocken aufbewahren.

Abwandlung: *Apfelgelee*
Das Gelee nach obiger Anweisung aus den folgenden Zutaten kochen:
2 kg säuerliche Kochäpfel, 2 in Scheiben geschnittene unbehandelte Zitronen, 25 g in Scheiben geschnittener frischer Ingwer, 1 Zimtstange, 1/2 TL Gewürznelken, 200 ml Weißweinessig und 1,75 l Wasser.

Apfel-Mincemeat mit Whisky

Dies ist ein würzig aromatisches und relativ flüssiges Mincemeat.

ERGIBT 1,8 KG

550 g säuerliche Kochäpfel, geschält, entkernt (siehe S. 56) und gehackt
15 g Butter
115 g getrocknete Aprikosen, gehackt
225 g Sultaninen, 225 g kernlose Rosinen
225 g dunkler Muscovado-Zucker
115 g Korinthen
115 g Zitronat und Orangeat, gehackt
75 g Haselnüsse, enthäutet und grob gehackt
75 g Mandeln, enthäutet und grob gehackt
Saft und abgeriebene Schale von 1 unbehandelten Orange
Saft und abgeriebene Schale von 1 unbehandelten Zitrone
1 TL gemahlener Zimt
1/2 TL gemahlener Ingwer
1/2 TL frisch geriebene Muskatnuß
1 Prise Nelkenpulver
115 g Rindertalg oder Pflanzenfett
150 ml Whisky

Die Äpfel mit 4 Eßlöffeln Wasser und der Butter im geschlossenen Topf etwa 20 Minuten köcheln lassen, bis sie weich und musig sind. Den Deckel abnehmen und die Fruchtmasse unter Rühren etwa 10 Minuten kochen lassen, bis die Flüssigkeit fast verdampft ist. Abkühlen lassen.

Die restlichen Zutaten in einer großen metallfreien Schüssel verrühren, das Apfelmus dazugeben und zugedeckt über Nacht an einem kühlen Ort durchziehen lassen.

Am nächsten Tag das Mincemeat gut durchrühren und in saubere, trockene Gläser füllen. Die Masse gut zusammendrücken, damit keine Luft eingeschlossen wird. Die Gläser fest verschließen (siehe S. 12–13) und bis zum Öffnen mindestens 6 Wochen kühl, dunkel und trocken aufbewahren.

Das Mincemeat mit pochierten Orangenscheiben servieren oder als Füllung für Pies oder Pasteten aus Mürbteig verwenden.

Äpfel

Apfel-Relish mit Minze

Durch die Verwendung verschiedener Formen von Minze läßt sich dieses Relish geschmacklich variieren. Die in unseren Gärten wachsende Pfefferminze hat einige aromatische Verwandte wie die Apfel-, Zitronen-oder Ananasminze, die allesamt einen Versuch wert sind.

ERGIBT ETWA 900 G

225 g Zwiebeln, in Scheiben geschnitten
2 TL englisches Senfpulver
1 TL schwarze Pfefferkörner
1 Zimtstange, in der Mitte durchgebrochen
1/4 TL gemahlene Muskatblüte
1 TL Meersalz
225 g Zucker
300 ml Gewürzessig (siehe S. 139)
675 g Kochäpfel, vorzugsweise Bramley oder Gravensteiner, geschält, entkernt (siehe S. 56) und in dünne Scheiben geschnitten
15 g frische Minze, fein gehackt

Alle Zutaten bis auf die Äpfel und die Minze in einen Topf geben und behutsam unter Rühren erhitzen, bis sich der Zucker aufgelöst hat. Den Topfinhalt zum Kochen bringen und bei schwacher Hitze 10 Minuten köcheln lassen. Die Apfelscheiben dazugeben und weitere 10 Minuten köcheln lassen, bis die Äpfel weich, aber noch nicht zerkocht sind.

Den Topf von der Kochstelle nehmen und den Topfinhalt abkühlen lassen. Die Zimtstange herausnehmen und das Relish löffelweise in saubere, trockene Gläser füllen und mit dem Löffel festdrücken, damit keine Luft eingeschlossen wird. Jede Lage mit fein gehackter Minze bestreuen. Die Gläser mit säurebeständigen Deckeln verschließen (siehe S. 12–13) und bis zum Öffnen mindestens 1 Monat kühl, dunkel und trocken aufbewahren.

Das Relish kann man als Füllung für eine ausgelöste Lammkeule oder -schulter verwenden oder unter frisch gekochte neue Kartoffeln rühren. Kalt wird daraus ein Salat, und es paßt so auch zu geräucherter Schweinelende oder geräuchertem Hähnchen.

Apfel-Möhren-Chutney mit Curry

Frischer Meerrettich verleiht diesem Chutney eine angenehme Schärfe.

ERGIBT ETWA 1,1 KG

600 g Kochäpfel, geschält, entkernt (siehe S. 56) und gehackt
250 g Möhren, der Länge nach in dünne Scheiben geschnitten
1 Zwiebel, in Scheiben geschnitten
115 g Rosinen
115 g frischer Meerrettich, gerieben
1 EL Currypulver, 1 EL gemahlener Ingwer
1 TL Senfkörner
300 ml Apfelessig
225 g heller Muscovado-Zucker
2 TL Meersalz

Alle Zutaten in einem Topf verrühren und unter ständigem Rühren behutsam erhitzen, bis sich der Zucker aufgelöst hat. Die Mischung zum Kochen bringen und etwa 30–45 Minuten unter gelegentlichem Rühren köcheln lassen, bis alle Zutaten weich sind und die Masse eine marmeladenähnliche Konsistenz hat.

Das Chutney in vorgewärmte, saubere, trockene Gläser füllen und darauf achten, daß keine Luftblasen eingeschlossen werden. Die Gläser mit säurebeständigen Deckeln fest verschließen (siehe S. 12–13) und bis zum Öffnen mindestens 2 Monate kühl, dunkel und trocken aufbewahren.

Das Chutney als Beilage zu würzigen nordindischen Gerichten reichen.

Unten: Dieses köstliche Apfel-Relish mit Minze verfeinert die verschiedensten Fleischgerichte.

Roh gerührtes Apfel-Chutney

Kaum ein anderes Chutney ist so einfach und schnell zubereitet.

ERGIBT ETWA 1 KG

225 g Sultaninen
1 EL gehackter frischer Ingwer
25 g schwarze Senfkörner
225 g Demerara-Zucker
2 TL Meersalz
300 ml Apfelessig
675 g Kochäpfel, geschält, entkernt (siehe unten) und grob gehackt
225 g Zwiebeln, sehr fein gehackt
2 Knoblauchzehen, sehr fein gehackt (nach Belieben)

Die Sultaninen mit Ingwer, Senfkörnern, Zucker, Salz und Essig in einer Schüssel aus Glas oder Porzellan verrühren, bis sich der Zucker vollständig aufgelöst hat.

Die Äpfel, die Zwiebeln und den Knoblauch – falls verwendet – unterrühren und zugedeckt 1 Woche an einem kühlen Ort durchziehen lassen; einmal täglich umrühren.

Das Chutney kann sofort serviert werden, oder man füllt es in saubere, trockene Gläser. Beim Einfüllen darauf achten, daß keine Luft eingeschlossen wird. Die Gläser mit säurebeständigen Deckeln fest verschließen (siehe S. 12–13) und kühl, dunkel und trocken aufbewahren. Angebrochene Gläser gut verschließen, damit das Chutney nicht austrocknet.

***Äpfel entkernen:** Das Kerngehäuse von Äpfeln und anderen Früchten läßt sich am schnellsten und einfachsten mit einem Apfelausstecher entfernen.*

Das Chutney unter den entfetteten Bratensaft von Schweinebraten oder Wildbret rühren und als Sauce zusammen mit dem Fleisch servieren.

Es schmeckt auch vorzüglich zu einem Imbiß aus Hartkäse, Brot und Mixed Pickles.

Holzapfel-Gelee mit Nelken

Holzäpfel sind viel zu hart und sauer zum Rohessen und auch viel zu klein zum Schälen und Entkernen. Deshalb bietet es sich an, sie zu Gelee zu verarbeiten. Durch die Nelken wird die warme, würzige Note ihres Aromas noch verstärkt.

ERGIBT ETWA 1,5–1,8 KG

2,5 kg Holzäpfel
6 Gewürznelken
Vorgewärmter Zucker (siehe S. 7)

Die Holzäpfel mit Schale und Kerngehäuse hacken und mit den Nelken und 1,75 l Wasser in einem Topf zum Kochen bringen, dann zugedeckt etwa 1 1/4 Stunden unter gelegentlichem Rühren köcheln lassen, bis die Fruchtstückchen zerfallen.

Den Topfinhalt in einen Saftbeutel geben und den Saft 8–12 Stunden an einem kühlen Ort in eine daruntergestellte metallfreie Schüssel abtropfen lassen.

Den Saft abmessen und in den ausgespülten Topf zurückgießen. Auf je 570 ml Saft 450 g Zucker zugeben und unter Rühren behutsam erhitzen, bis der Zucker aufgelöst ist. Die Temperatur hochschalten und die Mischung in etwa 10 Minuten sprudelnd bis zum Gelierpunkt (siehe S. 17) kochen. Den Topf von der Kochstelle nehmen und entstandenen Schaum mit einem Schaumlöffel abheben.

Das Gelee in vorgewärmte, saubere, trockene Gläser füllen und fest verschließen (siehe S. 12–13). Die Gläser über Nacht stehenlassen und anschließend kühl, dunkel und trocken aufbewahren.

Rotweinbirnen

Verwenden Sie für diese süßen Birnen lieber einen leichten fruchtigen Rotwein wie Beaujolais oder Chinon und nicht zu kräftige, bukettreiche Sorten wie zum Beispiel ein junger Cabernet-Sauvignon.

ERGIBT ETWA 1,75 L

1,4 kg kleine, nicht ganz ausgereifte Birnen, zum Beispiel Conference
Nelken
1 Zimtstange (etwa 7 cm lang), in Stücke gebrochen
2 Muskatblüten
1 Stück frischer Ingwer (etwa 7 cm lang), geschält und gehackt
Schale von 1 kleinen unbehandelten Zitrone, in feine Streifen geschnitten
225 g Zucker, etwa 1/2 l Rotwein

Den Backofen auf 130 °C vorheizen.

Die Birnen vorsichtig schälen, ohne den Stengel zu entfernen, den Blütenansatz keilförmig herausschneiden und durch eine Nelke ersetzen.

Die Birnen in Einmachgläser geben, die Gewürze, den Zucker und den Wein gleichmäßig auf die Gläser verteilen. Die Birnen müssen ganz mit Flüssigkeit bedeckt sein. Die Deckel auflegen, aber nicht fest verschließen, und die Gläser für 3 Stunden in den Backofen stellen. Anschließend fest verschließen (siehe S. 12–13). Die abgekühlten Gläser kühl, dunkel und trocken aufbewahren.

Abwandlung: ***Kirschen in Rotwein***
Bei schwacher Hitze 250 g Zucker in 630 ml Rotwein auflösen, 2 frische Lorbeerblätter dazugeben und in 10 Minuten sirupartig einkochen lassen. 1 kg Kirschen dazugeben und bei milder Hitze in dem Sirup gar ziehen lassen. Ohne Lorbeerblätter die Früchte in ein vorgewärmtes, sauberes, trockenes Glas füllen und fest verschließen.

Diese Kirschen oder Birnen eisgekühlt zu Crème caramel oder Reispudding servieren. Man kann sie auch für *clafoutis* (französischer Kirschkuchen) oder einen Obstkuchen (siehe folgendes Rezept) verwenden oder zu Enten-, Reh- oder Hasenbraten reichen, wobei der Bratensaft mit etwas Sirup und Zitronensaft abgelöscht wird.

Rotweinbirnen-Kuchen

FÜR 4–6 PERSONEN

175 g Weizenmehl, 1 Prise Salz
50 g Puderzucker, gesiebt
115 g Butter, zimmerwarm
1 Eigelb (Gewichtsklasse 3)
Für die Creme:
250 ml Milch, mit süßer Sahne vermischt
1 Vanilleschote
3 Eigelb (Gewichtsklasse 1)
50 g Zucker
25 g Weizenmehl, mit Maismehl vermischt
15 g Butter, gewürfelt
Für den Belag:
Etwa 150 ml Flüssigkeit von den Rotweinbirnen
10 Rotweinbirnen, halbiert und entkernt

Mehl und Salz auf eine Arbeitsfläche sieben und in die Mitte eine Vertiefung drücken. Puderzucker, Butter, Eigelb und Wasser in die Mitte geben und alles schnell zu einem glatten Teig kneten. Den Teig auf einen Teller legen, abdecken und bis zur Weiterverarbeitung 2 Stunden in den Kühlschrank stellen.

Den Teig ausrollen und eine flache Backform mit geriffeltem Rand und herausnehmbarem Boden von 22,5 cm Durchmesser damit auslegen. Rand und Boden gut festdrücken. Mit einem Nudelholz über die Form rollen und den überstehenden Teig abtrennen. Weitere 20 Minuten in den Kühlschrank stellen.

In der Zwischenzeit den Backofen auf 200 °C vorheizen. Den Teigboden mehrmals mit einer Gabel einstechen, mit Backpapier bedecken und das Papier mit getrockneten Bohnen beschweren. Den Boden etwa 12 Minuten backen, dann die Temperatur auf 190 °C reduzieren und das Papier mit den Bohnen entfernen, 8–10 Minuten weiterbacken, bis der Boden leicht gebräunt ist. Den Boden auf einem Kuchengitter auskühlen lassen.

Für die Konditorcreme Milch und Sahne mit der aufgeschlitzten Vanilleschote aufkochen lassen, von der Kochstelle nehmen und zugedeckt 30 Minuten ziehen lassen. Inzwischen Eigelb und Zucker in einer Schüssel cremig schlagen, dann das gesiebte Weizen- und Maismehl unterrühren. Die Milch-Sahnemischung erhitzen und durch ein Sieb langsam unter ständigem Rühren mit dem Schneebesen in die Eiermasse gießen.

Die Mischung in den Topf zurückgeben und 2–3 Minuten köcheln lassen. Den Topf von der Kochstelle nehmen, die Butter unterrühren und die Creme in einer Schüssel auskühlen lassen.

Den Saft von den Rotweinbirnen sirupartig einkochen und abkühlen lassen. Die Konditorcreme auf dem Tortenboden verteilen, die Birnen obenauf legen und mit dem Sirup überziehen.

Birnen-Chutney

Die Rosinen in diesem einfachen Rezept lassen sich gut durch Korinthen oder entsteinte und zerkleinerte Backpflaumen ersetzen. Geschmackliche Abwechslung bringen gehackte Zwiebeln oder einige Pimentkörner.

ERGIBT 1,5–1,8 KG

1,4 kg feste, nicht ganz reife Birnen, ungeschält, aber entkernt und gehackt
2 große Knoblauchzehen, fein gehackt
2 TL Meersalz
1–2 TL Cayennepfeffer, je nach Geschmack
2 TL frisch gemahlener Koriander
2 EL gehackter frischer Ingwer
225 g Rosinen
225 ml Weißweinessig und Limettensaft, zu gleichen Teilen gemischt
200 g vorgewärmter heller Muscovado-Zucker (siehe S. 7)

Die vorbereiteten Birnen mit allen Zutaten, bis auf den Zucker, in einen großen Topf geben und zugedeckt – unter gelegentlichem Rühren – 15 Minuten köcheln lassen, bis die Fruchtstückchen weich sind.

Den vorgewärmten Zucker dazugeben und unter Rühren auflösen. Dann die Mischung zu einem dicken Fruchtbrei kochen. Falls er zu dick ist, etwa 115 ml Wasser zugießen und weitere 10 Minuten unter Rühren kochen, bis eine marmeladenähnliche Konsistenz erreicht ist.

Das Chutney in vorgewärmte, saubere und trockene Gläser füllen, dabei darauf achten, daß keine Luftblasen eingeschlossen werden, und fest verschließen (siehe S. 12–13). Bis zum Öffnen mindestens 1–2 Monate kühl, dunkel und trocken aufbewahren.

Eingemachte Birnen und Ananas

Der bei der Vorbereitung der Ananas anfallende Saft wird der Kochflüssigkeit beigegeben.

ERGIBT 1,1 KG

1 große Ananas (etwa 675 g unvorbereitet gewogen), geschält, die harte Mitte entfernt und fein gehackt (es werden 500 g Fruchtfleisch benötigt)
1 kg feste, nicht ganz reife Birnen, geschält, entkernt und in dünne Scheiben geschnitten
450 g vorgewärmter Gelierzucker (siehe S. 7)

Die Ananasstückchen mit 225 ml Wasser und dem aufgefangenen Ananassaft erhitzen und zugedeckt 35–40 Minuten köcheln lassen, bis die Fruchtstückchen gerade weich sind. Die Birnenscheiben dazugeben und weitere 20–25 Minuten zugedeckt köcheln lassen, bis alle Früchte weich sind.

Bei milder Hitze den Zucker zugeben und rühren, bis er sich aufgelöst hat, dann ohne zu rühren bei starker Hitze etwa 20–30 Minuten kochen lassen, bis die Flüssigkeit leicht geliert ist.

Die Fruchtstückchen in vorbereitete Gläser füllen und fest verschließen (siehe S. 12–13). Die Gläser über Nacht stehenlassen und anschließend kühl, dunkel und trocken aufbewahren.

Süß-saure Gewürzbirnen

Eine gute Verwertung für harte, herb schmeckende Birnen.

ERGIBT 1,1 L

1,4 kg feste Birnen, geschält
1 TL Pimentkörner
1 Stück frischer Ingwer (2–3 cm lang), geschält und in Scheiben geschnitten
1 TL Gewürznelken
2 Zimtstangen
225 g Zucker
450 ml Weißweinessig

Die geschälten Birnen halbieren oder vierteln, vom Kerngehäuse befreien und, knapp mit Wasser bedeckt, in einem großen Topf zum Kochen bringen, dann 5 Minuten köcheln lassen.

Die Kochflüssigkeit abgießen und zurückbehalten. Die Birnen beiseite stellen. Die Flüssigkeit mit Wasser auf 450 ml ergänzen, in den Topf zurückgießen und mit den restlichen Zutaten, mit Ausnahme der Birnen, unter Rühren behutsam erhitzen, bis sich der Zucker aufgelöst hat. Weitere 5 Minuten köcheln lassen.

Die Birnen in den Topf geben und 20–30 Minuten in dem Sud köcheln lassen, bis sie weich und durchscheinend sind, aber nicht zerfallen.

Die Birnen mit einem Schaumlöffel herausnehmen und in ein vorgewärmtes, sauberes und

Links (im Uhrzeigersinn von rechts nach links): Quitten und verschiedene Birnensorten – Comice, Conference und Williams Christ.

trockenes Glas füllen, dann die Kochflüssigkeit mit den Gewürzen darübergießen. Das Glas mit einem säurebeständigen Deckel fest verschließen (siehe S. 12–13) und bis zum Öffnen mindestens 1 Monat kühl, dunkel und trocken aufbewahren.

Diese Birnen passen zu kaltem Schweinebraten oder gekochter Zunge, den Gewürzessig kann man für Salatsaucen verwenden.

Quittenpaste

Das intensive Aroma der gesüßten und gekochten Quitten – roh sind sie ungenießbar – durchdringt alle anderen mitgekochten Früchte. Hat man nicht genügend Quitten, mischt man die Früchte mit Äpfeln und einer gehackten Scheibe unbehandelte Orange. Es sollten nur vollreife Quitten mit leuchtendgelber Schale verarbeitet werden.

ERGIBT ETWA 1,4 KG

1,4 kg Quitten
Vorgewärmter Zucker (siehe S. 7)

Die Quitten mit einem feuchten Tuch gründlich abreiben, dann die Früchte mit der Schale und dem Kerngehäuse hacken.

Die Fruchtstückchen in einen großen Topf geben und, knapp mit Wasser bedeckt, bei schwacher Hitze ungefähr 30–45 Minuten kochen, bis sie durch und durch weich sind.

Den Topfinhalt in ein Sieb oder einen Durchschlag aus Kunststoff gießen und mit einem Holzlöffel durchpassieren. Das gewonnene Püree abwiegen und in den ausgespülten Topf zurückgeben.

Auf je 570 ml Fruchtmus 450 g Zucker zugeben und bei schwacher Hitze unter Rühren auflösen. Die Masse zum Kochen bringen und unter häufigem Rühren etwa 45–55 Minuten weiterkochen lassen, bis die Masse so stark eingedickt ist, daß ein durchgezogener Holzlöffel eine deutliche Spur hinterläßt.

Die eingedickte Masse in vorbereitete Gläser oder leicht geölte Formen füllen, mit passend zurechtgeschnittenem Wachspapier versiegeln und verschließen (siehe S. 12–13). Die Fruchtpaste bis zum Öffnen 2–3 Monate kühl, dunkel und trocken aufbewahren.

Oben: Die leuchtendrote Quittenpaste schmeckt vorzüglich zu einem Blauschimmelkäse wie Danablu oder Stilton.

Mispelgelee

Mispeln sind kleine apfelförmige Früchte, die im Spätherbst reifen, aber trotzdem hart, grün und herb bleiben und roh ungenießbar sind. Läßt man sie 1–2 Monate in Sägespäne oder Stroh nachreifen, werden sie bräunlich und ihr Fruchtfleisch weich. Nach Möglichkeit sollten für dieses Rezept 2/3 nachgereifte und 1/3 feste Früchte verwendet werden. Mispeln sind in gut sortierten Gemüseläden oder Feinkostgeschäften erhältlich.

ERGIBT ETWA 1,1 KG

1 kg Mispeln, mit Schale und Kerngehäuse gehackt
Vorgewärmter Zucker (siehe S. 7)

Die vorbereiteten Mispeln in einen Topf geben und, knapp mit Wasser bedeckt, zum Kochen bringen, dann zugedeckt 30–45 Minuten unter gelegentlichem Rühren köcheln lassen, bis die Früchte sehr weich sind. Den Topfinhalt in einen Saftbeutel geben und den Saft 8–12 Stunden an einem kühlen Ort langsam in eine daruntergestellte Schüssel tropfen lassen.

Den gewonnenen Saft abmessen und auf je 570 ml Saft 450 g Zucker zugeben und bei schwacher Hitze unter Rühren auflösen. Die Temperatur erhöhen und in 10–15 Minuten die Mischung unter gelegentlichem Rühren bei starker Hitze bis zum Gelierpunkt (siehe S. 17) kochen.

Den Topf von der Kochstelle nehmen und entstandenen Schaum vorsichtig abheben. Das Gelee in vorbereitete Gläser füllen und fest verschließen (siehe S. 12–13). Die Gläser über Nacht stehenlassen und anschließend kühl, dunkel und trocken aufbewahren.

Mispelgelee paßt sehr gut zu Wild, Lamm, Schweinefleisch oder Schinken.

Zitrusfrüchte

Das herbe und würzige Aroma von Marmeladen aus Zitrusfrüchten macht sie zum idealen Begleiter eines Frühstücks. Der Klassiker schlechthin ist die bittere Orangenmarmelade aus Pomeranzen, die auf keinem englischen Frühstückstisch fehlen darf. Zitrusfrüchte sind reich an Pektin,

gelieren also gut und sind somit wie geschaffen für Marmeladen und Gelees. Ihr angenehm säuerlicher Geschmack läßt sich auf vielfältige Weise konservieren, sei es als Kumquats in Wodka und Cointreau (siehe S. 72), in verschiedenen Chutneys, Marokkanische Zitronen (siehe S. 75), Limetten auf indische Art (siehe S. 77) oder in den typisch englischen cremigen Fruchtpasten, den Curds. Die einzige Besonderheit von Zitrusfrüchten ist, daß ihre Schale beim Kochen in Verbindung mit Zucker hart wird, daher muß diese bereits vor der Zuckerzugabe durch und durch weich sein. Zitrusschalen lassen sich ebenso gut kandieren oder als Backzutat verwenden. Zum Kaffee, nach einem ausgiebigen Essen, sind sie eine Köstlichkeit.

Links (von links nach rechts): Orangen-Estragon-Gelee, Kumquats in Wodka und Cointreau und Pomeranzen-Marmelade.

Oxford-Marmelade

Die intensiv dunkle Farbe und das herbe, würzige Aroma dieser klassischen englischen Orangenmarmelade entstehen durch die lange Kochzeit. Der Zucker wird erst später zugefügt.

ERGIBT ETWA 2,2 KG

675 g unbehandelte Pomeranzen (Bitterorangen)
1,7 l kochendes Wasser
1,4 kg vorgewärmter Zucker (siehe S. 7)

Die Orangen schälen und die äußere Fruchtschale in feine Streifen schneiden. Das Fruchtfleisch kleinschneiden und die Kerne zurückbehalten. Fruchtstückchen und Schalenstreifen in eine große metallfreie Schüssel und die Kerne in eine kleine Schüssel geben. Die Kerne mit 300 ml kochendheißem Wasser überbrühen und das restliche Wasser über Fruchtfleisch und Schalen gießen. Beide Schüsseln abdecken und über Nacht stehenlassen.

Am nächsten Tag die Kerne in ein Kunststoffsieb geben, das Sieb über die große Schüssel hängen und das Einweichwasser zum Abwaschen der mit einer klaren, gallertartigen Masse überzogenen Kerne verwenden. Gegebenenfalls Flüssigkeit aus der großen Schüssel abschöpfen und zum Abspülen der Kerne verwenden. Die Kerne anschließend wegwerfen.

Oben: Aus spanischen Bitterorangen, den Pomeranzen, wird die echte englische Orangenmarmelade hergestellt.

Den Inhalt der großen Schüssel in einen großen Topf umfüllen, zum Kochen bringen und 2–2 1/2 Stunden unter gelegentlichem Rühren köcheln lassen, bis die Orangenschale sehr weich geworden ist. Je länger die Kochzeit, desto dunkler die Farbe der fertigen Marmelade. Gegebenenfalls etwas Wasser zugießen.

Bei milder Hitze den vorgewärmten Zucker dazugeben und unter Rühren auflösen. Die Masse so lange köcheln lassen, bis die gewünschte Färbung erreicht ist, die Temperatur erhöhen und die Marmelade weitere 15–20 Minuten bei starker Hitze bis zum Gelierpunkt (siehe S. 17) kochen; gelegentlich umrühren.

Den Topf von der Kochstelle nehmen und entstandenen Schaum abheben. Die Marmelade 10–15 Minuten stehenlassen, dann in vorbereitete Gläser füllen. Die Gläser fest verschließen (siehe S. 12–13), über Nacht stehenlassen, damit die Marmelade fest wird, und anschließend kühl, dunkel und trocken aufbewahren.

Orangenmarmelade

Diese Marmelade wird über einen Zeitraum von drei Tagen gekocht.

ERGIBT ETWA 1,5 KG

6 große unbehandelte Orangen
1/2 große unbehandelte Zitrone
Vorgewärmter Zucker (siehe S. 7)

Die vom Stengelansatz befreiten Früchte in Scheiben schneiden, in einen Topf mit 500 ml Wasser geben und zugedeckt einen Tag einweichen.

Am nächsten Tag die Mischung zum Kochen bringen und unter gelegentlichem Rühren etwa 25–50 Minuten – je nachdem, wie weich die Schalen sein sollen – köcheln lassen. Den Topf von der Kochstelle nehmen, die Orangen abkühlen lassen und zugedeckt einen weiteren Tag stehenlassen.

Am nächsten Tag die Früchte mit dem Saft abwiegen und auf je 450 g Fruchtmischung 650 g Zucker zugeben. Den Zucker unter Rühren auflösen, die Masse zum Kochen bringen und bei starker Hitze in etwa einer Stunde bis zum Gelierpunkt (siehe S. 17) kochen; bei Bedarf rühren.

Den Topf von der Kochstelle nehmen und eventuell entstandenen Schaum mit einer Schaumkelle abheben. Die Orangenmarmelade 10–15 Minuten stehenlassen, nochmals gut durchrühren und in vorgewärmte, saubere und trockene Gläser füllen.

Die Gläser fest verschließen (siehe S. 12–13), über Nacht stehenlassen und anschließend kühl, dunkel und trocken aufbewahren.

Orangenmarmelade mit Apfel und Ingwer

Gemahlener und eingelegter Ingwer geben der Marmelade ein warmes, würzig-scharfes Aroma, das gut zum Winter paßt.

ERGIBT ETWA 2,2 KG

225 g unbehandelte Pomeranzen (Bitterorangen)
675 g Kochäpfel, geschält, entkernt und gehackt
1,6 kg vorgewärmter Zucker (siehe S. 7)
2 TL gemahlener Ingwer
115 g eingelegter Ingwer, gewürfelt

Die Orangen schälen und die Schale sehr fein hacken. Das Fruchtfleisch grob zerkleinern, die Trennhäute, die pelzige Fruchthaut und die Kerne zurückbehalten und in ein Stück Musselin oder Gaze einbinden.

Fruchtstückchen, Schalen und Saft mit 1,4 l Wasser in einen großen Topf geben, das Musselinsäckchen mit einem langen Stück Küchengarn am Topfgriff befestigen und in den Topf hängen. Die Mischung zum Kochen bringen, dann unter gelegentlichem Rühren 1–1 1/2 Stunden sanft köcheln lassen, bis die Schale weich und die Flüssigkeit auf die Hälfte reduziert ist.

Den Topf von der Kochstelle nehmen, das Stoffsäckchen mit einem Schaumlöffel herausnehmen und mit dem Rücken eines Löffels fest ausdrücken, damit Saftreste in den Topf zurückfließen. Das Säckchen anschließend wegwerfen.

In der Zwischenzeit die vorbereiteten Äpfel mit 150 ml Wasser in etwa 8 Minuten weich und musig kochen.

Apfelmus, Zucker, gemahlenen und eingelegten Ingwer zu den Orangen geben, alles erhitzen und den Zucker unter Rühren auflösen. Die Temperatur erhöhen und die Mischung etwa 25 Minuten spru-

delnd kochen, bis der Gelierpunkt erreicht ist; bei Bedarf rühren. Den Topf von der Kochstelle nehmen. Den Schaum abheben und die Marmelade 10–15 Minuten ruhen lassen. Die Masse anschließend nochmals durchrühren, um die Schalenstreifen und den Ingwer gleichmäßig zu verteilen. Die Marmelade in vorbereitete Gläser füllen.

Oben: Der Marmeladen-Pfefferkuchen besticht durch seine saftige Konsistenz und ist – luftdicht verpackt – lange haltbar.

Die Gläser fest verschließen (siehe S. 12–13), über Nacht stehenlassen und anschließend kühl, dunkel und trocken aufbewahren.

Marmeladen-Pfefferkuchen

Sicher ist es etwas ungewöhnlich, einen Pfefferkuchen mit Marmelade statt Zucker oder Honig zu süßen, doch dieser Kuchen ist immer ein Erfolg. Er erhält jeweils eine andere Geschmacksrichtung, je nachdem ob man Pomeranzen-Marmelade (siehe S. 18–19), Ananas-Orangen-Marmelade (siehe S. 65), Tangerinenmarmelade (siehe S. 70) oder Pfirsichmarmelade (siehe S. 101) verwendet.

ERGIBT EINEN RUNDEN KUCHEN VON 20–22,5 CM DURCHMESSER

225 g Butter, gewürfelt
225 g dunkler Muscovado-Zucker
300 ml Milch
225 g Marmelade (siehe oben)
350 g Mehl
1 geh. TL Backpulver
$1^1/_2$–2 EL gemahlener Ingwer
2 TL Natron
2 TL gemahlener Zimt
1 TL frisch geriebene Muskatnuß
2 Eier (Gewichtsklasse 1 oder 2)
7 Stücke eingelegter Ingwer, gehackt
115 g Rosinen

Den Backofen auf 160 °C vorheizen. Eine runde Kuchenform von 20–22,5 cm Durchmesser einfetten und den Boden mit Backpapier auslegen.

Die Butter mit Zucker, Milch und Marmelade in einen Topf geben und unter gelegentlichem Rühren behutsam erhitzen, bis die Butter geschmolzen und der Zucker aufgelöst ist. Den Topf von der Kochstelle nehmen und die Mischung auf Handwärme abkühlen lassen. Das Mehl mit Backpulver, Ingwer, Natron, Zimt und Muskat in einer Schüssel verrühren und in die Mitte eine Vertiefung drükken. Die Marmeladenmischung in die Mitte gießen und mit den trockenen Zutaten zu einem glatten Teig verrühren. Dann die zuvor leicht geschlagenen Eier zugeben und den gehackten Ingwer und die Rosinen unterrühren. Den Teig in die vorbereitete Form geben und etwa $1^1/_2$ Stunden backen, bis er aufgegangen ist und sich in der Mitte fest anfühlt. Den Kuchen in der Form auskühlen lassen und anschließend in einem luftdicht verschlossenen Behälter aufbewahren.

Glasierte Spare Ribs

Diese Rippchen sind ideal für ein Abendessen im Familienkreis oder für ein zwangloses Essen mit Freunden. Zum Glasieren kann man die Orangenmarmelade mit Apfel und Ingwer (siehe S. 62), die Grapefruit-, Orangen- und Zitronenmarmelade (siehe S. 65) oder die Pomeranzen-Marmelade (siehe S. 18–19) verwenden.

FÜR 4 PERSONEN

8 EL Marmelade (siehe oben)
2 EL flüssiger Honig
2 Knoblauchzehen, geschält und zerdrückt
300 ml trockener Cidre
8 EL Sojasauce
3 EL Limettensaft
Frisch gemahlener schwarzer Pfeffer
1,8 kg Schweinerippchen (Spare Ribs)
Limettenspalten zum Garnieren

Alle Zutaten bis auf die Rippchen in einen Topf geben und unter gelegentlichem Rühren behutsam erhitzen, den Topf von der Kochstelle nehmen und die Mischung abkühlen lassen.

Die Rippchen gegebenenfalls zerteilen und überschüssiges Fett abschneiden, anschließend in eine große metallfreie Schüssel geben, mit der Marmeladenmischung übergießen und zugedeckt etwa 12 Stunden im Kühlschrank durchziehen lassen; zwischendurch die Rippchen hin und wieder wenden.

Den Backofen auf 190 °C vorheizen. Etwa 20 Minuten vor dem Garen die Rippchen mit der Marmeladenmischung in einen Bräter geben. Den Bräter mit Alufolie abdecken und die Rippchen 1 Stunde im Ofen garen, dann die Folie entfernen und offen 1 Stunde weitergaren, bis sie gar sind und beim Einstechen eines Messers klarer Bratensaft austritt; zwischendurch die Stücke immer wieder mit der Marinade bestreichen.

Den Bräter auf die Herdplatte stellen und die Rippchen unter Rühren und Wenden bei starker Hitze etwa 3–7 Minuten garen, bis sie ganz von der dickflüssigen Marinade überzogen sind. Zum Servieren mit Limonenspalten garnieren.

Links: Glasierte Spare Ribs, zubereitet mit einer chinesisch anmutenden Marinade, die ihr feines Aroma der Marmelade verdankt.

Grapefruit-, Orangen- und Zitronenmarmelade

Diese erfrischende Marmelade kann zu jeder Zeit, nach Lust und Laune, gekocht werden, denn die Zutaten dafür sind das ganze Jahr über erhältlich.

ERGIBT ETWA 2,25 KG

225 g unbehandelte Orangen
2 unbehandelte Zitronen
225 g unbehandelte Grapefruits
1,6 kg vorgewärmter Zucker (siehe S. 7)

Orangen und Zitronen halbieren, den Saft auspressen und in einen großen Topf geben; die Kerne und Schalen zurückbehalten. Die Trennhäute sowie die weiße Fruchthaut von den ausgepreßten Orangen und Zitronen entfernen. Die Schale der Grapefruits viermal längs einritzen, dann jedes Schalenstück vorsichtig abziehen und beiseite legen. Das Fruchtfleisch hacken, dabei Kerne, Trennhäute und die weiße Fruchthaut aussortieren. Die Grapefruitstückchen in den Topf geben, dann alle Trennhäute, Fruchthäute und Kerne mit einem langen Stück Küchengarn in ein Stück Musselin einbinden, das Ende am Topfgriff befestigen und das Säckchen in den Topf hängen.

Die Zitrusschalen kleinschneiden und mit 1,7 l Wasser in den Topf geben, zum Kochen bringen, dann etwa 2 Stunden sanft köcheln lassen, bis die Schalen weich sind und die Flüssigkeit auf die Hälfte reduziert ist.

Das Stoffsäckchen mit einem Schaumlöffel herausnehmen und ausdrücken, damit Saftreste in den Topf zurückfließen können. Das Säckchen danach wegwerfen. Bei milder Hitze den vorgewärmten Zucker unter Rühren auflösen. Die Temperatur erhöhen und die Marmelade 15 Minuten sprudelnd bis zum Gelierpunkt kochen; bei Bedarf rühren.

Den Topf von der Kochstelle nehmen und entstandenen Schaum vorsichtig abschöpfen. Die Marmelade 10–15 Minuten ruhen lassen, dann durchrühren und in die vorbereiteten Gläser füllen. Die Gläser fest verschließen (siehe S. 12–13), über Nacht stehenlassen und anschließend kühl, dunkel und trocken aufbewahren.

Ananas-Orangen-Marmelade

Ananas verleiht dieser einfachen Marmelade einen exotischen Geschmack.

ERGIBT ETWA 1,4 KG

2 unbehandelte Orangen, Blüten- und Stengelansatz entfernt und in dünne Scheiben geschnitten
1 unbehandelte Zitrone, Blüten- und Stengelansatz entfernt und in dünne Scheiben geschnitten
1 Ananas, geschält, die harte Mitte entfernt, gehackt (es werden etwa 450 g Fruchtfleisch benötigt)
900 g vorgewärmter Zucker (siehe S. 7)

Die Orangen- und Zitronenscheiben vierteln oder achteln. Die Kerne zurückbehalten und mit einem langen Stück Küchengarn in ein Stück Musselin oder Gaze einbinden, das Garnende an dem Griff eines großen Topfs befestigen und das Säckchen hineingeben. Die Fruchtstückchen dazugeben und, knapp mit Wasser bedeckt, zum Kochen bringen. Zugedeckt 35–45 Minuten sanft köcheln lassen, bis Fruchtfleisch und Schalen weich sind.

Das Stoffsäckchen mit einem Schaumlöffel herausnehmen und mit dem Rücken eines Löffels ausdrücken, damit Saftreste in den Topf zurückfließen können. Das Säckchen danach wegwerfen.

Ananas vorbereiten: *Zunächst die harte Mitte und alle »Augen« der Ananas entfernen, dann das Fruchtfleisch in gleichmäßige Stücke schneiden.*

Den Zucker bei milder Hitze unterrühren, bis er sich aufgelöst hat, dann die Temperatur heraufschalten und alles 10–15 Minuten sprudelnd kochen, bis der Gelierpunkt erreicht ist.

Den Topf von der Kochstelle nehmen und entstandenen Schaum abheben. Die Marmelade 10–15 Minuten ruhen lassen, dann kurz durchrühren und in vorbereitete Gläser füllen. Die Gläser fest verschließen (siehe S. 12–13), über Nacht stehenlassen und anschließend kühl, dunkel und trocken aufbewahren.

Rhabarber-Orangen-Chutney

Getrocknete Feigen geben diesem Chutney das unvergleichliche Aroma.

ERGIBT ETWA 1,8 KG

450 g Rhabarber, fein gehackt
225 g Zwiebeln, fein gehackt
Saft und abgeriebene Schale von 1 unbehandelten Orange
175 g getrocknete Feigen, ziemlich fein gehackt
50 g Rosinen
450 g Zucker
425 ml Gewürzessig (siehe S. 139)
1 1/2 TL schwarze Senfkörner
1/2–3/4 TL Pimentkörner
1 1/2 TL schwarze Pfefferkörner, zerdrückt

Alle Zutaten, bis auf die Gewürze, in einen Topf geben. Die Gewürze mit Küchengarn in einem Stück Musselin einbinden und das Säckchen in den Topf hängen. Die Mischung unter Rühren behutsam erhitzen, bis sich der Zucker aufgelöst hat, dann zum Kochen bringen und unter gelegentlichem Rühren etwa 1 Stunde sanft köcheln lassen, bis das Chutney eine marmeladenähnliche Konsistenz hat.

Das Stoffsäckchen mit einer Schaumkelle herausnehmen und mit dem Rücken eines Löffels ausdrücken, um Saftrückstände auszupressen. Das Chutney in vorgewärmte, saubere und trockene Gläser füllen, dabei darauf achten, daß keine Luftblasen eingeschlossen werden.

Die Gläser mit säurebeständigen Deckeln verschließen (siehe S. 12–13) und bis zum Öffnen 2 Monate kühl, dunkel und trocken aufbewahren.

Eingelegte Orangenspalten

Wenn die richtigen Orangen zur Verfügung stehen, ist die Zubereitung kein Problem, und man hat immer eine interessante Beilage zu vielen Fleischgerichten.

ERGIBT 1,3 KG

4 große, dünnschalige Orangen (unbehandelt)
450 g Zucker
12 Gewürznelken
1 Stück frischer Ingwer (etwa 15 g), geschält und gehackt
1 Zimtstange (etwa 7 cm lang)
15 g Pimentkörner
570 ml Weißweinessig

Jede Orange mit der Schale in 8–12 Segmente zerteilen; die Kerne entfernen. Die einzelnen Segmente in eine feuerfeste Kasserolle legen und, knapp mit Wasser bedeckt, 45–60 Minuten sanft köcheln lassen, bis die Orangenschale weich ist, die Früchte aber noch nicht zerfallen.

In der Zwischenzeit den Zucker mit den Gewürzen bei milder Hitze unter Rühren im Essig auflösen. Die Temperatur heraufschalten und die Essig-Zucker-Lösung zum Kochen bringen, dann unter gelegentlichem Rühren 10 Minuten sanft köcheln lassen.

Den Backofen auf 140 °C vorheizen.

Die Flüssigkeit aus der Kasserolle abgießen und die Orangenspalten mit dem heißen Sud aufgießen. Den Deckel auflegen und den Topf für 1 Stunde in den Ofen stellen, bis die Orangenschalen durchscheinend geworden sind.

Die Orangenspalten mit einem Schaumlöffel herausnehmen, in vorgewärmte, saubere, trockene Gläser füllen und im abgeschalteten Backofen warmhalten.

Die Essig-Zucker-Lösung etwas einkochen lassen (etwa 10 Minuten), dann über die Orangenspalten gießen, bis sie bedeckt sind. Die Gewürze gleichmäßig auf die Gläser verteilen. Die Gläser schwenken, damit Luftblasen entweichen können, und sofort mit säurebeständigen Deckeln fest verschließen (siehe S. 12–13). Die Orangenspalten bis zum Öffnen mindestens 2 Monate kühl, dunkel und trocken aufbewahren.

Diese Orangen passen sehr gut zu Schweinefleisch- oder Wildpasteten, Schweinebraten (kalt oder warm), Räucherschinken, gekochtem Schinken, Wild oder Gans, gegrillter, gebratener Ente, wobei man bei den gebratenen Gerichten den Bratensaft mit etwas von dem gewürzten Essig ablöschen kann.

Eingelegte Orangen mit Honig

Der Honig harmoniert sehr gut mit den Orangen, den Gewürzen und dem Essig.

ERGIBT ETWA 1,4 KG

6 unbehandelte Orangen, in 1/2 cm dicke Scheiben geschnitten
1 Zimtstange
1 TL Korianderkörner
1 TL Kardamomsamen
1/2 TL schwarze Pfefferkörner, zerdrückt
1/2 TL Gewürznelken
225 g Zucker
225 g flüssiger Honig
300 ml Weißweinessig

Die Orangenscheiben mit Wasser bedeckt im geschlossenen Topf zum Kochen bringen und 30 Minuten sanft köcheln lassen. Die Orangenscheiben herausnehmen und gut abtropfen lassen.

In einer trockenen Pfanne mit schwerem Boden die Zimtstange, die Korianderkörner und die Kardamomsamen unter Rühren leicht anrösten, bis sie aromatisch duften. Die Pfanne von der Kochstelle nehmen, dann die Samen im Mörser leicht zerstoßen.

Alle Gewürze in den Topf geben. Zucker, Honig und Essig dazugeben und unter Rühren langsam erhitzen, bis sich Zucker und Honig aufgelöst haben. Die Temperatur heraufschalten und die Essiglösung zum Kochen bringen; alles 10 Minuten sanft köcheln lassen.

Die Orangenscheiben dazugeben, die Mischung abermals zum Kochen bringen und zugedeckt etwa 20 Minuten sanft köcheln lassen, bis die Orangenscheiben durchsichtig geworden sind. Die Scheiben mit einem Schaumlöffel herausnehmen und in vorgewärmte, saubere, trockene Gläser füllen. Die Gewürze gleichmäßig auf die Gläser verteilen und mit dem Essig auffüllen. Die Gläser sofort mit säurebeständigen Deckeln fest verschließen (siehe S. 12–13) und bis zum Öffnen mindestens 1 Monat kühl, dunkel und trocken aufbewahren.

Würzig kandierte Zitrusschalen

Selbstgemachte kandierte Schalen von Zitrusfrüchten schmecken zweifellos besser als die meisten gekauften, und durch die Zugabe von Gewürzen wird aus der hausgemachten Spezialität etwas ganz Besonderes. Größere Schalenstücke behalten länger ihre Feuchtigkeit.

6 unbehandelte Orangen, Zitronen, Grapefruits oder Limetten oder eine Mischung davon
350 g Zucker
6 Nelken
1 Zimtstange

Die Zitrusfrüchte halbieren oder vierteln und die äußere Fruchtschale, ohne die weiße Schicht, in Streifen abschälen. Die Schalenstreifen in wenig Wasser 1–2 Stunden unter gelegentlichem Rühren weich kochen. Bei Verwendung von Grapefruitschalen die Kochflüssigkeit zwei- oder dreimal wechseln. Das Wasser abgießen, aber zurückbehalten und mit frischem Wasser auf 300 ml Flüssigkeit ergänzen.

Die Flüssigkeit in einen sauberen Topf gießen, 225 g Zucker und die Gewürze dazugeben und bei milder Hitze rühren, bis sich der Zucker aufgelöst hat. Die Temperatur heraufschalten und die Zuckerlösung zum Kochen bringen, dann die Schalenstreifen unterrühren. Den Topf von der Kochstelle nehmen und die Schalen an einem kühlen Ort 2 Tage in dem Sirup ziehen lassen.

Den Sirup durch ein Sieb in einen sauberen Topf gießen, den restlichen Zucker dazugeben und bei milder Hitze rühren, bis er sich aufgelöst hat. Die Schalenstreifen hinzufügen und 1–1 1/2 Stunden sanft köcheln lassen, bis sie durchscheinend geworden sind. Den Topfinhalt in eine metallfreie Schüssel geben und zugedeckt etwa 2–3 Wochen an einem kühlen Ort ruhenlassen.

Den Sirup abgießen und die Schalenstreifen zum Abtropfen auf ein Kuchengitter legen; ein untergestelltes Tablett fängt den abtropfenden Sirup auf.

Das Gitter für mehrere Stunden an einen warmen Platz oder in einen auf niedrigster Temperatur vorgeheizten und abgeschalteten Backofen stellen, bis die Schalen trocken sind und sich nicht mehr klebrig anfühlen.

Die kandierten Fruchtschalen zwischen Lagen aus Wachs- oder Pergamentpapier in fest schließende Dosen legen und bis zu einem Jahr kühl, dunkel und trocken aufbewahren.

Abwandlung: Für einfache kandierte Fruchtschalen verzichtet man auf die Gewürze und verfährt wie oben beschrieben.

Orange Curd mit kandierter Orangenschale

Aromatische Stückchen von selbstgemachter kandierter Orangenschale, mit oder ohne Gewürze, verleihen der glatten Fruchtcreme eine völlig andere Konsistenz. Wer keine Zeit zum Kandieren der Fruchtschalen findet, der kann auch auf ein gekauftes Produkt zurückgreifen.

ERGIBT ETWA 675 G

Saft und abgeriebene Schale von 4 großen unbehandelten Orangen
115 g kandierte Orangenschale (siehe S. 66), gehackt
225 g Butter, gewürfelt
175 g feiner Zucker
6 Eigelb (Gewichtsklasse 3)

Alle Zutaten, bis auf das Eigelb, in eine feuerfeste Schüssel geben und die Schüssel über einen Topf mit siedendem Wasser stellen (der Boden der Schüssel darf das Wasser nicht berühren). Die Mischung behutsam unter ständigem Rühren erhitzen, bis der Zucker aufgelöst und die Butter geschmolzen ist.

Das Eigelb durch ein Sieb dazugeben und unter Rühren auf kleiner Flamme erhitzen, bis die Masse eindickt, das dauert etwa 30–40 Minuten. Die Masse zunächst nur gelegentlich, dann häufiger und zuletzt ständig rühren, so daß sie gleichmäßig gart und nicht gerinnt. Das Wasser darf nur sieden.

Die heiße Masse in vorgewärmte, saubere und trockene Gläser füllen, fest verschließen (siehe S. 12–13) und kühl, dunkel und trocken oder im Kühlschrank aufbewahren. Die Fruchtpaste muß nach dem Öffnen im Kühlschrank aufbewahrt werden.

Oben: Orange Curd mit kandierter Orangenschale ist ein köstlicher Brotaufstrich, der ausgezeichnet zu getoastetem Weißbrot paßt.

Zitrusschalen in Honig

Ein guter Ersatz für kandierte Zitrusschalen (siehe S. 66) und wesentlich einfacher und schneller herzustellen.

ERGIBT ETWA 600 G

Etwa 150 g Zitrusschale
450 g flüssiger Honig

Von der äußeren Fruchtschale die pelzige weiße Fruchthaut vollständig entfernen und die Schale in Streifen schneiden. Die Schalenstreifen 5 Minuten in kochendem Wasser blanchieren. Abtropfen lassen und unter fließendem, kaltem Wasser abspülen, dann auf Küchenkrepp gut trocknen lassen.

Die Schalenstreifen abwechselnd mit dem Honig in ein sauberes, trockenes Glas schichten, bis alle Streifen und der Honig verbraucht sind.

Das Glas fest verschließen und 3 Monate kühl, dunkel und trocken aufbewahren; zwischendurch das Glas hin und wieder schütteln und gegebenenfalls mit etwas Honig auffüllen, damit die Schalen immer bedeckt sind.

Diese in Honig eingelegten Zitrusschalen können wie kandierte Zitrusschalen verwendet werden, zum Beispiel in Puddings, Kuchen und Kleingebäck, in Reispudding und Eiscreme, mit Trockenobst vermischt als Füllung für Bratäpfel oder zum Aromatisieren von Apfel- oder Birnenkuchen.

Orangenschalenröllchen

Hier wird die Schale von Orangen zu einer ungewöhnlichen Köstlichkeit mit feinem Aroma.

250 g Orangenschale (ohne die pelzige Fruchthaut), in Streifen geschnitten
250 g Zucker
1 TL Zitronensaft

Die Schalenstreifen mit 250 ml Wasser in einem Topf zum Kochen bringen und 40 Minuten sanft köcheln lassen, bis sie weich sind, dann gut abtropfen lassen; die Kochflüssigkeit zurückbehalten. Bis zur Weiterverarbeitung etwas abkühlen lassen, dann die Schalenstreifen einzeln zusammenrollen und mit einer Nadel auf einen am Ende verknoteten Faden ziehen und zusammenschieben, damit sie sich nicht wieder aufrollen (siehe unten). Wenn alle Röllchen aufgefädelt sind, den Faden am anderen Ende verknoten.

Den Zucker und den Zitronensaft zur zurückbehaltenen Kochflüssigkeit geben und alles bei milder Hitze rühren, bis sich der Zucker aufgelöst hat. Die Temperatur heraufschalten und die Zuckerlösung zum Kochen bringen, dann die aufgefädelten Schalenröllchen dazugeben und 1 Stunde sanft köcheln lassen, bis die Schalenröllchen glasig geworden sind.

Die aufgefädelten Schalenröllchen herausnehmen, einen der Knoten abschneiden und mit einer Gabel die einzelnen Röllchen vom Faden abstreifen und in ein vorbereitetes Glas geben. Gegebenenfalls den Sirup noch etwas einkochen lassen, bis er dickflüssig geworden ist (das Glas mit den Orangenschalenröllchen währenddessen im schwach vorgeheizten Backofen oder auf dem Herd warmhalten). Die Schalenröllchen mit dem Sirup aufgießen und das Glas fest verschließen. Bis zum Öffnen 1–2 Tage durchziehen lassen. Kühl, dunkel und trocken aufbewahrt, halten sich die Röllchen 6–12 Monate.

Die Schalenröllchen mit etwas Sirup zu Sahne, griechischem Joghurt oder Frischkäse und Löffelbiskuits oder knusprigem Kleingebäck servieren. Sie passen auch zu Cremespeisen und Schokoladendesserts oder, einfach in Zucker gewälzt, zum Kaffee.

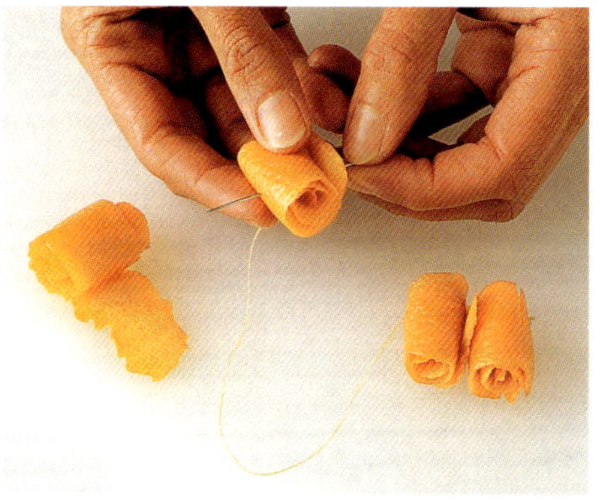

***Orangenschalenröllchen herstellen:** Mit einer Nadel die zusammengerollten Schalen auf einen Faden ziehen. Beide Enden des Fadens verknoten, damit die Röllchen sich nicht lösen.*

Orange Shrub

Der in angelsächsischen Ländern überall beliebte *shrub* ist ein gesüßtes alkoholisches Getränk, das sich sehr gut mit gekauftem Orangensaft aus frischen Früchten, also nicht aus Orangensaftkonzentrat, zubereiten läßt, es sei denn, man hat ein paar wirklich aromatische Früchte zur Hand. Zitronensäure verstärkt den Geschmack.

ERGIBT ETWA 700 ML

2 Streifen Orangenschale, gehackt
115 ml Orangensaft aus frischen Früchten, leicht erwärmt
50 g feiner Zucker
Etwa 1 TL Zitronensäure (nach Belieben)
570 ml weißer oder brauner Rum oder Weinbrand

Die gehackte Orangenschale in einen kleinen Topf mit kochendem Wasser geben, 1 Minute kochen und dann abtropfen lassen.

Die blanchierten Schalenstückchen, den Saft, den Zucker und die Zitronensäure, falls verwendet, in eine saubere, trockene Flasche geben und so lange schütteln, bis der Zucker aufgelöst ist. Rum oder Weinbrand zugießen und alles abgedeckt an einem kühlen, dunklen, trockenen Ort etwa 2 Wochen ziehen lassen; die Flasche täglich schütteln.

Die entstandene klare Flüssigkeit in eine saubere, trockene Flasche abseihen, die Flasche verschließen (siehe S. 12–13) und bis zum Öffnen 2 Monate kühl, dunkel und trocken aufbewahren.

Orangenwein

Dieser Aperitif kommt ursprünglich aus Südfrankreich, wo er in vielen Cafés serviert wird.

ERGIBT 1,1 L

2 große unbehandelte Orangen
250 g feiner Zucker
1 l trockener Weißwein, 115 ml Armagnac

Die äußere Fruchtschale – ohne die pelzige Fruchthaut – von den Orangen abschälen. Die Schale in eine Flasche geben, die restlichen Zutaten hinzufügen und die Flasche verschließen.

Den Inhalt der Flasche gut durchschütteln und etwa 2 Wochen an einem sonnigen oder warmen Platz stehenlassen; täglich einmal schütteln.

Den Wein durch einen mit Musselin ausgelegten Kunststofftrichter in eine saubere, trockene Flasche abfüllen und verschließen (siehe S. 12–13). Der Wein kann sofort probiert werden.

Clementinen-Ratafia

Ein Ratafia ist ein köstlicher Fruchtlikör, für den Früchte einige Monate unter Zugabe von Zucker in Alkohol eingelegt werden.

Die Süße des Ratafia ist abhängig von der verwendeten Zuckermenge.

ERGIBT ETWA 570 ML

6 unbehandelte Clementinen
1/2 TL Korianderkörner, leicht zerstoßen
1 Zimtstange (etwa 7 cm lang), in 3 Stücke gebrochen
425 ml Wodka, Gin oder Weinbrand
175–225 g feiner Zucker

Die Clementinen halbieren, den Saft auspressen und in ein sauberes, trockenes Glas gießen. Fruchtfleischreste und die Trennhäute sorgfältig von der äußeren Fruchtschale lösen und wegwerfen. Die Schale in feine Streifen schneiden und mit den Gewürzen, dem Alkohol und der gewünschten Zuckermenge in das Glas geben.

Das Glas verschließen, gut schütteln und 2 Monate kühl, dunkel und trocken aufbewahren; von Zeit zu Zeit schütteln.

Den Ratafia durch einen mit Musselin ausgelegten Kunststofftrichter in eine saubere, trockene Flasche abfüllen und verschließen (siehe S. 12–13). Der Likör ist sofort trinkfertig.

Abwandlung: ***Satsuma- oder Tangerinen-Ratafia***
Anstelle der Clementinen werden Satsumas oder Tangerinen verwendet.

Rechts: Orangenwein und Clementinen-Ratafia sorgen an heißen Sommertagen für Erfrischung.

Tangerinen-Apfel-Marmelade

ERGIBT ETWA 1,2 KG

600 g unbehandelte Tangerinen
350 g Kochäpfel
800 g vorgewärmter Zucker (siehe S. 7)
Saft von 2 Zitronen

Die Tangerinen halbieren und mit der Schale hacken; die Kerne aussortieren und zurückbehalten.

Die Äpfel schälen, entkernen und in Scheiben schneiden. Apfelschalen, Kerngehäuse und Tangerinenkerne in ein Stück Musselin oder Gaze einbinden. Alle Früchte, die Zitrusschale und 570 ml Wasser in einen großen Topf geben, das Stoffsäckchen mit Küchengarn an einem Topfgriff befestigen und in den Topf hängen. Alles zum Kochen bringen und zugedeckt 1 Stunde sanft köcheln lassen.

Das Stoffsäckchen mit einer Schaumkelle herausnehmen und mit dem Rücken eines Löffels ausdrücken, damit verbliebener Saft in den Topf zurückfließt.

Bei milder Hitze den vorgewärmten Zucker unterrühren, bis er aufgelöst ist. Den Zitronensaft hinzufügen, die Temperatur heraufschalten und die Marmelade etwa 20 Minuten sprudelnd bis zum Gelierpunkt kochen; gegebenenfalls zwischendurch umrühren.

Den Topf von der Kochstelle nehmen und entstandenen Schaum mit einer Schaumkelle abheben. Die Marmelade in vorgewärmte, saubere und trockene Gläser füllen und fest verschließen (siehe S. 12–13). Über Nacht stehenlassen und anschließend kühl, dunkel und trocken aufbewahren.

Mit dieser Marmelade können Doughnuts gefüllt werden oder man serviert sie zu Apfelringen in Bierteig. Vermischt mit Rhabarber kann man sie für ein *crumble* (ein mit Streuseln bestreutes und überbackenes Dessert) oder einen *cobbler* (Fruchtpastete) verwenden. Man bestreicht mit der Marmelade die Apfelscheiben eines *apple pie* oder füllt damit warme *scones* oder einen Strudel.

Tangerine Curd

Mit frisch geriebenem Ingwer oder leicht zerstoßenen Kardamomsamen kann diese cremige Fruchtpaste zusätzlich gewürzt werden.

ERGIBT ETWA 675 G

Saft und fein abgeriebene Schale von 3 unbehandelten Tangerinen
Saft und fein abgeriebene Schale von 1 unbehandelten Zitrone
115 g Butter, 300 g feiner Zucker
4 Eier (Gewichtsklasse 3), leicht verschlagen

Saft und abgeriebene Schale der Tangerinen (es werden etwa 500 g benötigt) und Zitronensaft und -schale mit der Butter und dem Zucker in eine feuerfeste Schüssel geben; über einen Topf mit siedendem Wasser setzen; der Boden der Schüssel darf das Wasser nicht berühren. Unter ständigem Rühren auf kleiner Flamme erhitzen, bis der Zucker aufgelöst und die Butter geschmolzen ist.

Die Eier durch ein Sieb dazugeben und 30–40 Minuten unter Rühren erhitzen, bis die Fruchtpaste so cremig ist, daß sie am Löffel hängenbleibt. Zunächst nur gelegentlich rühren, im weiteren Verlauf des Garprozesses häufiger und zum Ende hin ständig, damit die Paste gleichmäßig gart und nicht gerinnt. Das Wasser im Topf darf nicht kochen.

Die Fruchtpaste in vorgewärmte, saubere, trockene Gläser füllen, fest verschließen (siehe S. 12–13) und kühl, dunkel und trocken oder im Kühlschrank aufbewahren. Nach dem Öffnen in den Kühlschrank stellen.

Tangerinen-Marmelade

Diese Zitrusfrüchte ergeben eine sehr aromatische, klare und fruchtige Marmelade.

ERGIBT ETWA 2,7 KG

900 g unbehandelte Tangerinen
Saft von 2 großen unbehandelten Zitronen
1,4 kg vorgewärmter Zucker (siehe S. 7)

Die Tangerinen halbieren und den Saft auspressen. Die äußere Fruchtschale dünn abschälen und in schmale Streifen scheiden. Die verbleibende pelzige Fruchthaut mit Trennhäuten und Kernen in ein Stück Musselin einbinden.

Den Tangerinen- und Zitronensaft mit der Schale und 1,7 l Wasser in einen großen Topf geben. Das Stoffsäckchen mit Küchengarn an einem Topfgriff befestigen und das Säckchen in den Topf hängen. Den Topfinhalt zum Kochen bringen, dann etwa 1 1/2 Stunden sanft köcheln lassen, bis die Schale weich und die Flüssigkeit auf die Hälfte reduziert ist.

Links (im Uhrzeigersinn von unten rechts): Kumquats, Limetten, Zitronen, Clementinen und Satsumas.

Das Stoffsäckchen mit einer Schaumkelle herausnehmen und ausdrücken, so daß verbliebene Saftreste in den Topf zurückfließen können.

Den vorgewärmten Zucker zugeben und bei milder Hitze unter Rühren auflösen. Die Temperatur heraufschalten und die Mischung etwa 15 Minuten sprudelnd kochen, bis der Gelierpunkt (siehe S. 17) erreicht ist; bei Bedarf rühren. Den Topf von der Kochstelle nehmen und entstandenen Schaum abheben. Die Marmelade 10–15 Minuten ruhen lassen, dann kurz durchrühren und in vorbereitete Gläser füllen. Die Gläser fest verschließen (siehe S. 12–13), über Nacht stehenlassen und anschließend kühl, dunkel und trocken aufbewahren.

Die Tangerinen-Marmelade paßt gut zu warmen Croissants und Kaffee zum Frühstück, oder man verwendet sie zum Füllen von Torten aus Schokoladenbiskuit.

Soufflé mit Tangerinen-Marmelade

Die Tangerinen-Marmelade verwandelt einfachste Zutaten in ein festliches Dessert.

FÜR 4 PERSONEN

2 Eier (Gewichtsklasse 3), getrennt
1 Eigelb (Gewichtsklasse 3)
50 g Zucker
1 1/2 EL Weizenmehl, gesiebt
225 ml Milch
2 EL Tangerinen-Marmelade (siehe S. 70)
2 EL Whisky (nach Belieben)

Den Backofen auf 200 °C vorheizen und 4 Soufflé-Formen von jeweil 225 ml Fassungsvermögen mit Butter ausstreichen.

Das Eigelb mit dem Zucker aufschlagen, bis eine dicke, hellgelbe Masse entsteht. Das gesiebte Mehl mit einem Löffel unterheben.

Die Milch in einem Topf mit schwerem Boden zum Kochen bringen und behutsam unter die Eiercreme rühren. Die Masse in den ausgespülten Topf zurückgeben und unter Rühren langsam erhitzen, bis sie eindickt; sie darf aber keinesfalls kochen. Von der Kochstelle nehmen und die Marmelade und den Whisky – falls verwendet – unterrühren.

Das Eiweiß zu steifem Schnee schlagen. Zunächst 2 Eßlöffel davon unter die Eiermasse rühren, um sie zu lockern, dann vorsichtig den Rest unterheben. Die Soufflé-Masse auf die 4 Förmchen verteilen. Im Backofen (mittlere Schiene) etwa 13 Minuten backen, bis das Soufflé aufgegangen ist und eine goldbraune Kruste bekommen hat. Sofort servieren.

Links: Locker, leicht, fruchtig und unwiderstehlich – das Soufflé mit Tangerinen-Marmelade wird zum krönenden Abschluß eines festlichen Essens.

Grapefruit-Apfel-Curd

ERGIBT 1–1,5 KG

900 g Kochäpfel, geschält, entkernt und in Scheiben geschnitten
225 g Butter, gewürfelt
400 g feiner Zucker
4 Eier (Gewichtsklasse 3), leicht verschlagen
Saft und abgeriebene Schale von 1 großen unbehandelten Grapefruit

Die vorbereiteten Äpfel mit wenig Wasser in einen Topf geben und zugedeckt bei milder Hitze kochen, bis sie weich sind.

Das Apfelmus in eine feuerfeste Schüssel geben und über einen Topf mit siedendem Wasser setzen; der Boden der Schüssel darf das Wasser nicht berühren. Butter und Zucker in die Schüssel geben und die Mischung behutsam unter Rühren erhitzen, bis der Zucker aufgelöst und die Butter geschmolzen ist.

Die leicht verschlagenen Eier durch ein Sieb seihen und zusammen mit dem Saft und der Schale der Grapefruit in die Schüssel geben. Auf kleiner Flamme weiterrühren, bis die Fruchtpaste eine cremige Konsistenz hat (etwa 30–40 Minuten). Anfangs nur gelegentlich rühren, mit fortschreitender Garzeit häufiger und zum Ende hin ständig, damit die Paste gleichmäßig gart und nicht gerinnt. Das Wasser im Topf darf nicht kochen.

Die Fruchtpaste in vorgewärmte, saubere und trockene Gläser füllen und fest verschließen (siehe S. 12–13). Kühl, dunkel und trocken oder im Kühlschrank aufbewahren. Nach dem Öffnen in den Kühlschrank stellen.

Rosa Grapefruitmarmelade

ERGIBT ETWA 2,25 KG

2 rosafleischige unbehandelte Grapefruits
2 unbehandelte Zitronen
1,8 kg vorgewärmter Zucker (siehe S. 7)

Die Zitrusfrüchte halbieren und den Saft auspressen. Den Saft beiseite stellen und Kerne und alle Trennhäute, die beim Auspressen anfallen, auf ein ausreichend großes Stück Musselin oder Gaze geben. Die Zitronenhälften grob hacken, dazugeben und in den Stoff einbinden.

Die ausgepreßten Grapefruithälften vierteln, die äußere Fruchtschale dünn abschälen und in Streifen schneiden. Die Schalenstreifen, den Grapefruit- und Zitronensaft mit 2,2 l Wasser in einen großen Topf geben, das Stoffsäckchen mit Küchengarn an einem Topfgriff befestigen und in den Topf hängen. Die Mischung zum Kochen bringen, dann etwa 45 Minuten sanft köcheln lassen, bis die Schale weich ist.

Das Stoffsäckchen mit einem Schaumlöffel herausnehmen und mit dem Rücken eines Löffels am Topfrand ausdrücken, damit verbliebene Saftreste in den Topf zurückfließen können. Das Säckchen wegwerfen.

Den vorgewärmten Zucker in die zurückbehaltene Kochflüssigkeit geben und unter ständigem Rühren bei schwacher Hitze auflösen. Die Temperatur heraufschalten und die Marmelade 10–15 Minuten sprudelnd kochen lassen, bis der Gelierpunkt erreicht ist; bei Bedarf rühren.

Den Topf von der Kochstelle nehmen, die Marmelade abschäumen, 10–15 Minuten stehenlassen, dann durchrühren und in vorgewärmte, saubere, trockene Gläser füllen. Die Gläser fest verschließen (siehe S. 12–13), über Nacht stehenlassen und anschließend kühl, dunkel und trocken aufbewahren.

Kumquats in Wodka und Cointreau

Kumquats sind die »Zwerge« unter den Zitrusfrüchten, und ihr Fruchtfleisch schmeckt bitter-süß. Wodka und der mit den Schalen von süßen und bitteren Orangen veredelte Cointreau passen ausgezeichnet zu den aromatischen Früchten.

ERGIBT 1,3 KG

175 g Zucker
1 kg unbehandelte Kumquats
300 ml Wodka
150 ml Cointreau

Den Zucker mit 575 ml Wasser in einen Topf geben und unter Rühren bei schwacher Hitze auflösen. In der Zwischenzeit die Kumquats mit einer Stopfnadel rundherum einstechen. Die Früchte in den Topf geben und etwa 15 Minuten sanft köcheln lassen, bis sich die Schale weich anfühlt; dazu die Probe mit einem dünnen Holzstäbchen machen.

Die Kumquats mit einem Schaumlöffel aus dem Sirup nehmen und in vorgewärmte, saubere, trockene Gläser füllen. Mit Wodka und Cointreau übergießen und mit dem zurückbehaltenen Sirup auffüllen.

Die Gläser fest verschließen (siehe S. 12–13) und einmal auf den Kopf stellen, um die Flüssigkeiten miteinander zu mischen. Bis zum Öffnen mindestens 1 Monat kühl, dunkel und trocken aufbewahren.

Diese Kumquats passen ausgezeichnet zu Crème fraîche, griechischem Joghurt, cremigem Reispudding, gedämpftem Ingwerpudding oder aufgeschnittenem Ingwer-Pfefferkuchen.

Eingelegte Kumquats mit Kardamom

Im Gegensatz zu allen anderen Zitrusfrüchten schmeckt die Schale von Kumquats süßer als das Fruchtfleisch. Vor allem in Verbindung mit Honig und Gewürzen kommt der bitter-süße Geschmack der aromatischen Früchte voll zur Geltung.

ERGIBT 675 G

500 g unbehandelte Kumquats
1 TL Meersalz
200 ml Weißweinessig
4 EL flüssiger Honig
3 Kardamomkapseln, zerdrückt
1 Gewürznelke
1 Stück frischer Ingwer (1–2 cm lang), erst in dünne Scheiben und dann in feine Streifen geschnitten

Die Kumquats halbieren, mit dem Salz in einen Topf geben. Knapp mit Wasser bedeckt, zum Kochen bringen und 5 Minuten sanft köcheln lassen. Die Fruchthälften abtropfen lassen, alle Kerne entfernen.

Essig, Honig und Gewürze in einen Topf geben und bei schwacher Hitze rühren, bis der Honig aufgelöst ist. Die Temperatur heraufschalten und die Honig-Essig-Mischung zum Kochen bringen, dann die Kumquats dazugeben und kurz in der Mischung erhitzen.

Die Kumquats mit der Flüssigkeit sofort in vorgewärmte, saubere, trockene Gläser füllen, mit säurebeständigen Deckeln fest verschließen (siehe S. 12–13) und bis zum Öffnen 1 Monat kühl, dunkel und trocken aufbewahren.

Diese eingelegten Kumquats zu Enten- oder Wildpastete reichen. Die Flüssigkeit kann man zum Ablöschen des Bratensaftes von Enten- oder Schweinebraten verwenden.

Kumquat-Konfitüre

Das Aroma der bitter-süßen Früchte wird mit einem Schuß Whisky abgerundet.

ERGIBT ETWA 1,4 KG

675 g reife unbehandelte Kumquats
675 g Zucker
4 EL Whisky

Die Kumquats mit einem scharfen Messer in gleichmäßige Stücke schneiden, abwechselnd mit dem Zucker in eine Schüssel schichten und zugedeckt 1 Tag an einem kühlen Platz durchziehen lassen.

Den Inhalt der Schüssel in einen Topf geben, 300 ml Wasser hinzufügen und bei milder Hitze rühren, bis der Zucker aufgelöst ist. Die Temperatur heraufschalten und die Mischung 10 Minuten sprudelnd kochen, bis die Flüssigkeit eine sirupähnliche Konsistenz hat.

Den Topf von der Kochstelle nehmen, den Whisky unterrühren und alles 10–15 Minuten ruhen lassen. Umrühren, in vorgewärmte, saubere und trockene Gläser füllen und fest verschließen (siehe S. 12–13). Die Kumquats über Nacht stehenlassen und anschließend kühl, dunkel und trocken aufbewahren.

Rechts: Limettenmarmelade und Kumquat-Konfitüre sind eine fruchtig frische Bereicherung für den Frühstückstisch.

Huhn-Tajine mit eingelegten Zitronen und Oliven

Zahlreiche marokkanische Gerichte werden mit eingelegten Zitronen verfeinert, das folgende Tajine-Rezept – so benannt nach dem traditionellen nordafrikanischen Kochgeschirr – ist jedoch eines der bekanntesten. Das Aroma der eingelegten Zitronen harmoniert vortrefflich mit den rotbraunen marokkanischen Oliven. Ersatzweise können auch griechische Kalamata-Oliven verwendet werden.

FÜR 4 PERSONEN

1 Gemüsezwiebel, fein gehackt
2–3 EL Olivenöl
3 Knoblauchzehen, gehackt
Salz und frisch gemahlener schwarzer Pfeffer
3/4 TL gemahlener Ingwer
1 TL gemahlener Zimt
1 Prise Safranfäden, geröstet und zerrieben
1 küchenfertige Poularde (etwa 1,6 kg)
700 ml Hühnerbrühe oder Wasser
115 g marokkanische Oliven, abgespült
1 eingelegte Zitrone (siehe folgendes Rezept S. 75), gegebenenfalls ohne das Fruchtfleisch, abgespült und gehackt
1 Bund frischer Koriander, fein gehackt
1 Bund frische Petersilie, fein gehackt

Die Zwiebel in Öl unter gelegentlichem Rühren anbraten, bis sie weich ist und zu bräunen beginnt.

In der Zwischenzeit den Knoblauch mit einer Prise Salz zerdrücken, dann Ingwer, Zimt, Safran und eine Prise Pfeffer untermischen. Die Paste unter die Zwiebeln rühren und weitergaren, bis sie aromatisch duftet.

Die Poularde in einen entsprechend großen Tontopf (»Tajine«) oder Bräter geben und mit der Zwiebelpaste bestreichen, dann die Brühe oder das Wasser zugießen und kurz aufkochen lassen.

Rechts: Huhn-Tajine mit eingelegten Zitronen und Oliven – ein köstliches Geflügelgericht mit einem Hauch von Exotik.

Den Deckel auflegen und etwa $1^1/_4$ Stunden sanft köcheln lassen; zwischendurch das Huhn zwei oder drei Mal wenden.

Die Oliven, die eingelegte Zitrone und die gehackten Kräuter zugeben und alles zugedeckt weitere 15 Minuten garen, bis das Huhn sehr weich und zart geworden ist.

Die Sauce abschmecken; falls ein intensiveres Aroma gewünscht ist, das Huhn auf eine vorgewärmte Platte legen und warmhalten, dann die Garflüssigkeit zu einer konzentrierten Sauce einkochen lassen. Gegebenenfalls überschüssiges Fett abschöpfen und das Huhn mit der Sauce überziehen.

Marokkanische Zitronen

Zitronen verlieren ihre hervorstechende Säure, wenn sie eingesalzen werden. Der unvergleichliche Geschmack und die seidig-weiche Konsistenz, die durch das Einlegen zustande kommt, ist typisch für die nordafrikanische und insbesondere für die marokkanische Küche. Aber auch viele andere Gerichte profitieren von den so eingelegten Zitronen.

Die Zubereitung ist denkbar einfach, und dünnschalige Früchte geben den meisten Saft. Traditionell wird nur die Fruchtschale als Würze verwendet, aber auch das Fruchtfleisch schmeckt ganz ausgezeichnet.

Ein geöffnetes Glas hält sich ungekühlt bis zu einem Jahr. (Es besteht kein Grund zur Beunruhigung, wenn sich ein weißlichtrüber Film auf den Zitronen bildet; er ist harmlos und läßt sich leicht abwaschen.) Mit einer Schicht Olivenöl kann man die konservierten Früchte noch länger frisch halten.

7 EL grobes Meersalz
7 feste, saftige unbehandelte Zitronen, möglichst mit dünner Schale

Einen Teelöffel grobes Meersalz auf dem Boden eines sauberen, trockenen Glases verteilen. Eine Zitrone über einen Teller halten, um den Saft aufzufangen, und vier Mal der Länge nach tief bis zur Mitte ein- aber nicht ganz durchschneiden. Die Kerne entfernen.

Einen Teelöffel Salz in die Einschnitte der Zitrone geben, die noch zusammenhängenden Zitronenviertel wieder fest zusammendrücken und die Zitrone in das Glas legen. Mit 5 weiteren Zitronen ebenso verfahren.

Die Früchte im Glas dicht nebeneinander legen, damit keine Lufteinschlüsse verbleiben.

Von der letzten Zitrone den Saft auspressen und über die anderen Zitronen gießen. Die Früchte mit grobem Salz bestreuen und mit kochendheißem Wasser auffüllen. Das Glas mit einem säurebeständigen Deckel fest verschließen und bis zum Öffnen 3–4 Wochen an einen warmen Platz stellen.

Die Zitronen schmecken köstlich zu würzigen Lamm-, Huhn- und Fischgerichten. Ihren Saft kann man für Salatsaucen verwenden.

Zitronen-Maracuja-Curd

In diesem köstlichen Aufstrich verbindet sich die klare Säure der Zitronen mit dem intensiven Duft der Maracujas.

ERGIBT ETWA 450 G

1 TL fein abgeriebene Zitronenschale
115 ml Zitronensaft (etwa $2^1/_2$ Zitronen)
75 g Butter, gewürfelt
225 g feiner Zucker
3 Eier (Gewichtsklasse 2 oder 3), leicht verschlagen
2 Maracujas, halbiert und das Fruchtfleisch ausgelöst

Die abgeriebene Zitronenschale, den Saft, die Butter und den Zucker in eine feuerfeste Schüssel geben und über einen Topf mit siedendem Wasser setzen; der Boden der Schüssel darf keinen Kontakt mit dem Wasser haben. Die Mischung bei milder Hitze ständig rühren, bis der Zucker aufgelöst und die Butter geschmolzen ist.

Die Eier durch ein Sieb dazugeben und alles auf kleiner Flamme so lange weiterrühren, bis eine gut streichfähige Creme entstanden ist (das dauert etwa 30–40 Minuten). Anfangs reicht ein gelegentliches Rühren, später muß häufiger und zum Ende hin ständig gerührt werden, damit die cremige Paste gleichmäßig gart und nicht gerinnt. Dabei darauf achten, daß das Wasser im Topf nicht zum Kochen kommt.

Den Topf von der Kochstelle nehmen und das Fruchtfleisch der Maracujas unterrühren. Die Paste in vorgewärmte, saubere, trockene Gläser füllen und fest verschließen (siehe S. 12–13). Die fertige Paste kühl, dunkel und trocken oder im Kühlschrank aufbewahren. Nach dem Öffnen in den Kühlschrank stellen.

Dieses Curd, verdünnt mit Zitronensaft und etwas braunem oder weißem Rum, wird zu einer vorzüglichen Sauce für einen Käsekuchen.

St. Clement's Cordial

Eine Mischung aus Orangen und Zitronen wird in England oft als *St. Clement's* bezeichnet, so benannt nach dem englischen Kinderreim *The Bells of St. Clement's*.

Wer lieber ein klares Getränk mag, der siebt die größeren und kleineren Fruchtstückchen für diesen Sirup durch ein Tuch ab.

ERGIBT ETWA 1,3 L

Etwa 6 große saftige unbehandelte Orangen
Etwa 3 unbehandelte Zitronen
675 g Zucker

Die Schale von $1^1/_2$ Orangen und $1^1/_2$ Zitronen abreiben. Den Saft von allen Orangen und allen Zitronen auspressen; insgesamt werden etwa 550 ml Orangensaft und 250 ml Zitronensaft benötigt.

Den Fruchtsaft und die abgeriebene Schale in einen Topf geben, den Zucker hinzufügen und bei schwacher Hitze unter Rühren auflösen. Die Temperatur etwas erhöhen und die Zuckermischung erhitzen.

Kurz vor dem Siedepunkt den Topf von der Kochstelle nehmen und den Sirup in vorgewärmte, saubere Flaschen füllen. Fest verschließen und im Wasserbad sterilisieren (siehe S. 13).

Oder den Sirup erkalten lassen und in kalte Flaschen füllen. Dann läßt er sich bis zu 1 Monat im Kühlschrank aufbewahren.

Lime Curd

Für diese klassische Zubereitung werden normalerweise Zitronen verwendet, durch Limetten wird das Aroma jedoch wesentlich feiner.

ERGIBT ETWA 675 G

Saft und fein abgeriebene Schale von 5 großen saftigen unbehandelten Limetten
115 g Butter, gewürfelt
300 g feiner Zucker
4 Eier (Gewichtsklasse 3), leicht verschlagen

Limettensaft und -schale, Butter und Zucker in eine feuerfeste Schüssel geben und die Schüssel über einen Topf mit siedendem Wasser setzen; der Boden der Schüssel darf keinen Kontakt mit dem Wasser haben. Die Limettenmischung unter ständigem Rühren langsam erhitzen, bis der Zucker aufgelöst und die Butter geschmolzen ist.

Die Eier durch ein Sieb dazugeben und auf kleiner Flamme etwa 30–40 Minuten weiterrühren, bis die Masse die Konsistenz einer gut streichfähigen Creme hat. Anfangs nur gelegentlich, dann häufiger und zum Ende hin ständig rühren, damit die Fruchtpaste gleichmäßig gart und nicht gerinnt. Darauf achten, daß das Wasser im Topf immer knapp unter dem Siedepunkt bleibt.

Die fertige Paste in vorgewärmte, saubere Gläser füllen, fest verschließen (siehe S. 12–13) und kühl, dunkel und trocken oder im Kühlschrank aufbewahren. Nach dem Öffnen in den Kühlschrank stellen.

Abwandlung: ***Lemon Curd***
Anstelle der Limetten 4 mittelgroße feste unbehandelte Zitronen verwenden und wie oben beschrieben zubereiten. Ergibt etwa 675 g Fruchtpaste.

Limettenmarmelade

Diese Limettenmarmelade ist eine besondere Köstlichkeit. Sie paßt zum Frühstückstoast wie zum Fünf-Uhr-Tee. Diese Marmelade kann ganz raffiniert abgewandelt werden, indem man die Limettenschale durch die Schale von thailändischen Kaffir-Limetten ersetzt, eine Limetten-Art, von der nur die Schale und nicht das Fruchtfleisch verwendet werden kann.

ERGIBT ETWA 2,2 KG

675 g unbehandelte Limetten (etwa 12 Stück) oder 675 g Limetten (nur das Fruchtfleisch) und 450 g Kaffir-Limetten (davon nur die äußere Fruchtschale)
1,4 kg vorgewärmter Zucker (siehe S. 7)

Die Limetten dünn schälen und die Schale in feine Streifen schneiden. Das Fruchtfleisch in dünne Scheiben schneiden, den beim Schneiden austretenden Saft auffangen und die Kerne in ein Stück Musselin einbinden.

Das Fruchtfleisch mit dem aufgefangenen Saft, den Schalenstreifen und 1,6 l Wasser in einen großen Topf geben. Das Stoffsäckchen mit Küchengarn an einem Topfgriff befestigen und das Säckchen in den Topf hängen. Die Mischung zum Kochen bringen und etwa 1 Stunde sanft köcheln lassen, bis die Schale weich und die Kochflüssigkeit auf die Hälfte reduziert ist.

Das Stoffsäckchen mit einem Schaumlöffel herausnehmen und mit einem Löffel am Topfrand ausdrücken. Das Säckchen anschließend wegwerfen.

Den vorgewärmten Zucker in die Mischung geben und alles bei milder Hitze unter Rühren auflösen. Die Temperatur heraufschalten und die Mischung 10–15 Minuten sprudelnd bis zum Gelierpunkt (siehe S. 17) kochen; bei Bedarf rühren.

Den Topf von der Kochstelle nehmen und entstandenen Schaum abheben. Die Marmelade 10–15 Minuten stehenlassen, dann umrühren und in vorgewärmte, saubere Gläser füllen. Die Gläser fest verschließen, über Nacht stehenlassen und anschließend kühl, dunkel und trocken aufbewahren.

Abwandlung: ***Zitronenmarmelade***
Die Limetten durch Zitronen ersetzen.

Limetten-Chutney

Dieses pikante Chutney schmeckt erst nach einigen Monaten, wenn sich die ganze Aromafülle entfaltet hat, richtig gut. Aber es ist schwer, so lange zu widerstehen.

ERGIBT ETWA 2,2 KG

900 g große unbehandelte Limetten, in dünne Scheiben geschnitten
450 g Zwiebeln, fein gehackt
25 g Meersalz
7 g Korianderkörner
15 g Pimentkörner
7 g ganze Kardamomkapseln, zerdrückt
4 getrocknete rote Chillies, gegebenenfalls entkernt, gehackt
50 g frischer Ingwer, gerieben
570 ml Weißweinessig
450 g vorgewärmter feiner Zucker (siehe S. 7)

Die Limetten mit den Zwiebeln und dem Salz in eine große metallfreie Schüssel geben. Die Korianderkörner, Pimentkörner und Kardamomkapseln in ein Stück Musselin einbinden und dazugeben. Die Schüssel abdecken und 1 Tag an einem kühlen Ort stehenlassen.

Den Schüsselinhalt in einen Topf geben und die Chillies, den Ingwer und den Essig unterrühren. Die Mischung zum Kochen bringen, dann die Temperatur herunterschalten und unter gelegentlichem Rühren etwa 1½ Stunden sanft köcheln lassen.

Den vorgewärmten Zucker zugeben und unter Rühren auflösen. Die Temperatur heraufschalten und die Mischung zum Kochen bringen, dann unter gelegentlichem Rühren sanft weiterköcheln lassen, bis das Chutney eine marmeladenähnliche Konsistenz erreicht hat. Das Stoffsäckchen entfernen und das Chutney in vorgewärmte, saubere Gläser füllen, dabei darauf achten, daß keine Luft eingeschlossen wird. Die Gläser mit säurebeständigen Deckeln fest verschließen (siehe S. 12–13) und bis zum Öffnen mindestens 1 Monat, aber nicht länger als 1 Jahr kühl, dunkel und trocken aufbewahren.

Dieses köstliche Chutney paßt gut zu Currys und anderen würzigen Gerichten.

Limetten auf indische Art

Durch das längere Einlegen bekommen die Limettenspalten eine fast gelatineartige Konsistenz und ein köstliches Aroma.

Man kann das Rezept auch mit frischer Minze abwandeln, sie paßt gut zu Limetten und Ingwer. In diesem Fall gibt man ein paar Blättchen zu den Limetten und reduziert dafür den Knoblauch um die Hälfte.

ERGIBT ETWA 850 ML

12–14 unbehandelte Limetten
1 Stück frischer Ingwer (etwa 7 cm lang), geschält, in dünne Scheibchen und anschließend in feine Streifen geschnitten
4 Knoblauchzehen, der Länge nach geviertelt (nach Belieben)
6 TL Meersalz
Etwa 3 frische grüne Chillies
225 ml Weißweinessig
400 g Zucker

Oben: Limetten auf indische Art sind eine würzige Beilage zu vielen Gerichten.

Sechs Limetten der Länge nach jeweils in sechs Segmente teilen.

Den Boden eines weithalsigen Glases so mit Limettenspalten auslegen, daß die Schnittflächen nach außen zeigen.

Mit etwas Ingwer und Knoblauch – falls verwendet – oder, wie oben beschrieben, mit frischen Minzeblättchen sowie 1 Teelöffel Salz bestreuen.

Nach diesem Muster die restlichen Limettenspalten schichten, bis das Glas bis 1,25 cm hoch unter den Rand gefüllt ist.

Die Zutaten dicht genug schichten und leicht zusammendrücken, damit keine Luftblasen eingeschlossen werden. Zwischendurch auch eine Chilischote dazugeben.

Von den restlichen Limetten den Saft auspressen, 200 ml Saft abmessen und mit dem Essig und dem Zucker in einen Topf geben. Bei milder Hitze den Zucker unter Rühren darin auflösen, dann die Flüssigkeit sanft weiterköcheln lassen, bis sie dickflüssig wird.

Den Sirup über die Limettenspalten geben und das Glas schwenken, damit eventuell eingeschlossene Luftblasen entweichen können. An die Oberfläche steigende Limettenspalten mit einem Stück zerknüllten Pergamentpapier beschweren. Das Glas mit einem säurebeständigen Deckel fest verschließen (siehe S. 12–13).

Das Glas 1 Monat an einen sonnigen oder warmen Platz stellen und anschließend bis zum Öffnen weitere 2–4 Wochen bei Raumtemperatur aufbewahren.

Die eingelegten Limetten zu Tandoori-Huhn oder indischen Gerichten mit Spinat reichen.

Sie schmecken auch ausgezeichnet zu gegrilltem Lachs, oder man verwendet sie als Füllung für Käse-Sandwiches.

*B*EEREN

Weil Beeren eine nur relativ kurze Saison haben, wurden sie schon immer auf verschiedenste Weise konserviert. Zwar konnten die Züchter durch Kreuzung und Selektion die ursprüngliche Erntezeit von Beerenobst verlängern, aber die Ausbeute ist eher gering und zu teuer, zudem fehlt oft auch das Aroma, weil dafür nicht allein ausschlaggebend ist, wie lange die Beeren der Sonne ausgesetzt sind, sondern daß sie langsam heranreifen können. Also bleibt Beerenobst eine saisonale Köstlichkeit, und die verschiedenen Beerenarten laden ein, altbewährte, aber auch höchst originelle Zubereitungsmöglichkeiten auszuprobieren, angefangen bei der klassischen Brombeerkonfitüre (siehe S. 80) über die Würzige Preiselbeer-Apfel-Sauce (siehe S. 85) bis hin zur köstlichen Roten Sommerfrüchte-Marmelade (siehe S. 91). Beeren sind empfindlich und sollten schonend behandelt und möglichst nicht unter fließendem Wasser gewaschen werden, es sei denn, die Früchte sind sehr staubig oder schmutzig. Sandiges Beerenobst wird vorsichtig mit einem feuchten Tuch abgewischt und ansonsten ungewaschen verarbeitet.

Links (von links nach rechts): Erdbeerkonfitüre, Brombeerkonfitüre, Rote Sommerfrüchte-Marmelade und Feines Johannisbeergelee.

Rauschbeeren-Kompott aus der Auvergne

In einem alten Kochbuch aus der Auvergne findet sich dieses Rezept. Das fertige Kompott hat einen frischen Geschmack. Man kann die Rauschbeeren auch durch Blaubeeren ersetzen, sie gehören zur selben Familie.

Rauschbeeren
Zucker
Zitronensaft

Den Backofen auf kleinster Stufe vorheizen.

Die Beeren abwiegen und einige zum Auffüllen der Gläser zurückbehalten.

Die Beeren relativ dicht in saubere, trockene Gläser (wenn möglich, von 500 ml Fassungsvermögen) schichten und auf je 450 g Beeren etwa 1 Eßlöffel Zitronensaft und 85 g Zucker zufügen. Die zurückbehaltenen Beeren in ein Extraglas geben.

Alle Gläser in den Backofen stellen (unterste Schiene) und 45–50 Minuten erhitzen. Da die Früchte während des Erhitzens etwas zusammenfallen, werden die Gläser mit den zurückbehaltenen Beeren aus dem Extraglas aufgefüllt. Die Gläser aus dem Backofen nehmen und mit kochendheißem Wasser aufgießen, bis die Beeren ganz von der Flüssigkeit bedeckt sind. Die Gläser sofort verschließen. Bis zum Öffnen über Nacht stehenlassen und anschließend kühl, dunkel und trocken aufbewahren.

Dieses Kompott paßt zu Eiscreme, oder man serviert es zu einem einfachen Biskuitkuchen mit Sahne oder zu Pfannkuchen.

Brombeerkonfitüre

In alten Rezepten wird immer wieder darauf hingewiesen, wegen der besseren Gelierfähigkeit nicht ganz ausgereifte Brombeeren zu verwenden. Der moderne Gelierzucker hat diese Vorsichtsmaßnahme überflüssig gemacht. Was wirklich zählt, ist das Aroma der Beeren, und wie saftreich sie sind. Die Kochzeit ist sehr stark von den Brombeeren abhängig, und je kürzer die Kochzeit, desto weniger Flüssigkeit wird benötigt.

ERGIBT ETWA 1,6 KG

1 kg Brombeeren
Saft von 1/2 Zitrone
1 kg vorgewärmter Gelierzucker (siehe S. 7)
2 EL Gin (nach Belieben)

Die Brombeeren mit dem Zitronensaft und 4 Eßlöffeln Wasser in einen großen Topf geben und zugedeckt etwa 10–15 Minuten langsam erhitzen, bis die Beeren weich sind, dabei den Topf gelegentlich auf dem Herd bewegen, damit nichts ansetzt.

Bei milder Hitze den Zucker einstreuen und unter Rühren auflösen, bevor die Beeren zerfallen. Die Temperatur heraufschalten und die Mischung etwa 4 Minuten sprudelnd kochen, bis der Gelierpunkt erreicht ist (siehe S. 17).

Den Topf von der Kochstelle nehmen und den Gin – falls verwendet – unterrühren. Die Konfitüre in vorgewärmte, saubere und trockene Gläser füllen und fest verschließen. Über Nacht stehenlassen und anschließend kühl, dunkel und trocken aufbewahren.

Abwandlung: ***Himbeerkonfitüre***
Je 900 g Himbeeren und Gelierzucker sowie den Saft von 1 Zitrone verwenden. Alle Zutaten behutsam erhitzen und den Zucker unter Rühren auflösen. Wie oben beschrieben fortfahren. Ergibt etwa 1,8 kg Konfitüre.

Brombeer-Fruchtpaste

Ein altes Sprichwort sagt, daß man Brombeeren stets vor Ende September pflücken sollte, da sonst der Teufel darauf spuckt. Läßt man die Beeren aber ganz ausreifen, wird man mit einer Fruchtpaste mit herrlich tiefdunkler Farbe und einem intensiven Aroma belohnt.

ERGIBT ETWA 1,4 KG

1,4 kg Brombeeren
1 EL Zitronensaft
Vorgewärmter Zucker (siehe S. 7)

Die Brombeeren mit dem Zitronensaft in einen großen Topf geben und, knapp mit Wasser bedeckt, zum Kochen bringen; etwa 15 Minuten köcheln lassen, bis die Früchte zerfallen.

Den Fruchtbrei durch ein Kunststoffsieb streichen. Das Püree abwiegen und in den ausgespülten Topf zurückgeben. Auf je 570 ml Püree 350 g Zucker zugeben und bei milder Hitze unter Rühren auflösen. Die Temperatur heraufschalten und das Püree unter häufigem Rühren etwa 45–55 Minuten sanft köcheln lassen, bis die Fruchtmasse so dick ist, daß ein am Topfboden entlanggezogener Löffel eine deutliche Spur hinterläßt.

Die Fruchtmasse in vorgewärmte, saubere, trockene Gläser oder in leicht mit Pflanzenöl eingefettete Förmchen füllen, dabei darauf achten, daß beim Einfüllen keine Luftblasen eingeschlossen werden. Die Gläser fest verschließen (siehe S. 12–13) und bis zum Öffnen 2–3 Monate kühl, dunkel und trocken aufbewahren.

Die Brombeer-Fruchtpaste schmeckt vorzüglich zu reifem Cheddar, knusprigem Weißbrot und Butter.

Brombeersirup

Für diesen süß-sauren Sirup nach altem Rezept sollten nur große, seidig glänzende, vollreife Beeren verwendet werden. Alle kleinen harten Früchte läßt man besser am Strauch hängen – sie lohnen nicht das Pflücken.

ERGIBT MINDESTENS 1,9 L

900 g Brombeeren
570 ml Weißweinessig
450 g Zucker
225 g flüssiger Honig

Die Brombeeren mit dem Essig in eine metallfreie Schüssel geben und mit einem Holzlöffel zerdrücken. Die Schüssel abdecken und 1 Woche an einem kühlen Platz stehenlassen; die Beeren zwei oder drei Mal täglich umrühren und zusammenpressen.

Den Inhalt der Schüssel durch ein Kunststoffsieb in einen großen Topf geben. Den Holzlöffel fest gegen das Sieb drücken, damit soviel Saft wie möglich durchgepreßt wird. Den Zucker und den

Honig zugeben und bei milder Hitze unter Rühren auflösen. Die Temperatur heraufschalten und die Flüssigkeit ungefähr 5 Minuten kochen; bei Bedarf rühren.

Den Sirup in vorgewärmte, saubere Flaschen füllen und abkühlen lassen. Dann fest verschließen und kühl, dunkel und trocken aufbewahren.

Ein Eßlöffel Sirup auf eine Tasse heißes Wasser lindert Husten und Erkältungsbeschwerden, wärmt aber auch an kalten Tagen und ist ein ausgezeichneter Schlaftrunk.

Unten: Aromatische Brombeeren und Holunderbeeren ergeben ein fruchtiges Gelee.

Brombeer-Holunder-Gelee

Dieses fruchtig schmeckende Gelee entsteht durch langes, aber behutsames Kochen. Für ein reines Brombeergelee läßt man die Holunderbeeren weg und nimmt dafür die doppelte Menge Brombeeren.

ERGIBT ETWA 1,1 L

3 große Zitronen
Mindestens 2,7 kg Brombeeren und Holunderbeeren
Vorgewärmter Gelierzucker (siehe S. 7)

Die Zitronen auspressen und die Kerne zurückbehalten. Die Beeren mit dem Zitronensaft, den Kernen und 6 Eßlöffeln Wasser in einen Topf geben und verrühren, mit Pergamentpapier abdecken und den Deckel auflegen.

Die Beeren einige Stunden auf kleinster Stufe im Backofen garen, bis sie zerfallen. Den Topf aus dem Backofen nehmen. Die Beeren mit einem Kartoffelstampfer zerdrücken, dann in einen Saftbeutel geben und an einem kühlen Ort ohne zu pressen etwa 8–12 Stunden in eine metallfreie Schüssel abtropfen lassen.

Auf je 570 ml Saft 450 g Gelierzucker in einen großen Topf geben. Bei milder Hitze den Zucker unter Rühren auflösen, die Temperatur heraufschalten und den Sirup in etwa 15 Minuten sprudelnd bis zum Gelierpunkt (siehe S. 17) kochen. Das kochendheiße Gelee sofort in vorgewärmte, saubere Gläser füllen und fest verschließen. Über Nacht fest werden lassen und anschließend kühl, dunkel und trocken aufbewahren.

Entenbrust-Salat mit Brombeer-Dressing

Mischt man den Bratensaft der Entenbrüste mit dem Pikanten Brombeergelee, erhält man ein angenehm würziges Dressing für den warmen Salat.

FÜR 4 PERSONEN

4 Entenbrüste (à 150–175 g)
Meersalz und frisch gemahlener schwarzer Pfeffer
Gemischter Salat, zum Beispiel Blätter von Brunnenkresse, Rauke, Feldsalat, jungem Spinat, Frisée und Eichblattsalat
Glatte Petersilie
1 1/2 EL Rotwein
1 EL Rotweinessig
1 EL Pikantes Brombeergelee (siehe rechts)
Etwa 1 1/2 EL Sonnenblumenkerne

Den Backofen auf 230 °C vorheizen.

Die Entenbrüste mit Salz und Pfeffer einreiben, dann die Haut mit einem scharfen Messer rautenförmig einritzen. Die Entenbrüste mit der Hautseite nach unten in einen Bräter legen und im Backofen 15 Minuten braten.

Die Salatblätter und die Petersilie auf 4 Teller verteilen. Die Entenbrüste auf einer vorgewärmten Platte etwa 10 Minuten warmhalten.

Überflüssiges Fett vom Bratensatz abschöpfen. Den Bräter auf die Herdplatte stellen und den Bratensaft stark reduzieren. Mit Rotwein und Essig ablöschen und mit einem Pinsel alle braunen Krusten vom Boden und vom Rand des Bräters ablösen. Den Fond unter häufigem Rühren noch einmal 1–2 Minuten aufkochen lassen.

Den Bräter von der Kochstelle nehmen und das Gelee unterrühren; die Sauce beiseite stellen. Die Entenbrüste in Streifen schneiden, auf dem Salat anrichten und mit den Sonnenblumenkernen bestreuen.

Die Sauce im Bräter noch einmal erhitzen, bis das Gelee aufgelöst ist, und kurz aufkochen lassen. Heiß über den Salat gießen, behutsam mischen und sofort servieren.

Rechts: Pikantes Brombeergelee verfeinert das Dressing für diesen köstlichen warmen Entenbrust-Salat.

Pikantes Brombeergelee

Hier wird auf die sonst für ein Gelee langwierige Prozedur des Abtropfens verzichtet und der Fruchtbrei durch ein Kunststoffsieb gestrichen. Das Ergebnis ist ein aromatisches Gelee von herrlich dunkler Färbung und fester Konsistenz.

ERGIBT ETWA 1,4 KG

1 EL Gewürznelken
2 Zimtstangen
1 TL Pimentkörner
1,8 kg Brombeeren
150 ml Gewürzessig (siehe S. 139)
900 g vorgewärmter Zucker (siehe S. 7)

Die Nelken, Zimtstangen und Pimentkörner in ein Stück Musselin einbinden und mit den Beeren und dem Essig in einen Topf geben. Die Mischung zum Kochen bringen und unter gelegentlichem Rühren etwa 30 Minuten sanft köcheln lassen. Das Musselinsäckchen entfernen.

Die Mischung durch ein Kunststoffsieb streichen und in den Topf zurückgeben. Den vorge-

wärmten Zucker zugeben und bei milder Hitze unter Rühren auflösen, dann sanft weiterköcheln lassen, bis die Masse eingedickt ist; bei Bedarf hin und wieder rühren.

Das fertige Gelee in vorgewärmte, saubere und trockene Gläser füllen und fest verschließen. Bis zum Öffnen mindestens 3 Wochen kühl, dunkel und trocken aufbewahren.

Das Pikante Brombeergelee ist ausgezeichnet geeignet als Beilage zu Wild, Truthahn, Ente oder Schweinefleisch, ebenso kann man aus diesen Fleischsorten zubereitete Schmorgerichte damit abschmecken.

Brombeer-Apfel-Gelee mit Thymian

Die Thymianmenge in diesem Rezept kann nach Belieben variiert werden.

ERGIBT 1,4 KG

675 g Kochäpfel, vorzugsweise Bramley oder Gravensteiner
1,4 kg Brombeeren
1 Handvoll Thymianzweige
Vorgewärmter Zucker (siehe S. 7)
Thymianblätter (nach Belieben)

Die Äpfel mit Schale und Kerngehäuse grob hacken, dann mit den Brombeeren, den Thymianzweigen und 850 ml Wasser in einen großen Topf geben. Zum Kochen bringen und 1 Stunde unter gelegentlichem Rühren sanft köcheln lassen, bis die Früchte weich sind.

Den Topfinhalt in einen Saftbeutel geben und den Saft an einem kühlen Platz in 8–12 Stunden – ohne zu pressen oder zu wringen – in eine untergestellte metallfreie Schüssel abtropfen lassen.

Den Saft abmessen und mit 450 g vorgewärmtem Zucker auf je 570 ml Saft in einen großen Topf geben. Unter Rühren behutsam erhitzen, bis der Zucker aufgelöst ist, dann die Temperatur heraufschalten und die Mischung etwa 15 Minuten sprudelnd kochen, bis der Gelierpunkt erreicht ist (siehe S. 17).

Den Topf von der Kochstelle nehmen und das Gelee probieren. Falls der Thymian zu wenig herausschmeckt, das Gelee 10–15 Minuten stehenlassen und dann zusätzlich einige Thymianblätter unterrühren, bis das gewünschte Thymianaroma erreicht ist.

Das Gelee in vorgewärmte, saubere und trockene Gläser füllen und fest verschließen (siehe S. 12–13). Über Nacht fest werden lassen und anschließend kühl, dunkel und trocken aufbewahren.

Blueberry Curd

Süße, saftige Heidelbeeren sind wie geschaffen für diese cremige Fruchtpaste.

ERGIBT 450 G

225 g Heidelbeeren
50 g Butter, gewürfelt
225 g feiner Zucker
3 Eier (Gewichtsklasse 3), leicht verschlagen

Die Heidelbeeren mit 1 Eßlöffel Wasser im geschlossenen Topf bei milder Hitze garen, bis die Früchte sehr weich sind und zerfallen (etwa 10 Minuten); zwischendurch den Topf hin und wieder vorsichtig bewegen, damit die Beeren zusammenrutschen.

Die weichen Beeren durch ein feines Kunststoffsieb in eine feuerfeste metallfreie Schüssel geben. Die Schüssel über einen Topf mit siedendem Wasser setzen (die Schüssel selbst darf keinen Kontakt mit dem Wasser haben) und die Butter und den Zucker zugeben. Alles bei milder Hitze rühren, bis die Butter geschmolzen und der Zucker aufgelöst ist.

Die leicht verschlagenen Eier durch ein Sieb dazugeben und unter ständigem Rühren auf kleiner Flamme etwa 30–40 Minuten erhitzen, bis die Masse so dick geworden ist, daß sie am Löffel haften bleibt.

Anfangs nur gelegentlich, später häufiger und zum Ende hin ständig rühren, damit die Fruchtpaste gleichmäßig gart und nicht gerinnt. Das Wasser im Topf darf nicht kochen.

Die fertige Paste in vorgewärmte, saubere und trockene Gläser füllen und fest verschließen (siehe S. 12–13). Kühl, dunkel und trocken oder im Kühlschrank aufbewahren.

Einmal geöffnete Gläser müssen im Kühlschrank aufbewahrt werden.

Heidelbeermarmelade

Lorbeerblätter verstärken den süßen, aromatischen Geschmack von Heidelbeeren.

ERGIBT ETWA 1,6 KG

1,4 kg Heidelbeeren
Saft von 2 Zitronen
4 kleine frische Lorbeerblätter
1 kg Gelierzucker

Die Heidelbeeren mit dem Zitronensaft, den Lorbeerblättern und der Hälfte des Zuckers in eine metallfreie Schüssel geben; dabei die Beeren leicht zerdrücken. Zugedeckt 6–8 Stunden an einem kühlen Platz durchziehen lassen.

Die Fruchtmasse in einen Topf geben, den restlichen Zucker bei milder Hitze unter Rühren auflösen. Die Temperatur erhöhen und die Marmelade 4 Minuten sprudelnd kochen, bis der Gelierpunkt erreicht ist (siehe S. 17).

Die Lorbeerblätter aus der Marmelade entfernen und den Schaum abschöpfen. Die Marmelade 10–15 Minuten abkühlen lassen, umrühren und in vorgewärmte, saubere Gläser füllen. Die Gläser fest verschließen (siehe S. 12–13) und über Nacht stehenlassen. Anschließend kühl, dunkel und trocken aufbewahren.

Unten: Heidelbeeren gehören wie Rauschbeeren und Preiselbeeren zur Gattung Vaccinium.

Preiselbeer-Apfel-Chutney

Die leuchtendroten Preiselbeeren sind zum Rohessen zu sauer, lassen sich aber zu den köstlichsten Saucen und Chutneys verarbeiten. Das nachstehende Rezept ergibt ein relativ klares, mild aromatisches Chutney, was hauptsächlich auf die Verwendung von weißem Zucker zurückzuführen ist, bei dem im Gegensatz zu braunem Zucker die Farbe und das Eigenaroma der Früchte besser erhalten bleibt.

ERGIBT ETWA 1,1 KG

450 g Preiselbeeren
450 g Tafeläpfel, geschält, entkernt und gehackt
115 g Rosinen
25 g frischer Ingwer, geschält und gerieben
Abgeriebene Schale von 1 unbehandelten Orange
1/2 Zimtstange
1 Prise gemahlene Gewürznelken
Stein- oder Meersalz
Etwa 275 g Zucker
425 ml Weißwein- oder Apfelessig

Alle Zutaten in einen großen Topf geben und unter Rühren behutsam erhitzen, bis der Zucker aufgelöst ist. Die Temperatur heraufschalten und die Mischung zum Kochen bringen, dann etwa 30 Minuten unter gelegentlichem Rühren sanft köcheln lassen, bis alle Früchte weich sind und das Chutney eine marmeladenähnliche Konsistenz hat.

Das Chutney in vorgewärmte, saubere, trockene Gläser füllen. Beim Einfüllen darauf achten, daß keine Luftblasen eingeschlossen werden. Die Gläser mit säurebeständigen Deckeln fest verschließen (siehe S. 12–13) und bis zum Öffnen mindestens 2 Monate kühl, dunkel und trocken aufbewahren.

Links: Preiselbeer-Apfel-Chutney paßt vorzüglich zu frischem Brot und zu vielen klassischen Hartkäsesorten.

Würzige Preiselbeer-Apfel-Sauce

Hier verbinden sich klassische Einmachgewürze, herb-säuerliche Früchte sowie Essig und Zucker zu einer angenehm fruchtigen, süß-sauren Sauce, die gut mit Schweinefleisch und warm oder kalt serviertem Entenfleisch harmoniert.

ERGIBT ETWA 900 G

450 g Preiselbeeren
225 g Kochäpfel, vorzugsweise Bramley oder Gravensteiner, geschält, entkernt (siehe S. 56) und gehackt
300 ml Weißweinessig
6 Gewürznelken
6 Pimentkörner
2 Muskatblüten
2 Zimtstangen
350 g vorgewärmter Zucker (siehe S. 7)

Die Preiselbeeren, die Äpfel und den Essig in einen großen Topf geben. Die Gewürze auf ein quadratisches Stück Musselin oder Gaze geben und mit einem langen Stück Küchengarn zusammenbinden. Das Garnende an einem Topfgriff befestigen und das Stoffsäckchen in den Topf hängen.
Die Mischung langsam zum Kochen bringen und zugedeckt ungefähr 10 Minuten sanft köcheln lassen, bis die Früchte weich sind, aber noch nicht zerfallen.

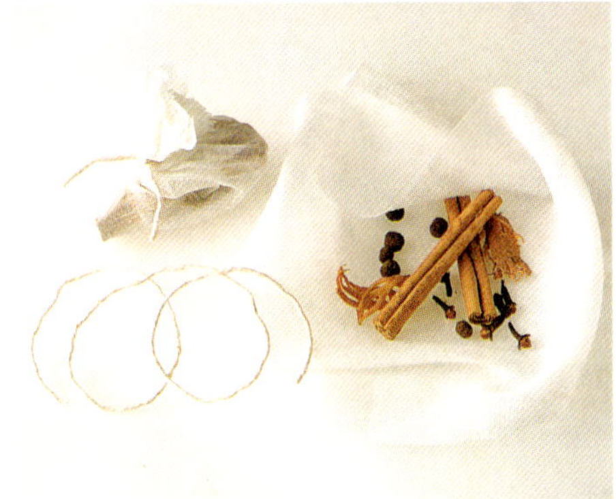

Einmachen mit Gewürzen: *Gewürze in ein Stück Musselin oder Gaze einbinden. Die Gewürze können so beim Kochen ihr Aroma abgeben und lassen sich dann problemlos entfernen.*

Den Topf von der Kochstelle nehmen und den vorgewärmten Zucker einstreuen. Bei milder Hitze den Zucker unter Rühren auflösen, dann die Fruchtmischung etwa 20 Minuten sanft köcheln lassen, bis sie eindickt.

Das Stoffsäckchen entfernen und die Sauce in vorgewärmte, saubere und trockene Gläser füllen. Mit säurebeständigen Deckeln fest verschließen (siehe S. 12–13) und bis zum Öffnen 6–8 Wochen kühl, dunkel und trocken aufbewahren.

Preiselbeer-Orangen-Gelee

Diesem Gelee fehlt das klare Funkeln, wie man es sonst kennt, denn der gekochte Fruchtbrei wird durch ein Sieb gestrichen, was die Zubereitung erheblich verkürzt, anstatt ihn wie üblich durch einen Saftbeutel abtropfen zu lassen. Das fertige Gelee schmeckt vorzüglich zu gebratenem Truthahn, der – warm oder kalt – in angelsächsischen Ländern traditionell zu Thanksgiving und Weihnachten serviert wird. Aber auch viele Süßspeisen profitieren davon.

ERGIBT ETWA 900 G

450 g Preiselbeeren
Abgeriebene Schale von 1 unbehandelten Orange
450 g vorgewärmter Zucker (siehe S. 7)

Die Preiselbeeren mit der abgeriebenen Orangenschale und 300 ml Wasser in einen großen Topf geben und zum Kochen bringen, dann unter gelegentlichem Rühren etwa 10 Minuten sanft köcheln lassen, bis die Preiselbeeren aufplatzen und ein dicker Fruchtbrei entsteht.

Den Topfinhalt durch ein Kunststoffsieb streichen.

Das Püree in den ausgespülten Topf zurückgeben und den vorgewärmten Zucker bei milder Hitze unterrühren, bis er aufgelöst ist. Die Temperatur heraufschalten und das Püree 5 Minuten stark erhitzen, bis sich kleine Blasen am Topfrand bilden.

Das Gelee von der Kochstelle nehmen und sofort in vorgewärmte, saubere, trockene Gläser füllen. Die Gläser fest verschließen und das Gelee über Nacht fest werden lassen. Anschließend kühl, dunkel und trocken aufbewahren.

Preiselbeer-Ketchup

Dies ist eine köstliche Alternative zum Preiselbeer-Gelee, das beim traditionellen Truthahnbraten nicht fehlen darf.

ERGIBT ETWA 570–850 ML

900 g Preiselbeeren
225 g Zwiebeln, gehackt
150 ml Weißweinessig
300 g Zucker
1 TL Salz
6 Pimentkörner
4 Gewürznelken
10 schwarze Pfefferkörner
1 Zimtstange (5 cm lang)

Die Preiselbeeren und Zwiebeln mit 300 ml Wasser in einem großen Topf zum Kochen bringen, dann sanft köcheln lassen, bis die Beeren aufgeplatzt und die Zwiebeln weich sind.

Die Preiselbeer-Zwiebel-Masse durch den fein gelochten Metalleinsatz eines Passiergerätes pressen oder durch ein feinmaschiges Kunststoffsieb streichen.

Das Püree mit dem Essig, Zucker und Salz in den ausgespülten Topf zurückgeben. Die Gewürze in ein Stück Musselin einbinden und zu der Masse in den Topf geben.

Das Püree unter Rühren langsam erhitzen, bis der Zucker aufgelöst ist. Die Temperatur heraufschalten und die Mischung zum Kochen bringen, dann etwa 15 Minuten sanft köcheln lassen, bis die Sauce die Konsistenz einer dicken Creme hat und sich keine Flüssigkeit mehr absetzt.

Das Stoffsäckchen herausnehmen und den Preiselbeer-Ketchup in vorgewärmte, saubere, trockene Flaschen füllen. Die Flaschen fest verschließen (siehe S. 12–13) und bis zum Öffnen 2–3 Wochen kühl, dunkel und trocken aufbewahren.

Eine Flasche Preiselbeer-Ketchup sollte man stets vorrätig haben, denn ein paar Löffel davon – verrührt mit dem Bratensaft von Putensteaks oder auch Bratwürstchen – ergeben im Nu eine leckere Sauce.

Der Ketchup verfeinert auch viele andere Saucen und Schmorgerichte.

Loganbeeren-Birnen-Taschen

In diesem leichten Gebäck, das im Nu zubereitet ist, harmoniert das herb-säuerliche Aroma der Loganbeeren gut mit dem milden Geschmack der Birnen.

FÜR 4 PERSONEN

4 gehäufte EL Loganbeerenmarmelade (siehe rechts)
40 g Rosinen
50 g frische Brotkrumen
1 TL gemahlener Zimt
1 große Birne, geschält, entkernt und geviertelt
4 Scheiben Phyllo-Teig
Geschmolzene Butter zum Bestreichen
Gesiebter Puderzucker zum Bestäuben

Den Backofen auf 180 °C vorheizen. Ein Backblech leicht mit Butter einstreichen.

Die Loganbeerenmarmelade mit den Rosinen, den Brotkrumen und dem Zimt mischen.

Eine Scheibe Phyllo-Teig mit der flüssigen Butter bestreichen, dann in der Mitte zusammenklappen und wieder mit Butter bestreichen. Ein Viertel der Preiselbeerfüllung am unteren Rand verteilen und ein Stück Birne darauflegen. Die Seiten über die Füllung schlagen und den Teig säuberlich zusammenklappen. Das Teigpäckchen mit der Nahtstelle nach unten auf das Backblech legen. Mit den restlichen Teigscheiben ebenso verfahren.

Die einzelnen Teigtaschen nochmals mit flüssiger Butter bestreichen und in 20–30 Minuten goldbraun backen. Mit Puderzucker bestäubt, heiß oder kalt servieren.

Rechts: Knusprige Loganbeeren-Birnen-Taschen bestehen aus einer leckeren Fruchtfüllung in einer zarten Teighülle.

Loganbeeren-marmelade

Loganbeeren sind eine Kreuzung aus Himbeeren und Brombeeren. Die großen Früchte sind ausgesprochen aromatisch im Geschmack und besonders geeignet für die Zubereitung von Saft, Gelee oder Marmelade.

ERGIBT ETWA 2,15 KG

1,4 kg Loganbeeren
Saft von 1/2 Zitrone
1,4 kg vorgewärmter Zucker (siehe S. 7)

Die Loganbeeren mit dem Zitronensaft in einem geschlossenen Topf auf kleinster Stufe im Backofen weichkochen (etwa 45–60 Minuten). Oder die Beeren mit dem Zitronensaft ohne Wasserzugabe in einem Topf behutsam erhitzen, bis die Früchte Saft ziehen; etwa 15 Minuten unter gelegentlichem Rühren sanft köcheln lassen, bis die Beeren sehr weich sind.

Den Topf aus dem Backofen nehmen und die Beeren in einen größeren Topf umfüllen. Den Zucker hinzufügen und bei milder Hitze unter Rühren auflösen. Die Temperatur erhöhen und die Marmelade etwa 10 Minuten sprudelnd kochen, bis der Gelierpunkt erreicht ist (siehe S. 17).

Den Topf von der Kochstelle nehmen und entstandenen Schaum von der Marmelade abschöpfen. Die Marmelade 10–15 Minuten ruhen lassen, dann umrühren und in vorgewärmte, saubere, trockene Gläser füllen.

Die Gläser fest verschließen und über Nacht stehenlassen. Die Marmelade anschließend kühl, dunkel und trocken aufbewahren.

Roh gerührte Himbeermarmelade

Um das unvergleichliche Aroma und die ganze Frische der Früchte richtig genießen zu können, sollten für diese Marmelade nur die besten und geschmacksintensivsten Früchte verwendet werden. Entsprechen die Himbeeren nicht ganz dieser Qualität, können sie mit einem Schuß Himbeergeist verfeinert werden.

Anstelle des im Rezept angegebenen Kirschwassers kann man die Marmelade auch mit Rosenwasser aromatisieren. Die roh gerührte Marmelade ist weicher und samtiger als alle gekochten Marmeladen.

ERGIBT ETWA 900 G

450 g Himbeeren
450 g vorgewärmter feiner Zucker (siehe S. 7)
1 EL Kirschwasser (nach Belieben)

Den Backofen auf 170 °C vorheizen. Die Himbeeren in eine feuerfeste Schüssel geben und abgedeckt etwa 20–30 Minuten in den warmen Ofen stellen, bis die Beeren sehr heiß sind, aber noch nicht kochen.

Die heißen Himbeeren mit dem vorgewärmten Zucker in eine große Schüssel geben und mit einem Holzlöffel sorgfältig verrühren. Das Kirschwasser – falls verwendet – unterrühren und die Marmelade anschließend in vorgewärmte, saubere, trockene Gläser füllen.

Die Gläser fest verschließen (siehe S. 12–13) und bis zum Öffnen mindestens 1 Monat, aber nicht länger als 3 Monate kühl, dunkel und trocken aufbewahren.

Die roh gerührte Marmelade über Pfirsiche, Erdbeeren oder Birnen geben oder mit ungesalzenem Doppelrahmfrischkäse, Speisequark oder Mascarpone servieren. Dazu passen knusprige Mandelplätzchen ganz vorzüglich.

Himbeerlikör

Für die original französischen Liköre wie *Framboise* und *Cassis* werden die Früchte für etwa 2 Monate in Alkohol eingelegt und anschließend ausgepreßt, gesüßt und destilliert. Die nachfolgende Methode ist wesentlich einfacher, aber das Ergebnis nicht minder köstlich, sowohl zum Trinken als auch zum Verfeinern von Desserts.

ERGIBT 1,1 L

450 g Himbeeren
570 ml Weinbrand
Etwa 350 g Zucker

Die Himbeeren leicht zerdrücken und mit dem Weinbrand in ein Schraubglas geben. Fest verschließen und 2 Monate kühl, dunkel und trocken aufbewahren.

Dann den Inhalt des Glases durch ein mit Musselin ausgelegtes Kunststoffsieb in eine Schüssel abseihen, die so gewonnene Flüssigkeit abmessen und auf je 570 ml Likör 175 g Zucker zugeben. Zugedeckt 2 Tage stehenlassen; zwischendurch gelegentlich umrühren, um den Zucker aufzulösen.

Den Himbeerlikör in Flaschen abfüllen, fest verschließen (siehe S. 12–13) und bis zum Öffnen mindestens 6 Monate kühl, dunkel und trocken aufbewahren.

Abwandlungen:
Crème de Cassis (Johannisbeerlikör)
Im obigen Rezept die Himbeeren durch schwarze Johannisbeeren ersetzen. Ergibt etwa 1,1 l.

Crème de Mûres (Brombeerlikör)
Im obigen Rezept die Himbeeren durch Brombeeren ersetzen. Ergibt etwa 1,1 l.

Man kann diese Liköre mit trockenem Weißwein, Sekt oder Champagner aufgießen, oder man gibt sie pur über Früchte wie Pfirsiche, Erdbeeren oder Birnen, über cremige Desserts und Eiscreme.

Unten: Frische Loganbeeren (links) und Himbeeren (rechts).

Eingemachte Erdbeeren

Dieses Rezept macht relativ wenig Arbeit, auch wenn sich die Zubereitung über 3 Tage hinzieht.

ERGIBT ETWA 1,4 KG

1 kg Erdbeeren, geputzt
900 g vorgewärmter Zucker (siehe S. 7)
Saft von 1 Zitrone oder Orange

Die Erdbeeren in einen großen Topf schichtweise mit dem vorgewärmten Zucker geben und zugedeckt über Nacht an einem kühlen Platz durchziehen lassen. Danach sollte der Zucker weitgehend aufgelöst sein.

Am nächsten Tag die Erdbeeren mit dem Zucker langsam erhitzen, um den Früchten noch mehr Saft zu entziehen. Hin und wieder behutsam umrühren, so daß die Beeren ganz bleiben. Den Zitronen- oder Orangensaft dazugeben, die Temperatur erhöhen und die Früchte 5 Minuten köcheln lassen.

Den Topfinhalt in einer metallfreien Schüssel zugedeckt 2 Tage kühl stellen. Danach erneut zum Kochen bringen und 10 Minuten sprudelnd kochen. Den Topf von der Kochstelle nehmen und entstandenen Schaum abschöpfen. Die Früchte 10–15 Minuten ruhen lassen, dann umrühren und in vorgewärmte, saubere und trockene Gläser füllen. Die Gläser fest verschließen und über Nacht stehenlassen. Anschließend kühl, dunkel und trocken aufbewahren.

Gefrorene Erdbeermarmelade

Tiefgefrorene Marmeladen haben eine angenehm weiche, lockere Konsistenz. Bei Verwendung von Gelierzucker – wie im nachstehenden Rezept – oder flüssigem Geliermittel (Pektin) wird die Marmelade fester. Zum Tiefgefrieren braucht man Behältnisse, die weder mit der Fruchtsäure reagieren noch im gefrorenen Zustand zerbrechen. Tiefgekühlte Marmelade hält sich bis zu 6 Monate. Einmal aufgetaut, sollte sie – im Kühlschrank aufbewahrt – innerhalb von 2–3 Tagen aufgebraucht werden.

ERGIBT ETWA 1,4 KG

900 g Erdbeeren
450 g Gelierzucker
Saft von 1 Zitrone

Die geputzten Erdbeeren in eine metallfreie Schüssel geben und mit einem Holzlöffel zerdrücken. Den Zucker unterrühren und alles zugedeckt auf kleinster Stufe im Backofen erwärmen. Die Schüssel mit den warmen, aber nicht heißen Erdbeeren aus dem Ofen nehmen und 1 Stunde stehenlassen; gelegentlich rühren, bis der Zucker aufgelöst ist.

Den Zitronensaft unterrühren und die Marmelade in kleine gefriergeeignete Behälter füllen. Beim Einfüllen darauf achten, daß die Marmelade genügend Platz hat, sich später auszudehnen. Die Behälter fest verschließen (siehe S. 12–13).

Die Marmelade erst 6 Stunden kühl stellen, dann 24–48 Stunden im Kühlschrank aufbewahren, bis sie fest ist, und anschließend in das Gefriergerät stellen. Vor dem Öffnen 1 Stunde bei Raumtemperatur stehenlassen.

Die Marmelade erwärmen und über einen gedämpften Pudding geben. Man kann sie auch zu Eiscreme oder zu Naturjoghurt oder Speisequark servieren.

Abwandlung: ***Gefrorene Himbeermarmelade***
Die Erdbeeren durch Himbeeren ersetzen.

Tiefgekühlte Marmeladen: *Da diese Marmeladen nicht gekocht werden, gelieren sie nicht so stark, schmecken dagegen aber überaus fruchtig und aromatisch.*

Erdbeer-Rhabarber-Marmelade

In der Mischung aus Erdbeeren und Rhabarber ergänzen sich die Aromen der beiden Fruchtsorten ganz wunderbar.

ERGIBT ETWA 2 KG

450 g Erdbeeren, geputzt und große Früchte halbiert
1,4 kg Rhabarber, in 1,25 cm lange Stücke geschnitten
1,4 kg vorgewärmter Zucker (siehe S. 7)
3 unbehandelte Zitronen, halbiert

Die Früchte in einer großen metallfreien Schüssel schichtweise mit dem Zucker bestreuen. Die Zitronenhälften auspressen und die Kerne und Schalen zurückbehalten. Den Saft über die gezuckerten Früchte gießen und alles zugedeckt an einem kühlen Platz über Nacht stehenlassen.

Am nächsten Tag die Zitronenschalen kleinschneiden und mit den Kernen in ein Stück Musselin einbinden. Zu der Fruchtmischung in einen großen Topf geben. Falls der Zucker sich noch nicht restlos aufgelöst hat, die Mischung langsam unter Rühren erhitzen, dann rasch zum Kochen bringen und in etwa 15 Minuten sprudelnd bis zum Gelierpunkt kochen; bei Bedarf rühren.

Den Topf von der Kochstelle nehmen und eventuell entstandenen Schaum abschöpfen. Das Stoffsäckchen entfernen und die Marmelade 10–15 Minuten ruhen lassen, dann kurz umrühren und in vorgewärmte, saubere, trockene Gläser füllen. Die Gläser fest verschließen (siehe S. 12–13), über Nacht stehenlassen und anschließend kühl, dunkel und trocken aufbewahren.

Schwarze Johannisbeermarmelade

Der vollfruchtige Geschmack und die tiefdunkle Farbe machen diese Johannisbeermarmelade unwiderstehlich.

ERGIBT ETWA 2,5 KG

1,4 kg schwarze Johannisbeeren
2 kg vorgewärmter Zucker (siehe S. 7)

Die entstielten Johannisbeeren mit 1,1 l Wasser in einen großen Topf geben und zum Kochen bringen. Die Temperatur herunterschalten und die Johannisbeeren unter gelegentlichem Rühren 45–60 Minuten sanft köcheln lassen, bis die Fruchthaut weich und die Flüssigkeit um ein Drittel verkocht ist.

Den Zucker zugeben und bei milder Hitze unter Rühren auflösen, dann die Temperatur heraufschalten und die Marmelade 6–8 Minuten sprudelnd kochen, bis der Gelierpunkt erreicht ist (siehe S. 17).

Den Topf von der Kochstelle nehmen und entstandenen Schaum behutsam abschöpfen. Die Marmelade in vorgewärmte, saubere, trockene Gläser füllen und fest verschließen. Über Nacht stehenlassen und anschließend kühl, dunkel und trocken aufbewahren.

Schwarzer Johannisbeersirup

Selbstgemachter Johannisbeersirup ist leicht herzustellen und enthält garantiert keine Zusätze oder Konservierungsmittel.

ERGIBT ETWA 900 ML

1,8 kg schwarze Johannisbeeren
350–425 g Zucker
1 1/2 Zitronen

Die Johannisbeeren mit 300 ml Wasser etwa 20 Minuten in einem großen Topf erhitzen, die Beeren hin und wieder mit einem Holzlöffel leicht zerdrücken.

Den Topfinhalt durch ein Kunststoffsieb streichen. Den Saft abmessen und in den ausgespülten Topf zurückgießen. Auf 570 ml Saft 225–300 g Zucker und den Saft von 1 Zitrone zugeben und langsam unter Rühren erhitzen, bis der Zucker aufgelöst ist. Die Temperatur heraufschalten und den Sirup 1 Minute kochen lassen.

Entstandenen Schaum vorsichtig abschöpfen, dann den Sirup in vorgewärmte, saubere, trockene Flaschen bis 1,25 cm unter den Rand füllen. Die Flaschen verschließen, den Verschluß um eine halbe Drehung lockern und den Sirup 25 Minuten im Wasserbad sterilisieren (siehe S. 13). Die Flaschen herausnehmen und die Verschlüsse sofort fest zudrehen. Kühl, dunkel und trocken aufbewahrt, hält sich der Sirup bis zu 6 Monate.

Den Sirup als Basis für Getränke verwenden (eventuell 1 oder 2 zerriebene Minzeblättchen dazugeben) oder über Birnen, Eiscreme, ungesalzenen Frischkäse geben oder unter Crème fraîche und griechischen Joghurt rühren. Ein Minzeblatt zur Dekoration sieht sehr schön aus.

Links: Schwarzer Johannisbeersirup, verdünnt mit Wasser, schmeckt an heißen Sommertagen angenehm erfrischend.

Würziges rotes Johannisbeergelee mit Drambuie

Ein gekauftes, etwas langweilig schmeckendes Johannisbeergelee kann man gut mit Gewürzen verfeinern. Da die Gewürze ihr Aroma nach dem Abfüllen des Gelees in Gläser weiterentwickeln, empfiehlt es sich, die Zimtstange und eventuell auch die Gewürznelken nach einer Weile zu entfernen (das geht am besten, indem man das Gelee vorsichtig erwärmt). Rosa Pfefferkörner sind mit dem schwarzen Pfeffer nicht verwandt und schmecken eher leicht harzig als pfeffrig.

ERGIBT ETWA 350 G

Dünn abgeschälte Schale von 1 unbehandelten Zitrone, in feine Streifen geschnitten
350 g rotes Johannisbeergelee
Saft von 1 Zitrone
3 EL Drambuie (ein mit Honig und Kräutern aromatisierter Likör auf Whisky-Basis)
Samenkörner von 2 Kardamomkapseln, zerdrückt
4 Gewürznelken, 1 Zimtstange
1/4–1/2 TL rosa Pfefferkörner
Frisch gemahlener schwarzer Pfeffer

Die Zitronenschale in kochendem Wasser 10 Minuten kochen. Abgießen und kalt abspülen. Abtropfen und auf Küchenkrepp trocknen lassen.

Das Johannisbeergelee mit dem Zitronensaft, den Schalenstreifen und 2 Eßlöffeln Drambuie unter Rühren vorsichtig erhitzen, bis eine dünnflüssige Masse entsteht. Die Gewürze und den Pfeffer zugeben und das Gelee 4 Minuten sprudelnd kochen, bis der Gelierpunkt erreicht ist.

Den Topf von der Kochstelle nehmen, den restlichen Likör unterrühren und alles 10–15 Minuten abkühlen lassen. Das Gelee in vorgewärmte, saubere, trockene Gläser füllen und fest verschließen. Über Nacht fest werden lassen und anschließend kühl, dunkel und trocken aufbewahren.

Das Gelee zu Schinken, Camembert, kalten Wildpasteten oder gebratenem Wild reichen, es schmeckt auch köstlich mit knusprigem Gebäck als Dessert.

Feines Johannisbeergelee

Dieses Johannisbeergelee wird nicht gekocht, der fruchtig-frische Geschmack und das Aroma der Johannisbeeren bleibt bei einem roh gerührten Gelee besser erhalten. So zubereitete Gelees werden allerdings nicht so fest wie gekochte. Letztendlich ist die Konsistenz abhängig vom Pektin- und Säuregehalt der Beeren. Leider ist die Haltbarkeit dieses Gelees begrenzt. Man bewahrt das roh gerührte Gelee am besten im Gemüsefach des Kühlschranks auf.

ERGIBT ETWA 1,8 KG

1,4–1,6 kg rote Johannisbeeren
500 g vorgewärmter Zucker (siehe S. 7)

Die roten Johannisbeeren durch ein Kunststoffsieb streichen oder im Mixer pürieren und durchpassieren. Den Fruchtbrei in einen ausgekochten Saftbeutel geben und den Saft 8–12 Stunden, ohne zu pressen oder zu wringen, in eine untergestellte metallfreie Schüssel tropfen lassen.

Den Backofen auf kleinster Stufe vorheizen (die genaue Temperatur ist unwichtig). Den gewonnenen Saft abmessen und in eine feuerfeste Schüssel geben. Auf je 570 ml Saft 350 g Zucker zugeben und die Schüssel in den Ofen stellen, bis der Saft ziemlich heiß geworden ist. Den Saft in einen vorgewärmten großen Topf gießen und mit einem Holzlöffel kräftig rühren, bis der Zucker aufgelöst ist und die Mischung leicht geliert.

Eventuell entstandenen Schaum vorsichtig abschöpfen und das Gelee sofort in vorgewärmte, saubere, trockene Gläser füllen. Fest verschließen und über Nacht stehenlassen. Anschließend kühl, dunkel und trocken aufbewahren.

Johannisbeer-Gin

ERGIBT ETWA 1,9 L

600 g rote Johannisbeeren
300 g feiner Zucker
750 ml Gin

Die roten Johannisbeeren mit Zucker bestreuen, zerdrücken und in ein Glas oder eine Flasche mit weitem Hals füllen. Den Gin darübergießen, das Glas verschließen und schütteln.

Die Mischung an einem kühlen, dunklen und trockenen Ort mindestens 3 Monate durchziehen lassen; dabei den Inhalt des Glases in den ersten 4 Wochen täglich, später dann nur gelegentlich gut schütteln.

Die Gin-Mischung gegebenenfalls filtern und in saubere Flaschen abfüllen oder zum Servieren durch ein mit Musselin ausgelegtes Kunststoffsieb gießen und die Flasche mit weiteren Früchten und Zucker auffüllen.

Abwandlungen:
Himbeer-Gin
Die roten Johannisbeeren im obigen Rezept durch Himbeeren ersetzen, die Beeren aber nicht zerdrücken.

Alle Zutaten in ein Glas oder eine Flasche mit weitem Hals geben. Statt herkömmlichen Zucker gegebenenfalls selbstgemachten Vanillezucker verwenden. Ergibt etwa 1,9 l Himbeerlikör.

Brombeer-Gin
Im obigen Rezept die roten Johannisbeeren durch vollreife Brombeeren ersetzen, wobei das Zerdrücken der Früchte entfällt. Ergibt etwa 1,9 l Brombeerlikör.

Diese Liköre als Abschluß eines Menüs servieren oder abends zum Aufwärmen trinken.

Sommerfrüchte in Kirschwasser

In Frankreich ist diese Zubereitung als *confiture de vieux garçons* – »Junggesellen-Konfitüre« – bekannt. Vermutlich, weil sie so schnell zuzubereiten ist, kein Kochen erfordert und reichlich Alkohol enthält. Über diese Unterstellungen werden sich bestimmt viele Junggesellen ärgern, und unter den Verheirateten gibt es sicher auch einige, die diese alkoholisierten Früchte mögen.

Auch Steinfrüchte wie Kirschen, Aprikosen, Pfirsiche und Nektarinen sind für dieses Rezept geeignet. Wenn die Früchte ganz bleiben sollen, muß ihre Schale vorher eingestochen werden. Allerdings passen gerade von den beiden letztgenannten – den Pfirsichen und den Nektarinen – nicht viele in ein Glas. Deshalb ist es ratsam, sie zu halbieren, zu vierteln oder in dicke Spalten zu schneiden und sie gegebenenfalls auch zu schälen.

ERGIBT ETWA 450 G

450 g vorbereitete Sommerfrüchte, zum Beispiel Erdbeeren, Himbeeren, Loganbeeren sowie rote und schwarze Johannisbeeren
175 g feiner Zucker
300–400 ml Kirschwasser

Die Früchte in einem sauberen, trockenen Einmachglas oder einem anderen weithalsigen Glas schichtweise mit dem Zucker bestreuen und 2 Stunden durchziehen lassen.

So viel Kirschwasser zugießen, daß die Früchte vollständig mit Flüssigkeit bedeckt sind. Das Glas verschließen (siehe S. 12–13) und bis zum Öffnen mindestens 1 Monat kühl, dunkel und trocken aufbewahren. Einmal wöchentlich das Glas kurz auf den Kopf stellen, um alles durchzumischen.

Oben: Rote Sommerfrüchte-Marmelade ist eine herrlich leichte Füllung für einen lockeren Biskuitkuchen.

Rote Sommerfrüchte-Marmelade

Bei dieser fruchtigen und appetitlich anzusehenden Marmelade werden Erinnerungen an den Sommer wach. Um den Geschmack zu intensivieren, kann man etwas Himbeergeist zugeben. Wenn mehr Farbe und Süße gewünscht werden, sind Fruchtbrandys genau das richtige.

ERGIBT ETWA 1,6 KG

675 g Himbeeren
6 EL Zitronensaft
150 ml frisch gepreßter Orangensaft
1,4 kg vorgewärmter Zucker (siehe S. 7)
900 g gemischte rote Sommerfrüchte wie Loganbeeren, rote Johannisbeeren, Erdbeeren und entsteinte rote Kirschen
4 EL Himbeergeist (siehe oben)

In einem großen Topf die Himbeeren mit dem Zitronen- und Orangensaft in 5–10 Minuten behutsam weichkochen. Die Beeren durch ein Kunststoffsieb streichen und das Püree in den ausgespülten Topf zurückgeben.

Den vorgewärmten Zucker zugeben und bei milder Hitze unter Rühren auflösen, anschließend die restlichen Früchte hinzufügen, die Temperatur erhöhen und das Püree 10–15 Minuten sprudelnd kochen lassen, bis der Gelierpunkt erreicht ist; bei Bedarf rühren.

Den Topf von der Kochstelle nehmen, entstandenen Schaum abschöpfen und den Himbeergeist unterrühren. Die Marmelade 10 Minuten ruhen lassen, dann umrühren und in vorgewärmte, saubere und trockene Gläser füllen. Die Gläser fest verschließen (siehe S. 12–13), die Marmelade über Nacht fest werden lassen und anschließend kühl, dunkel und trocken aufbewahren.

Schweinerollbraten mit Stachelbeersauce

FÜR 4 PERSONEN

2 EL frische Weißbrotkrumen
Etwa 8 EL Stachelbeersauce (siehe unten)
1,4 kg Schweinskarree, entbeint
Olivenöl zum Einreiben des Rollbratens
175–225 ml trockener Weißwein
Salz und frisch gemahlener schwarzer Pfeffer

Den Backofen auf 180 °C vorheizen.

In einer kleinen Schüssel die Brotkrumen mit 2 Eßlöffeln Stachelbeersauce vermischen.

Das entbeinte Schweinskarree abwiegen, innen mit Salz und Pfeffer einreiben und dünn mit der angerührten Stachelbeersauce bestreichen. Das Fleisch zu einem Rollbraten binden, die obere Fettschicht tief einschneiden und mit Öl und Salz einreiben, damit der Braten eine schöne Kruste bekommt.

Den Rollbraten in eine Fettpfanne legen und pro 450 g Gewicht 30 Minuten braten. Diese Bratzeit um weitere 30 Minuten verlängern.

Den fertigen Rollbraten auf eine vorgewärmte Platte legen und warmhalten. Das Fett abschöpfen, den Bratenfond mit dem Weißwein lösen und so lange kochen, bis der Wein weitgehendst verdampft ist, dann die restliche Stachelbeersauce unterrühren.

Die Sauce mit Salz und Pfeffer abschmecken und zu dem Fleisch servieren.

Oben: Die Stachelbeersauce, die zum Schweinerollbraten gereicht wird, würzt auch die Füllung.

Stachelbeersauce

Wird diese Sauce nicht wie üblich mit braunem, sondern mit weißem Zucker zubereitet, paßt sie auch vorzüglich zu gegrillter Makrele oder ausgebackenem Camembert.

ERGIBT ETWA 1,1 L

900 g unreife Stachelbeeren
450 ml Gewürzessig (siehe S. 139)
675 g vorgewärmter Demerara-Zucker oder heller Muscovado (siehe S. 7)
1 TL gemahlener Zimt

Die Beeren mit dem Zucker in einen Topf geben und zum Kochen bringen, dann 10–15 Minuten sanft köcheln lassen, bis sie weich sind. Den Fruchtbrei im Mixer pürieren oder durch ein feinmaschiges Kunststoffsieb streichen und in den ausgespülten Topf zurückgeben.

Den vorgewärmten Zucker und den Zimt zum Püree geben und bei milder Hitze den Zucker unter Rühren auflösen. Die Temperatur heraufschalten und die Masse 10–15 Minuten unter häufigem Rühren sanft köcheln lassen, bis sie die Konsistenz einer dickflüssigen Sauce hat.

Die Sauce in vorgewärmte, saubere und trockene Gläser füllen, fest verschließen und kühl, dunkel und trocken aufbewahren.

Stachelbeer-Himbeer-Marmelade

Himbeer- und Stachelbeermarmelade sind wegen ihrer kleinen harten Kerne nicht so beliebt, deshalb hier das Rezept für eine kern- und schalenfreie Marmelade. Dabei ist die Ausbeute etwas geringer als bei nicht durchpassierten Früchten. Die Marmelade schmeckt sehr fruchtig, weil die Beeren ohne Wasserzugabe zuerst im Backofen erhitzt werden und die Kochzeit durch die Verwendung von Gelierzucker erheblich reduziert wird. Während dieser Zeit muß die Marmelade ständig gerührt werden.

ERGIBT ETWA 1,8 KG

900 g reife Stachelbeeren
675 g Himbeeren
Etwa 1,4 kg vorgewärmter Gelierzucker (siehe S. 7)

Die Früchte in eine feuerfeste Schüssel geben und zugedeckt in den auf kleinster Stufe vorgeheizten Backofen stellen, bis die Früchte weich sind; zwischendurch die Früchte hin und wieder mit einem Holzlöffel zerdrücken.

Die weichen Früchte mit einem Holzlöffel kräftig durch ein Kunststoffsieb drücken, um aus den Schalen und Kernen möglichst viel Fruchtbrei herauszupressen.

Die Fruchtmasse abwiegen und mit der gleichen Menge Gelierzucker in einen großen Topf geben. Bei milder Hitze den Zucker unter Rühren auflösen, die Temperatur erhöhen und die Marmelade mindestens 4 Minuten unter häufigem Rühren sprudelnd kochen, bis der Gelierpunkt erreicht ist (siehe S. 17).

Den Topf von der Kochstelle nehmen und die Marmelade abschäumen, dann 10–15 Minuten ruhen lassen und in vorgewärmte, saubere, trockene Gläser füllen. Fest verschließen und über Nacht stehenlassen. Die Marmelade anschließend kühl, dunkel und trocken aufbewahren.

Feigenkonfitüre

Diese Feigenkonfitüre schmeckt so richtig frisch und fruchtig, da die Früchte nicht allzu lange gekocht werden und so ihr delikates Aroma weitgehend erhalten bleibt. Wegen des geringen Zuckergehalts ist sie relativ dünnflüssig und nur beschränkt haltbar; das heißt, sie sollte innerhalb von 3 Monaten verbraucht werden. Zum Einmachen sind überreife Früchte nicht geeignet.

ERGIBT ETWA 1,6 KG

2 unbehandelte Zitronen
2 Gewürznelken
900 g frische Feigen, geviertelt
450 g vorgewärmter Zucker (siehe S. 7)

Die Schale der Zitronen abreiben und den Saft auspressen. Die Kerne zurückbehalten und mit den Gewürznelken in ein Stück Musselin einbinden. Das Garnende an einem Topfgriff befestigen und das Stoffsäckchen in den Topf hängen. Den Zitronensaft, die Feigen und 150 ml Wasser zugeben und etwa 15 Minuten sanft köcheln lassen, bis die Früchte weich sind. Das Stoffsäckchen entfernen.

Bei milder Hitze den vorgewärmten Zucker und die abgeriebene Zitronenschale zugeben und ständig rühren, bis der Zucker aufgelöst ist. Die Temperatur erhöhen und die Feigen unter gelegentlichem Rühren etwa 40 Minuten kräftig kochen lassen, bis die Masse eingedickt ist.

Den Topf von der Kochstelle nehmen und entstandenen Schaum mit einem Schaumlöffel abheben. Die Konfitüre 10–15 Minuten abkühlen lassen, dann behutsam umrühren und in vorgewärmte, saubere und trockene Gläser füllen. Die Gläser fest verschließen und über Nacht stehenlassen. Anschließend kühl, dunkel und trocken aufbewahren. Angebrochene Gläser in den Kühlschrank stellen.

***Feigen vorbereiten:** Die Früchte längs vierteln, damit das attraktive, von unzähligen Samen durchsetzte dunkelrote Fruchtfleisch gut zur Geltung kommt.*

Süß-saure Feigen

Schöne reife Feigen, die süß und saftig schmecken, sind für dieses Rezept viel zu schade und sollten besser frisch gegessen werden. Aber alle anderen Früchte können durch dieses Rezept zu einem würzigen Leckerbissen werden.

ERGIBT ETWA 1 KG

250 g feiner Zucker
2 EL flüssiger Honig
425 ml Weißweinessig
3 Gewürznelken
6 schwarze Pfefferkörner, 2 Zimtstangen
1 Stück frischer Ingwer (etwa 1,25 cm lang), geschält und in Scheibchen geschnitten
3 Pimentkörner
Abgeriebene Schale von 1 unbehandelten Zitrone
675 g reife, nicht zu weiche Feigen, in dicke Scheiben geschnitten

Den Zucker, Honig und Essig in einen großen Topf geben und bei milder Hitze rühren, bis der Zucker aufgelöst ist. Die Gewürze und die abgeriebene Zitronenschale unterrühren und die Essig-Zuckerlösung $1^1/_2$ Minuten kochen. Den Topf von der Kochstelle nehmen, die Feigen zugeben und wieder auf den Herd stellen. Zum Kochen bringen und 1 Minute sanft köcheln lassen; darauf achten, daß die Früchte von der Flüssigkeit bedeckt sind.

Die Feigen mit den Gewürzen und dem Sirup vorsichtig in eine metallfreie Schüssel geben und zugedeckt über Nacht durchziehen lassen.

Am nächsten Tag die Früchte mit einem Schaumlöffel herausheben und dicht in ein sauberes, trockenes Glas füllen.

Den Sirup erneut aufkochen und in 15 Minuten auf 150 ml einkochen lassen. Über die Feigen gießen und das Glas sofort mit einem säurebeständigen Deckel fest verschließen. Bis zum Öffnen 1 Woche kühl, dunkel und trocken aufbewahren.

Steinobst

Steinfrüchte wachsen überall, in den kühleren Regionen Europas ebenso wie in den warmen Mittelmeerländern oder im feuchtwarmen Südindien. Das Angebot ist vielfältig und reicht von Exoten wie den Mangos bis hin zu einheimischen Früchten wie Aprikosen, Pfirsiche, Kirschen oder Pflaumen. Die Saison für Steinobst beginnt bei uns im Juni mit den Kirschen, gefolgt von Pfirsichen und Nektarinen, die uns im Laufe des Sommers aus den Erzeugerländern rund um das Mittelmeer erreichen. Dann kommt die Zeit der Pflaumen, darunter auch die in angelsächsischen Ländern so beliebte Damson-Pflaume, eine Kultursorte der Haferpflaume, und noch später – im Oktober – sind die Schlehen reif. Frische Datteln, vorwiegend aus Israel und Nordafrika, werden im Herbst geerntet, sind aber gut lagerfähig und werden somit ganzjährig angeboten. Auch Mangos haben immer irgendwo auf der Welt, das heißt in den tropischen Gebieten, gerade Saison, da die verschiedenen Sorten jeweils zu unterschiedlichen Zeiten reifen. Obwohl Guaven nicht zu den Steinfrüchten zählen, da ihr Fruchtfleisch von vielen kleinen Kernen durchsetzt ist, findet sich ein Rezept für Guavengelee (siehe S. 109) als exotische Köstlichkeit in diesem Kapitel.

Links (von links nach rechts): Pflaumengelee, Gewürzte Pflaumen, Aprikosenkonfitüre mit Amaretto und Nektarinen in Weißweinsirup.

Aprikosen-Chutney

Dieses stückige Chutney, für das die Aprikosen nicht musig gekocht werden, schmeckt angenehm fruchtig und mild.

ERGIBT ETWA 1,2–1,4 KG

1 kg reife Aprikosen, halbiert und entsteint
115 g Rosinen
1 Zwiebel, fein gehackt
2–3 Knoblauchzehen, sehr fein gehackt
1 TL Korianderkörner, zerstoßen
1 1/4 TL geriebener frischer Ingwer
2 EL Meersalz
300 g heller Muscovado-Zucker
300 ml Weißweinessig

Alle Zutaten in einen Topf geben und bei milder Hitze verrühren, bis der Zucker aufgelöst ist. Die Temperatur erhöhen und die Mischung unter gelegentlichem Rühren kräftig kochen, bis die Aprikosen weich sind, aber noch nicht zerfallen.

Die weichgekochten Früchte mit einem Schaumlöffel herausnehmen, auf vorgewärmte, saubere, trockene Gläser verteilen und im Backofen auf kleinster Flamme warmhalten.

Die restliche Flüssigkeit sprudelnd kochen lassen, bis sie stark eingedickt ist, und auf die Gläser mit den Aprikosen verteilen. Die Gläser mit säurebeständigen Deckeln fest verschließen (siehe S. 12–13) und bis zum Öffnen 1 Monat kühl, dunkel und trocken aufbewahren.

Aprikosen in Cointreau

ERGIBT ETWA 1,5 L

675 g reife, große, aromatische Aprikosen
350 g feiner Zucker
300 ml Cointreau
Etwa 250 ml Weinbrand oder Whisky

Die Aprikosen rundherum mit einer Stopfnadel oder einem Holzstäbchen einstechen und mit Zucker bestreut in ein trockenes Glas schichten.

Den Cointreau mit dem Weinbrand oder Whisky mischen und über die Früchte gießen. Das Glas etwas schwenken, damit eingeschlossene Luftblasen entweichen können, dann fest verschließen und gut schütteln (siehe S. 12–13).

Die Aprikosen bis zum Öffnen mindestens 2 Monate an einem kühlen, dunklen und trockenen Ort durchziehen lassen; in der ersten Woche den Inhalt des Glases hin und wieder schütteln, bis sich der Zucker vollständig aufgelöst hat.

Aprikosenmarmelade

Für diese Marmelade werden makellose Früchte von bester Qualität benötigt, die nicht immer leicht zu finden sind. Aus Früchten mit stark behaarter Schale und wenig Aroma kann keine gute Marmelade entstehen. Noch nicht ganz ausgereifte Früchte können dagegen verwendet werden. Eine glatte, straffe und samtige Haut in einem warmen Orangeton ohne Grünstich deutet auf aromatische Früchte hin.

ERGIBT ETWA 1,4 KG

900 g aromatische Aprikosen
Saft von 1 kleinen unbehandelten Zitrone
1 TL abgeriebene Zitronenschale
900 g vorgewärmter Zucker (siehe S. 7)

Die Aprikosen halbieren, einige Steine zurückbehalten und mit einem Nußknacker, einem Nudelholz oder einem Hammer aufbrechen; die Kerne herausnehmen und in kochendem Wasser 1–2 Minuten blanchieren. Die Kerne abtropfen lassen und die Haut abziehen.

Die Aprikosen mit den Kernen, dem Zitronensaft der abgeriebenen Schale und 200 ml Wasser in einen großen Topf geben, zum Kochen bringen und sanft köcheln lassen, bis sie weich sind.

Den vorgewärmten Zucker einstreuen und bei milder Hitze unter Rühren auflösen. Die Temperatur heraufschalten und die Marmelade unter gelegentlichem Rühren sprudelnd kochen lassen, bis der Gelierpunkt erreicht ist (siehe S. 17).

Den Topf von der Kochstelle nehmen und die Marmelade abschäumen, dann 10–15 Minuten abkühlen lassen, kurz umrühren und in vorgewärmte, saubere und trockene Gläser füllen. Fest verschließen und über Nacht stehenlassen. Die Marmelade kühl, dunkel und trocken aufbewahren.

Aprikosenkerne vorbereiten: *Die Aprikosenkerne in kochendem Wasser kurz blanchieren und abtropfen lassen. Dann läßt sich die Haut mühelos mit den Fingern abstreifen.*

Aprikosenkonfitüre mit Amaretto

ERGIBT ETWA 900 G

675 g frische Aprikosen
675 g Vanillezucker
3 EL Amaretto

Die Aprikosen halbieren und entsteinen. Die Steine mit einem Nudelholz oder einem Hammer aufbrechen. Die Kerne entnehmen und 1–2 Minuten in kochendem Wasser blanchieren. Abtropfen lassen und enthäuten.

Die Aprikosen mit dem Zucker in eine metallfreie Schüssel schichten und zugedeckt an einem kühlen Platz über Nacht durchziehen lassen. Der Zucker sollte sich bis dahin weitgehend aufgelöst haben.

Den Inhalt der Schüssel in einen großen Topf geben, 150 ml Wasser und die Aprikosenkerne hinzufügen und bei milder Hitze den restlichen Zucker unter Rühren auflösen. Die Temperatur erhöhen und die Aprikosen unter gelegentlichem Rühren 15–20 Minuten kräftig kochen, bis der Sirup leicht eindickt.

Den Topf von der Kochstelle nehmen und entstandenen Schaum abschöpfen, dann den Mandellikör unterrühren und die Konfitüre 10–15 Minuten ruhen lassen. Umrühren und in vorgewärmte, saubere, trockene Gläser füllen. Die Gläser fest verschließen (siehe S. 12–13), über Nacht stehenlassen und anschließend kühl, dunkel und trocken aufbewahren.

Aprikosenpudding

Ob festliche Tafel oder Mittagessen im Kreis der Familie – dieser gedämpfte Pudding führt jeden in Versuchung.

FÜR 4 PERSONEN

Aprikosenkonfitüre mit Amaretto (siehe S. 96)
1 1/2 EL Zitronensaft
75 g Butter, gewürfelt
100 g frische Weißbrotkrumen
Gut 1/4 TL Natron
20 g Mehl
1 Messerspitze Backpulver
50 g Demerara-Zucker
40 g Halbbitterschokolade, fein gehackt (nach Belieben)
2 Eier (Gewichtsklasse 3), leicht verschlagen

Den Boden einer gebutterten Puddingform oder feuerfesten Schüssel von 570–700 ml Fassungsvermögen mit den eingemachten Aprikosenhälften auslegen; die Schnittflächen zeigen nach oben.

In einem großen Topf 4 Eßlöffel des gelierten Sirups der Aprikosen mit dem Zitronensaft und der Butter langsam erhitzen, bis die Butter geschmolzen ist.

In der Zwischenzeit alle trockenen Zutaten in einer Schüssel mischen. Die Buttermischung zugeben, die leicht verschlagenen Eier unterrühren und alles gründlich mischen. Die Masse eßlöffelweise in die Puddingform füllen und darauf achten, daß die Aprikosen nicht verrutschen.

Die Puddingform mit einem Stück gebutterter Alufolie locker abdecken, damit der Pudding aufgehen kann. Die Alufolie rundum mit Küchengarn befestigen und den Bindfaden wie einen Henkel quer über die Folie legen. Die Puddingform in einen Dämpfeinsatz stellen und zugedeckt im Wasserbad etwa 1 3/4 Stunden garen, bis der Pudding in der Mitte gerade fest ist.

Die Puddingform herausnehmen und den Bindfaden und die Folie entfernen. Mit einem Messer den fertigen Pudding vorsichtig vom Formrand lösen und auf einen Teller stürzen.

Links: Goldgelbe Aprikosenkonfitüre mit Amaretto macht diesen leichten Aprikosenpudding zu einer erlesenen Köstlichkeit.

Apricot Brandy

ERGIBT ETWA 850 ML

12 große, reife, aromatische Aprikosen
225 g feiner Zucker
570 ml Brandy

Die Aprikosen halbieren und die Steine zurückbehalten. Das Fruchtfleisch in kleine Stücke schneiden und in ein sauberes Glas geben. Die Steine mit einem Nußknacker, einem Nudelholz oder einem Hammer aufbrechen. Die Kerne entnehmen, 1–2 Minuten in kochendem Wasser blanchieren, abtropfen lassen und die Haut abstreifen (siehe S. 96).

Die enthäuteten Kerne mit dem Zucker in das Glas geben. Die Früchte mit dem Alkohol aufgießen, das Glas fest verschließen und den Zucker durch Schütteln auflösen.

Bis zum Verzehr 2 Monate kühl, dunkel und trocken aufbewahren und den Inhalt des Glases regelmäßig schütteln. Anschließend den Likör in saubere, trockene Flaschen abseihen. Die Flaschen fest verschließen (siehe S. 12–13). Die Aprikosen separat essen.

Abwandlung: ***Cherry Brandy (Kirschlikör)***
450 g Sauerkirschen entstielen, die Früchte mit einer Stopfnadel rundum einstechen und mit 75 g Zucker in ein weithalsiges Glas schichten. Mit dem Weinbrand aufgießen und wie oben beschrieben fortfahren. Ergibt etwa 800 ml.

Aprikosenlikör

Hierfür empfiehlt es sich, einen qualitativ hochwertigen Weinbrand zu verwenden, denn eine billige Sorte würde den Likör nur verderben. Ersatzweise kann auch weißer Rum, Gin oder Wodka genommen werden. Die für den Likör benötigten Aprikosen kann man nach dem Filtern pur essen, oder man füllt mit ihnen Crêpes oder aromatisiert eine Mousse oder ein Soufflé.

ERGIBT ETWA 1,6 L

250 g Trockenaprikosen, grob gehackt
500 ml trockener Weißwein
150 g flüssiger Honig
150 ml Weinbrand

Die Aprikosenstückchen und den Wein in eine metallfreie Schüssel geben und zugedeckt etwa 12 Stunden einweichen.

Den Inhalt der Schüssel in einen Topf geben und langsam bis zum Siedepunkt bringen. Den Honig zugeben und unter Rühren auflösen, den Topf von der Kochstelle nehmen, den Deckel auflegen und die Früchte abkühlen lassen.

Den Topfinhalt in die Schüssel geben, in der die Aprikosen eingeweicht wurden, und zugedeckt an einem kühlen Ort – nicht im Kühlschrank – 3 Tage durchziehen lassen; gelegentlich umrühren.

Die Flüssigkeit abseihen und den Weinbrand unterrühren. In saubere, trockene Flaschen füllen, verschließen und den Likör bis zum Öffnen noch 2 Monate kühl, dunkel und trocken aufbewahren.

Diesen Likör kann man pur genießen, oder man verfeinert mit ihm beispielsweise einen Obstsalat. Er eignet sich auch wunderbar als Sauce zu Eiscreme, Crêpes oder Waffeln und gibt einer frisch gebackenen *Tarte Tatin* (gestürzter Apfelkuchen) einen besonderen Geschmack.

Eingemachte Nektarinen

Diese delikate Köstlichkeit wird im Hochsommer zubereitet, wenn die sonnengereiften saftigen Früchte Saison haben. Wer möchte, kann die Nektarinen nach dem Kochen mit einem kräftigen Schuß Orangenlikör oder Weinbrand verfeinern.

ERGIBT ETWA 1,4 KG

1,1 kg reife, aber feste Nektarinen
675 g vorgewärmter Zucker (siehe S. 7)
2 EL Limettensaft

Die Nektarinen häuten und die Fruchthaut zurückbehalten. Die Früchte halbieren und entsteinen, mit dem Zucker in eine Schüssel schichten und zugedeckt über Nacht Saft ziehen lassen; der Zucker sollte sich bis dahin weitgehend aufgelöst haben.

Die Nektarinenhaut in einen Topf geben und, knapp mit Wasser bedeckt, kochen lassen, bis das Wasser nur noch einen dünnen Film am Topfboden bildet. Den Topfinhalt durch ein Kunststoffsieb in einen anderen großen Topf streichen.

Den Inhalt der Schüssel mit dem Limettensaft in den zweiten Topf geben und bei milder Hitze den restlichen Zucker unter Rühren darin auflösen. Die Temperatur erhöhen und die Früchte 10–15 Minuten kräftig kochen, bis der Sirup eindickt.

Den Topf von der Kochstelle nehmen und 10–15 Minuten stehenlassen, bis die Nektarinen beim Rühren nicht mehr an die Oberfläche steigen. Die Früchte mit dem Sirup in vorgewärmte, saubere Gläser füllen. Beim Einfüllen darauf achten, daß keine Luftblasen eingeschlossen werden. Die Gläser fest verschließen, über Nacht stehenlassen und anschließend kühl, dunkel und trocken aufbewahren.

Nektarinen-Fruchtpaste

Läßt man die Nektarinen lange genug kochen, entsteht eine feste Paste mit einem charakteristischen Fruchtgeschmack – eine Delikatesse zum Fünf-Uhr-Tee oder zum Frühstück, die am besten dann zubereitet wird, wenn es Aprikosen im Überfluß gibt.

ERGIBT ETWA 450 G

900 g reife Nektarinen, gehäutet, entsteint und kleingeschnitten
Vorgewärmter Zucker (siehe S. 7)

Die vorbereiteten Nektarinen in 450 ml Wasser unter gelegentlichem Rühren weichkochen. Die weichen Früchte mit einem Holzlöffel durch ein Kunststoffsieb pressen.

Das Püree abwiegen und in den ausgespülten Topf zurückgeben. Auf je 225 g Püree 115 g Zucker zugeben und bei milder Hitze unter Rühren auflösen. Die Temperatur heraufschalten und die Masse 30–45 Minuten kochen; dabei anfangs nur gelegentlich, dann häufiger und zum Ende hin ständig rühren, bis die Fruchtmasse stark eingedickt ist und die Konsistenz einer dicken Creme erreicht hat.

Die Fruchtmasse in vorgewärmte, saubere Gläser füllen. Beim Einfüllen darauf achten, daß keine Luftblasen eingeschlossen werden. Die Gläser fest verschließen und bis zum Öffnen einige Tage kühl, dunkel und trocken aufbewahren.

Nektarinen

Gefrorene Nektarinenmarmelade

So lassen sich die saftig-süßen Nektarinen schnell und problemlos konservieren.

ERGIBT ETWA 1,3 KG

900 g reife Nektarinen, gehäutet, entsteint und grob gehackt
900 g Gelierzucker, Saft von 1 Zitrone

Die vorbereiteten Nektarinen mit dem Zucker und dem Zitronensaft in einer metallfreien Schüssel gut mischen und im Backofen auf kleinster Flamme durchwärmen lassen. Die Schüssel aus dem Ofen nehmen und die Mischung zugedeckt 8 Stunden durchziehen lassen; hin und wieder umrühren, bis der Zucker vollständig aufgelöst ist.

Die Masse in gefriergeeignete Kunststoffbehälter füllen. Beim Einfüllen genügend Platz zum Ausdehnen der gefrierenden Marmelade lassen. Die Gefäße fest verschließen und 24–48 Stunden in den Kühlschrank stellen, bis die Marmelade geliert. Anschließend bis zu 6 Monate tiefgefrieren.

Vor dem Verzehr die Marmelade 1 Stunde bei Raumtemperatur stehenlassen. Aufgetaut hält sie sich noch 2 Tage im Kühlschrank.

Nektarinen in Weißweinsirup

Für dieses Rezept wird kein Spitzenwein benötigt, aber es sollte auch nicht der billigste Wein – sauer und ohne Aroma – sein. Zur Geschmacksverfeinerung kann man einige Blätter der Duftpelargonie oder Zitronenmelisse zugeben oder die Orangenschale durch ein paar duftende Rosenblütenblätter ersetzen.

ERGIBT 1,8 KG

350 g Zucker
2 Streifen Orangenschale
700 ml trockener Weißwein
12 reife, aber feste Nektarinen, geschält und halbiert
Weinbrand

In einem großen Topf den Wein, den Zucker und die Orangenschale langsam unter Rühren erhitzen, bis der Zucker aufgelöst ist. Die Flüssigkeit zum Sieden bringen und 8 Minuten sanft köcheln lassen.

Die Nektarinenhälften portionsweise in den Sirup geben und 10 Minuten pochieren, bis sie zart und glasig sind.

Die fertig pochierten Früchte mit einem Schaumlöffel aus dem Sirup heben und in vorgewärmte, saubere und trockene Gläser füllen. Den Sirup eine weitere Minute kochen, die Orangenschale herausnehmen und den Sirup über die Nektarinen gießen. Die Gläser mit Weinbrand auffüllen, fest verschließen und bis zum Verzehr 1 Monat kühl, dunkel und trocken aufbewahren.

Die gut gekühlten Nektarinen mit Frischkäse, griechischem Joghurt, Sahne oder Mascarpone, bestreut mit gerösteten Mandelblättchen, servieren. Man kann sie auch mit Konditorcreme als Belag für einen Obstkuchen verwenden, und sie schmecken köstlich zu Mandel-Pfannkuchen.

Links: Nektarinen in Weißweinsirup mit Mascarpone und gerösteten Mandelblättchen – ein schnell zubereitetes und köstlich schmeckendes Dessert.

Pfirsich-Geißblatt-Fruchtpaste

Geißblatt, auch als Jelängerjelieber bekannt, wächst überall problemlos, und seine Blüten strömen einen starken und trotzdem delikaten Duft aus. In dieser schnittfesten Fruchtpaste wird etwas vom Zauber dieser Blüten für trübe Wintertage eingefangen. Die Zubereitung erfordert keine so lange Kochzeit wie manch andere Fruchtpaste dieser Art.

ERGIBT ETWA 600 G

900 g Pfirsiche
1 große Tasse Geißblattblüten
Saft von 1 Zitrone
Vorgewärmter Zucker (siehe S. 7)

Die Pfirsiche ungeschält halbieren, entsteinen und in Spalten schneiden. Einige der Pfirsichsteine mit einem Nußknacker, einem Nudelholz oder einem Hammer vorsichtig aufbrechen und die Kerne herausnehmen. Die Pfirsichkerne 1–2 Minuten blanchieren, dann die Haut mit den Fingern abstreifen (siehe S. 96).

Die Pfirsichspalten mit den geschälten Kernen, den Geißblattblüten und dem Zitronensaft in einen großen Topf geben und, knapp mit Wasser bedeckt, zum Kochen bringen. Die Mischung zugedeckt etwa 20 Minuten sanft köcheln lassen, bis die Fruchtstückchen sehr weich sind.

Den Fruchtbrei in einen vorher ausgekochten Saftbeutel geben und den Saft 8–12 Stunden, ohne den Beutel zu pressen oder zu wringen, an einem kühlen Ort in eine metallfreie Schüssel abtropfen lassen.

Den Saft abmessen und bei milder Hitze pro 570 ml Flüssigkeit 350 g Zucker unterrühren, bis er aufgelöst ist, dann unter Rühren 40–45 Minuten sanft köcheln lassen, bis die Masse so stark eingedickt ist, daß ein am Topfboden entlanggezogener Löffel eine deutliche Spur hinterläßt.

Die Fruchtmasse in vorgewärmte, saubere, trockene Gläser oder in dekorative, mit Pflanzenöl eingefettete Formen füllen. Die Oberfläche glattstreichen und die Gläser fest verschließen; die Fruchtpaste bis zum Verzehr mindestens 2–3 Monate kühl, dunkel und trocken aufbewahren.

Oben: Der betörende Duft eines Sommertages, eingefangen in dieser köstlichen Pfirsich-Geißblatt-Fruchtpaste.

Aus dieser ungewöhnlich schmeckenden Fruchtpaste läßt sich mit ungesalzenem Frischkäse oder Mascarpone und ein Paar Plätzchen schnell ein köstliches Dessert zubereiten.

Mit frischem, knusprigem Brot schmeckt sie auch zum Frühstück ausgezeichnet.

Pfirsich-Himbeer-Marmelade

Pfirsiche und Himbeeren passen wunderbar zusammen, wie das weltbekannte Dessert Pfirsich Melba beweist, das Auguste Escoffier einst der berühmten Opernsängerin Nellie Melba widmete.

ERGIBT ETWA 2 KG

1,2 kg Pfirsiche
2 EL Zitronensaft
1 kg Himbeeren
1,4 kg vorgewärmter Zucker (siehe S. 7)

Die Pfirsiche häuten und die Pfirsichhaut auf ein Stück Musselin geben. Die Früchte halbieren und entsteinen. Die Steine mit einem Nußknacker, einem Nudelholz oder einem Hammer aufbrechen und die Kerne herausnehmen. Die Kerne zu der Pfirsichhaut geben und alles in den Stoff einbinden. 125 ml Wasser und den Zitronensaft in einen großen Topf geben. Die Pfirsichhälften kleinschneiden und dazugeben. Das Stoffsäckchen mit einem langen Bindfaden an einem Topfgriff befestigen und in den Topf mit den Fruchtstückchen hängen. Die Mischung zum Kochen bringen und etwa 20 Minuten sanft köcheln lassen, bis die Fruchtstückchen weich sind.

Den Topf von der Kochstelle nehmen, mit einem Schaumlöffel das Stoffsäckchen herausnehmen und ausdrücken, damit darin verbliebener Saft in den Topf zurückfließen kann. Die Himbeeren hinzufügen und die Mischung abermals 5 Minuten sanft köcheln lassen.

Bei milder Hitze den vorgewärmten Zucker unterrühren, bis er aufgelöst ist, die Temperatur erhöhen und die Marmelade 10–15 Minuten sprudelnd kochen, bis der Gelierpunkt erreicht ist (siehe S. 17).

Den Topf von der Kochstelle nehmen und den entstandenen Schaum abschöpfen. Die Marmelade in vorgewärmte, saubere Gläser füllen und fest verschließen. Über Nacht fest werden lassen und anschließend kühl, dunkel und trocken aufbewahren.

Die Marmelade mit Sahne vermischen und zum Füllen einer Biskuittorte verwenden.

Pfirsich-Orangen-Marmelade

Diese köstliche Marmelade schmeckt zu jeder Gelegenheit. Die Kochzeit der Orangen richtet sich danach, wie weich oder hart man die Schale wünscht.

ERGIBT ETWA 1 KG

2 große dünnschalige unbehandelte Orangen, in sehr dünne Scheiben geschnitten
1 kg Pfirsiche, gehäutet, halbiert, entsteint und kleingeschnitten
Saft von 1 Zitrone
675 g vorgewärmter Zucker (siehe S. 7)

Jede Orangenscheibe halbieren und die Hälften vierteln. Die Kerne zurückbehalten und in ein Stück Musselin einbinden.

Die Orangenstückchen, das Stoffsäckchen und 200 ml Wasser in einen Topf geben und zugedeckt etwa 40 Minuten sanft köcheln lassen, bis die Schale weich ist.

Das Stoffsäckchen mit einem langen Bindfaden am Topfgriff befestigen und das Säckchen in die Mischung hängen. Die kleingeschnittenen Pfirsiche und den Zitronensaft zugeben und bei milder Hitze weichkochen. Das Stoffsäckchen mit einem Schaumlöffel herausnehmen und gut ausdrücken, damit der Saft in den Topf zurückfließen kann.

Bei milder Hitze den vorgewärmten Zucker unterrühren, bis er aufgelöst ist. Die Temperatur heraufschalten und die Marmelade 10–15 Minuten sprudelnd kochen, bis der Gelierpunkt erreicht ist. Die Masse in vorbereitete Gläser füllen und fest verschließen. Die Marmelade über Nacht fest werden lassen und anschließend kühl, dunkel und trocken aufbewahren.

Diese Marmelade paßt gut zu einem Frühstück mit warmen Croissants und Brioches oder auch zum Fünf-Uhr-Tee. Mit geschlagener Sahne vermischt, schmeckt sie auch vorzüglich als Füllung in Biskuittorten.

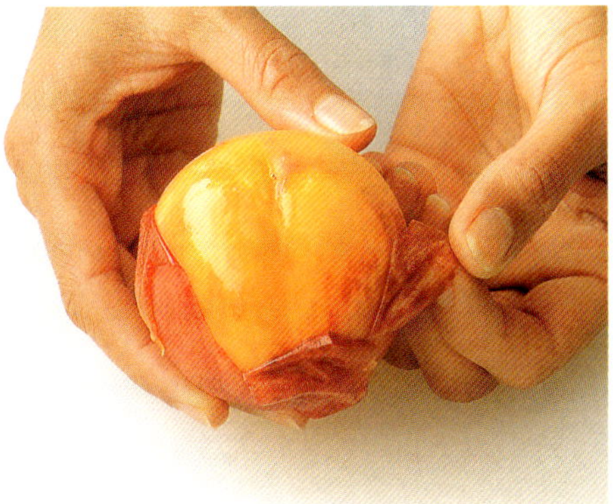

Pfirsiche häuten: *Die Pfirsiche mit kochendem Wasser überbrühen und, je nach Reifegrad der Früchte, 10–30 Sekunden stehenlassen. Dann läßt sich die Haut problemlos abziehen.*

Gewürzte Pfirsiche

Eine besondere Gewürzmischung verleiht den Pfirsichen einen Hauch von Exotik.

ERGIBT 1,1 L

900 g Zucker
570 ml Weißweinessig
2 Zimtstangen
12 schwarze Pfefferkörner
4 Kardamomkapseln, zerdrückt
1 TL Gewürznelken
2 ganze Sternanis
1,8 kg Pfirsiche, gehäutet, halbiert und entsteint

Den Essig mit den Gewürzen in einen großen Topf geben und bei milder Hitze den Zucker unterrühren, bis er aufgelöst ist. Die Temperatur heraufschalten und die Essig-Zuckerlösung 2–2 1/2 Minuten kochen. Die Pfirsichhälften hinzufügen und 4–5 Minuten sanft köcheln lassen, bis sie zart und glasig geworden sind.

Die Früchte mit einem Schaumlöffel herausheben und in ein vorgewärmtes, sauberes Glas geben. Den Sirup in 2–3 Minuten etwas einkochen lassen und über die Pfirsiche gießen. Das Glas schwenken, damit eingeschlossene Luftblasen entweichen können, dann fest verschließen und bis zum Öffnen 2 Monate kühl, dunkel und trocken aufbewahren.

Diese Pfirsiche zu Truthahn, Ente, Schweinefleisch oder kaltem Schinken reichen.

Sauerkirschmarmelade mit Kirschwasser

Für diese Marmelade können ausschließlich die dunklen und sauren Schattenmorellen verwendet werden, alle anderen Kirschensorten sind hierfür nicht geeignet. Da Sauerkirschen aber zu den pektinarmen Früchten zählen, ist Gelierzucker nötig, damit die Marmelade besser eindickt und die Kochzeit verkürzt wird. Das Kirschwasser intensiviert den Eigengeschmack der Früchte.

ERGIBT ETWA 1,4 KG

900 g dunkle Schattenmorellen, entsteint
1 kg Gelierzucker
1 EL Kirschwasser

In einem großen Topf die Kirschen mit 1 Eßlöffel Wasser und dem Zucker unter Rühren langsam erhitzen, bis sich der Zucker aufgelöst hat. Die Kirschen sanft köcheln lassen, bis sie gerade weich sind.

Die Temperatur heraufschalten und die Mischung zum Kochen bringen, dann etwa 4 Minuten sprudelnd kochen, bis der Gelierpunkt erreicht ist (siehe S. 17).

Den Topf von der Kochstelle nehmen und den entstandenen Schaum mit einem Schaumlöffel von der Marmelade abschöpfen. Das Kirschwasser unterrühren und die Marmelade in vorgewärmte, saubere Gläser füllen und fest verschließen. Die Marmelade über Nacht fest werden lassen und anschließend kühl, dunkel und trocken aufbewahren.

Man kann mit dieser Marmelade einen Käsekuchen bestreichen, eine Schwarzwälder Kirschtorte füllen oder, mit Sahne vermischt, eine Füllung für eine Biskuitrolle herstellen. Sie ist auch eine köstliche Beigabe zu gebratener oder gegrillter Ente oder Truthahnbraten, warm oder kalt serviert.

Links (im Uhrzeigersinn von oben): blaßgelbe Duke-Kischen, Schattenmorellen und schwarze Süßkirschen.

Gewürzte Kirschen

Dieses Rezept erinnert an die italienische Spezialität *Amarena Fabbri*, die nur in ausgesuchten Feinkostgeschäften erhältlich ist.

ERGIBT ETWA 1,2 KG

1 kleines Stück frischer Ingwer (etwa 8 g)
450 g Zucker
1 Stück Zimtstange (etwa 2,5 cm)
3 Gewürznelken
300 ml Rotweinessig
900 g Schattenmorellen, entsteint

Den Ingwer auf einem Arbeitsbrett mit der flachen Seite eines großen Messers zerdrücken.

Die Gewürze mit Essig und Zucker in einen großen Topf geben und unter ständigem Rühren langsam erhitzen, bis der Zucker aufgelöst ist. Die Kirschen in den Sud geben und sanft köcheln lassen, bis sie weich sind.

Die Kirschen mit einem Schaumlöffel herausnehmen und zum Abtropfen in ein Kunststoffsieb mit untergestellter Schüssel geben. Die Essig-Zucker-Lösung zu einem dicken Sirup einkochen und den aufgefangenen Saft aus der Schüssel unterrühren. Die Gewürze mit dem Schaumlöffel herausfischen.

Die abgetropften Kirschen zurück in den Sirup geben und kurz aufkochen lassen, dann in vorgewärmte, saubere und trockene Gläser füllen. Mit säurebeständigen Deckeln fest verschließen und bis zum Öffnen mindestens 2 Wochen kühl, dunkel und trocken aufbewahren.

Diese süß-sauren Kirschen schmecken vorzüglich zu gebratenem Wild, besonders zu Reh, Hirsch oder Hase, sie passen aber auch gut zu Schmorgerichten.

Pikante Kirsch-Fruchtpaste

Diese Fruchtpaste aus Kirschen erhält ein ganz besonderes Aroma durch *mixed spice*, eine traditionelle englische Gewürzmischung aus zerstoßener Zimtstange, Koriandersamen, Pimentkörnern, Gewürznelken, Muskatnuß und Ingwer.

ERGIBT ETWA 1 KG

900 g Sauerkirschen, zum Beispiel Morellen oder Amarellen, entsteint
225 g Rosinen
2 TL *mixed spice* (engl. Gewürzmischung, siehe Einleitungstext oben)
300 ml Apfelessig
225 g heller Muscovado-Zucker, vorgewärmt (siehe S. 7)
150 g flüssiger Honig

Die Kirschen mit den Rosinen, der Gewürzmischung und dem Essig in einen großen Topf geben und zum Kochen bringen; sanft köcheln lassen, bis die Früchte weich sind.

Die Mischung mit einem Holzlöffel kräftig durch ein Kunststoffsieb passieren, um möglichst viel Fruchtmark zu erhalten.

Das Fruchtmark in den ausgespülten Topf zurückgeben und bei milder Hitze den Zucker und den Honig unterrühren, bis sich beides aufgelöst hat. Die Temperatur heraufschalten und die Masse kurz aufkochen, dann auf kleiner Flamme etwa 45–55 Minuten weiterköcheln lassen, bis die Masse so stark eingedickt ist, daß ein am Topfboden entlanggezogener Löffel eine deutliche Spur hinterläßt; bei Bedarf rühren.

Die Fruchtmasse in kleine saubere Gläser oder leicht geölte Förmchen füllen. Fest verschließen und bis zum Verzehr 2–3 Monate kühl, dunkel und trocken aufbewahren.

Diese ungewöhnlich gewürzte Kirsch-Fruchtpaste schmeckt gut zu Wild- oder Lammgerichten und zu Schinken oder Frühstücksspeck.

Kirschen

Kirschen in Mandelsirup

Schattenmorellen sind die klassischen Sauerkirschen, während Bastardkirschen wie die Duke eine Kreuzung aus Süß- und Sauerkirsche sind. Die Kirschen für das folgende Rezept sind also danach auszuwählen, welcher Geschmack einem am meisten zusagt.

Das Mitkochen aufgeknackter Kirschkerne verleiht den Früchten ein angenehmes Mandelaroma, das durch die Zugabe von etwas Mandellikör noch verstärkt wird.

ERGIBT 3,3 L

1,4 kg Schattenmorellen
oder Duke-Kirschen (siehe oben)
625 g Zucker

Die Kirschen entsteinen und eine Handvoll Kirschkerne zurückbehalten. Diese Kerne in ein Stück Musselin einbinden und kräftig mit einem Nudelholz daraufschlagen, um sie zu knacken

Den Zucker mit 1,7 l Wasser in einen großen Topf geben und bei milder Hitze rühren, bis der Zucker aufgelöst ist. Das Musselinsäckchen mit einem langen Bindfaden am Topfgriff befestigen und in den Topf hängen, die Temperatur heraufschalten und den Sirup 5 Minuten kochen lassen.

Die Kirschen hinzufügen und bei mittlerer Hitze 5 Minuten kochen. Die Früchte mit einem Schaumlöffel herausnehmen und in vorgewärmte, saubere, trockene Gläser füllen.

Den Sirup in 5 Minuten etwas einkochen lassen, dann das Stoffsäckchen entfernen. Den Sirup über die Kirschen gießen, dabei darauf achten, daß die Früchte gut bedeckt sind. Die Gläser verschließen und im Wasserbad 10 Minuten sterilisieren (siehe S. 13). Die Gläser aus dem Wasser nehmen und die Deckel fest zudrehen. Abkühlen lassen und die Verschlüsse kontrollieren, dann die Kirschen bis zum Öffnen noch 2–3 Tage an einem kühlen, dunklen und trockenen Ort durchziehen lassen.

Diese Kirschen passen zu fast allen süßen Rezepten, die Kirschen erfordern: Füllungen für Pies, Pfannkuchen und Eierkuchen; sie können auch als fruchtige Zutat in einfachen Kuchenteigen oder Strudelfüllungen verwendet werden, und sie schmecken köstlich in Eisbechern oder als Sauce über Eiscreme.

Abwandlung: ***Pfirsiche in Mandelsirup***
Die Pfirsiche häuten, halbieren und entsteinen und dann wie oben beschrieben fortfahren. Ergibt 3,3 l.

Oben: Aus Mandel-Pfannkuchen, gefüllt mit Kirschen in Mandelsirup, kann man schnell ein köstliches Dessert zubereiten.

Haferpflaumen-Marmelade

Zimt und Orange unterstreichen den aromatischen Geschmack der Haferpflaumen. Es ist nicht nötig, die Früchte vor dem Kochen zu entsteinen. Dafür bleibt später noch genügend Zeit, denn die Marmelade muß vor dem Einfüllen 10–15 Minuten ruhen, weil sonst die Fruchthaut obenauf schwimmt.

ERGIBT ETWA 1,8 KG

Saft und abgeriebene Schale von 3 unbehandelten Orangen
1,1 kg Haferpflaumen
1 1/2 TL gemahlener Zimt
1,1 kg vorgewärmter Zucker (siehe S. 7)

Den Orangensaft mit Wasser aufgießen, so daß man 300 ml Flüssigkeit erhält. Mit den Pflaumen, dem Zimt und der Orangenschale in einen großen Topf geben und etwa 40 Minuten sanft köcheln lassen, bis die Früchte sehr weich sind und die Flüssigkeit weitgehend verkocht ist.

Bei milder Hitze den vorgewärmten Zucker unterrühren, bis er sich aufgelöst hat. Die Temperatur erhöhen und die Mischung etwa 10 Minuten unter gelegentlichem Rühren kräftig kochen lassen, bis der Gelierpunkt erreicht ist (siehe S. 17).

Den Topf von der Kochstelle nehmen und die Pflaumensteine mit einem Schaumlöffel herausfischen. Die Steine in ein Kunststoffsieb mit untergestelltem Topf geben und etwa 15 Minuten abtropfen lassen. Entstandenen Schaum von der Marmelade abschöpfen und den aufgefangenen Saft der Pflaumensteine einrühren. Die Marmelade in vorbereitete Gläser füllen. Fest verschließen, über Nacht fest werden lassen und anschließend kühl, dunkel und trocken aufbewahren.

Abwandlungen:
Pflaumenmarmelade
Zutaten: 1,4 kg Pflaumen, 300 ml Wasser und 1,4 kg Zucker. Die Pflaumen halbieren, entsteinen und etwa 14 Steine zurückbehalten. Diese Steine mit einem entsprechenden Werkzeug knacken, die Kerne herausnehmen und mit den Pflaumen und dem Wasser in einen großen Topf geben (die Kerne verleihen der Marmelade ein feines Mandelaroma). Die Früchte 20–30 Minuten sanft köcheln lassen, bis die Fruchtschale weich ist. Dann wie im Rezept beschrieben fortfahren.
Ergibt etwa 1,8 kg.

Anstelle der Kerne können auch Orangenschale und -saft zugegeben werden.

Renekloden-Marmelade
Zutaten: 1,4 kg Renekloden, 300 ml Wasser und 1,4 kg Zucker. Die Renekloden unzerteilt im Wasser kochen, bis sie sehr weich sind, dann wie im Rezept beschrieben fortfahren. Ergibt etwa 2,2 kg.

Haferpflaumen-Fruchtpaste

Dies ist eine schnittfeste Fruchtpaste mit einem sehr intensiven Aroma.

ERGIBT ETWA 1,4 KG

1,4 kg Haferpflaumen
Vorgewärmter Zucker (siehe S. 7)

Die Pflaumen knapp mit Wasser bedeckt 15–20 Minuten sanft köcheln lassen, bis die Früchte sehr weich sind und die Flüssigkeit verkocht ist. Die an die Oberfläche steigenden Steine mit einem Schaumlöffel herausnehmen.

Den Fruchtbrei durch ein Kunststoffsieb streichen und das gewonnene Püree abmessen. Das Püree in den Topf zurückgeben und pro 570 ml Püree 350 g Zucker zugeben. Bei milder Hitze den Zucker unter Rühren auflösen, dann die Masse 45–55 Minuten unter häufigem Rühren sanft köcheln lassen, bis sie so stark eingedickt ist, daß ein am Topfboden entlanggezogener Holzlöffel eine deutliche Spur hinterläßt.

Die Fruchtpaste in vorgewärmte, saubere, trockene Gläser oder dekorative, leicht geölte Schälchen oder Förmchen füllen. Fest verschließen und bis zum Verzehr 2–3 Monate kühl, dunkel und trocken aufbewahren.

Diese Fruchtpaste zu gereiftem Cheddar oder als Beilage zu Lamm- und Entenbraten oder Wildbret reichen. Sie schmeckt auch vorzüglich mit festem Weißbrot und ungesalzener Butter, aber auch zu Ingwer-Pfefferkuchen oder zu Frischkäse.

Schlehen-Gin

Die Schlehe, auch Schwarzdorn genannt, wächst wild zwischen Bäumen und Sträuchern. Die kleinen kugeligen, blaubereiften Früchte werden immer nach dem ersten Frost gepflückt; es ist ratsam, bei der Ernte Handschuhe zu tragen, da die Fruchtzweige sehr dornig sind. Schlehen sind zum Rohessen viel zu herb und zu bitter, aus ihnen entsteht aber ein wunderbar wärmender roter Likör, der allerdings erst zum Jahresende probiert werden kann und somit ein Hochgenuß zu Weihnachten ist. Die Zuckermenge richtet sich nach dem persönlichen Geschmack.

ERGIBT ETWA 850 ML

450 g reife Schlehen, entstielt
75–115 g Zucker
Einige blanchierte Mandeln, leicht zerstoßen
1 Flasche Gin

Die Schlehen mit einer Stopfnadel rundherum einstechen, dann mit dem Zucker und den Mandeln in ein sauberes Glas schichten. Mit dem Gin übergießen, so daß die Früchte gut bedeckt sind.

Das Glas fest verschließen, gut schütteln und mindestens 3 Monate an einem kühlen, dunklen und trockenen Ort stehenlassen. Zwischendurch hin und wieder gut durchschütteln.

Den Likör durch einen mit Musselin ausgelegten Trichter in saubere Flaschen filtern, fest verschließen und anschließend kühl, dunkel und trocken aufbewahren.

Den Likör entweder pur genießen oder zum Verfeinern von Schmorbraten (Rind, Schwein oder Wild) und Saucen verwenden.

Abwandlungen:
Schlehen-Wodka
Den Gin durch Wodka ersetzen. Schlehenlikör mit Wodka schmeckt noch reiner und fruchtiger als die Zubereitung mit Gin. Ergibt etwa 850 ml.

Haferpflaumen-Brandy
Anstelle der Schlehen und des Gins etwa 450 g Haferpflaumen und Brandy (oder Weinbrand) verwenden und die Mandeln weglassen.
Ergibt etwa 850 ml.

Schweinefilet mit Schlehen-Gin

Der Schlehen-Gin erfüllt in diesem Rezept gleich mehrere Aufgaben: Er verleiht der Sahnesauce ein warmes, angenehm würziges Aroma, macht sie bekömmlicher und unterstreicht den Fleischgeschmack.

FÜR 6 PERSONEN

900 g Schweinefilet, in 1,25 cm dicke Scheiben geschnitten
25 g Butter
2 EL Olivenöl
1 Schalotte, gehackt
125 g kleine, geschlossene Champignons, in Scheiben geschnitten
300 ml Schlehen-Gin (siehe S. 104)
300 ml Rinderfond
75 g Rosinen
150 ml Crème fraîche oder Crème double
Salz und frisch gemahlener schwarzer Pfeffer

In einem großen Topf mit schwerem Boden die Butter und das Öl erhitzen und die Fleischscheiben darin portionsweise auf beiden Seiten anbraten. Das Fleisch mit einem Schaumlöffel herausnehmen und zum Abtropfen auf Küchenkrepp legen.

Die Schalotten und Pilze in den Topf geben und bei schwacher Hitze weichdünsten, aber nicht bräunen. Den Schlehen-Gin unterrühren, um den Bratensatz zu lösen, und aufkochen lassen. Den Rinderfond und die Rosinen zugeben und erneut aufkochen lassen, dann die Fleischstückchen hinzufügen und zugedeckt etwa 10–15 Minuten sanft köcheln lassen, bis das Fleisch weich und zart ist. Das Fleisch auf eine vorgewärmte Platte legen und warmhalten. Die Sauce bei starker Hitze etwas einkochen lassen, dann die Crème fraîche oder die Crème double unterrühren und aufkochen lassen. Mit Salz und Pfeffer abschmecken und heiß über die Filetscheiben gießen.

Links: Schlehen-Gin mit gedünsteten Schalotten und Rosinen ergibt eine wunderbar aromatische Sauce für das feinste Stück vom Schwein.

Pflaumen-Zwiebel-Confit

Sichuanpfeffer verleiht diesem Confit einen angenehm würzig-harzigen Geschmack. Die roten Zwiebeln werden separat gedünstet und erst zum Ende der Kochzeit zu den Pflaumen geben, damit sie nicht ganz zerfallen.

ERGIBT ETWA 800 G

450 g rote Zwiebeln, gehackt
2 EL Olivenöl
1 EL Sichuanpfeffer
675 g rote Pflaumen, halbiert und entsteint
300 ml Rotweinessig
Meersalz
115–175 g heller Muscovado-Zucker, vorgewärmt (siehe S. 7)

In einem schweren Topf die Zwiebeln im Öl weich dünsten.

In der Zwischenzeit den Sichuanpfeffer ohne Fett in einer schweren gußeisernen Pfanne rösten; gelegentlich rühren, damit die getrockneten Beeren nicht ansetzen. Die Pfanne von der Kochstelle nehmen und die Beeren im Mörser fein zerreiben oder in einer Gewürzmühle oder im Mixer zu Pulver mahlen.

Die Pflaumen, Sichuanpfeffer, Essig und Salz im offenen Topf sanft köcheln lassen, bis die Früchte weich sind.

Bei milder Hitze den Zucker unterrühren, bis er aufgelöst ist, und die Zwiebeln zugeben. Die Masse einkochen lassen, bis sie beginnt dick zu werden.

Das Confit in vorgewärmte, saubere Gläser füllen und fest verschließen. Bis zum Öffnen mindestens 1 Monat kühl, dunkel und trocken aufbewahren.

Das Confit zu Grill- oder Bratwürstchen mit Kartoffelpüree reichen. Falls die Zwiebeln noch etwas Biß haben, schmeckt es auch vorzüglich zu Makrelen.

Rechts: Das Pflaumen-Zwiebel-Confit gibt Bratwürstchen mit Kartoffelpüree Farbe und Würze.

Pflaumengelee

ERGIBT 1,6 KG

1,4 kg Pflaumen, halbiert und entsteint (siehe S. 108)
1,4 kg vorgewärmter Gelierzucker (siehe S. 7)

Die vorbereiteten Pflaumen mit 850 ml Wasser in einem großen Topf zum Kochen bringen und 20–30 Minuten sanft köcheln lassen, bis die Früchte weich sind.

Den Fruchtbrei in einen vorher ausgekochten Saftbeutel geben und den Saft an einem kühlen Platz in 8–12 Stunden in eine daruntergestellte metallfreie Schüssel tropfen lassen. Den Saftbeutel nicht pressen oder wringen, sonst wird das Gelee trüb.

Den aufgefangenen Saft abmessen. Ist es weniger als 1,2 l, die fehlende Menge durch Wasser ersetzen. Ist es mehr, auf je 100 ml zusätzlichen Saft 85 g Zucker zugeben. Den Saft in den ausgespülten Topf zurückgeben, den Zucker einstreuen und bei milder Hitze unter Rühren auflösen. Die Temperatur heraufschalten und den Sirup 1 Minute kräftig kochen lassen, bis der Gelierpunkt erreicht ist.

Den Topf von der Kochstelle nehmen und den entstandenen Schaum abschöpfen. Das Gelee sofort in vorbereitete Gläser füllen und fest verschließen. Über Nacht stehenlassen und anschließend kühl, dunkel und trocken lagern.

Pflaumensauce

ERGIBT ETWA 700 ML

1/2 Zimtstange
4 Gewürznelken
2 ganze Sternanis
5 Korianderkörner, zerstoßen
150 ml Apfelessig
450 g rote oder violette Pflaumen, entsteint (siehe S. 108) und kleingeschnitten
1 Schalotte, gehackt
Je 5 EL Portwein und Madeira
Saft von je 1/2 großen Zitrone, 1/2 Orange und 1/2 Limette
1 Prise chinesisches Fünfgewürzpulver
1 EL rotes Johannisbeergelee
50 g vorgewärmter Demerara-Zucker (siehe S. 7)

Die Gewürze in ein Stück Musselin einbinden. Die restlichen Zutaten – bis auf den Zucker – in einen großen Topf geben. Das Stoffsäckchen an einem langen Bindfaden am Topfgriff befestigen und das Säckchen in die Mischung im Topf hängen. Alles zum Kochen bringen und etwa 45 Minuten unter gelegentlichem Rühren sanft köcheln lassen. Den vorgewärmten Zucker einstreuen und unter Rühren auflösen. Die Mischung weitere 45 Minuten sanft köcheln lassen.

Das Stoffsäckchen herausnehmen, die eingekochte Masse in einen Mixer geben und pürieren. Die Sauce in vorgewärmte, saubere Flaschen füllen und fest verschließen. Bis zum Öffnen 1 Monat kühl, dunkel und trocken aufbewahren.

Gewürzte Pflaumen

Die hier verwendete würzige Essig-Zucker-Lösung ist auch zum Einlegen anderer Steinfrüchte, besonders für Haferpflaumen, geeignet.

ERGIBT ETWA 2 KG

1,3 kg violette Pflaumen
675 g Zucker
1 Stück frischer Ingwer (etwa 15 g), gerieben
1/2 TL Gewürznelken
1/2 TL gemahlener Koriander
1/2 TL gemahlener Piment
1/4 Zimtstange
450 ml Rotweinessig

Die Pflaumen rundherum mit einer Stopfnadel einstechen und anschließend in einen so großen Topf geben, daß die Früchte in nur zwei Lagen eingeschichtet werden können.

In einem zweiten Topf den Zucker mit den Gewürzen und dem Essig unter Rühren langsam erhitzen, bis der Zucker aufgelöst ist. Die Essig-Zucker-Lösung aufkochen und 5 Minuten sanft köcheln lassen.

Den Sud über die Früchte gießen und kurz aufkochen lassen. Den Topf von der Kochstelle nehmen und die Pflaumen zugedeckt etwa 8 Stunden in der Flüssigkeit ziehen lassen.

Die Flüssigkeit durch ein Sieb abgießen und zurückbehalten. Die Pflaumen mit einem Schaumlöffel in vorgewärmte, saubere und trockene Gläser füllen. Die Essig-Zucker-Lösung auf 2/3 der Menge einkochen lassen, über die Früchte gießen, so daß sie gut bedeckt sind. Die Gläser schwenken, damit eingeschlossene Luftblasen entweichen können, und sofort verschließen. Die Pflaumen bis zum Öffnen 1 Monat kühl, dunkel und trocken aufbewahren.

Unten (im Uhrzeigersinn von rechts oben): Viktoriapflaumen, rote Pflaumen, Renekloden, Zwetschgen und Mirabellen.

Herbstliches Chutney

Hier verschmelzen Äpfel, Birnen und Pflaumen zu einem aromatischen Chutney. Früher wurde diese Art von Chutney aus den im Herbst geernteten Früchten als Vorrat für die kargen Wintermonate zubereitet und dann zu kaltem Braten und Käse gereicht.

ERGIBT ETWA 2 KG

450 g Viktoriapflaumen, entsteint (siehe unten) und fein gehackt
Je 450 g Birnen und Kochäpfel, ungeschält, entkernt und in Stücke geschnitten
225 g Rosinen
225 g Zwiebeln, fein gehackt
Saft und abgeriebene Schale von 1 unbehandelten Orange
570 ml Apfelessig
350 g vorgewärmter heller Muscovado-Zucker (siehe S. 7)
Je 1/4 TL gemahlener Zimt, gemahlener Ingwer und gemahlene Nelken

Früchte, Zwiebeln, Orangenschale und -saft mit dem Essig in einen großen Topf geben und zum Kochen bringen; etwa 45 Minuten unter gelegentlichem Rühren sanft köcheln lassen, bis das Obst weich ist.

Bei milder Hitze den vorgewärmten Zucker und die Gewürze unterrühren, bis der Zucker ganz aufgelöst ist. Dann unter gelegentlichem Rühren weiterköcheln lassen, bis das Chutney eine marmeladeähnliche Konsistenz hat und sich keine Flüssigkeit mehr absetzt.

Das Chutney in warme, saubere und trockene Gläser füllen. Beim Einfüllen darauf achten, daß keine Luftblasen eingeschlossen werden. Mit säurebeständigen Deckeln fest verschließen und bis zum Öffnen 2 Monate kühl, dunkel und trocken aufbewahren.

Pflaumen entsteinen: *Die Früchte halbieren, wobei der Schnitt der natürlichen Einkerbung folgt, und den Stein mit dem Messer vorsichtig herauslösen.*

Chutney von frischen Datteln und Orangen

Im Garten Eden war die Dattelpalme der Baum des Lebens und es wurden ihr über 800 Verwendungsmöglichkeiten nachgesagt. Die Araber glauben sogar, daß Allah bei der Erschaffung der Welt die Dattelpalme nicht aus gewöhnlichem Lehm formte, sondern aus dem, was übrigblieb, nachdem er den ersten Menschen erschaffen hatte.

ERGIBT ETWA 1,4 KG

450 g unbehandelte Orangen
675 g frische Datteln, entsteint und fein gehackt
450 g Zwiebeln, fein gehackt
3 Knoblauchzehen, fein gehackt
115 g getrocknete Aprikosen, gehackt
115 g Rosinen
750 g heller Muscovado-Zucker
1 Messerspitze Cayennepfeffer
2 EL Meersalz
1,3 l Weißweinessig

Von den Orangen die äußere Fruchtschale dünn abschälen, dann über einer Schüssel die pelzige weiße Fruchthaut vom Fruchtfleisch lösen. Das Fruchtfleisch in einem Topf in Stücke schneiden, damit kein Saft verlorengeht. Die Orangenkerne zurückbehalten. Den in der Schüssel aufgefangenen Saft, die Hälfte der Orangenschale und alle übrigen Zutaten zugeben und bei milder Hitze den Zucker unter Rühren auflösen. Die Mischung langsam zum Kochen bringen und etwa 1 Stunde unter gelegentlichem Rühren sanft köcheln lassen, bis das Chutney eine marmeladeähnliche Konsistenz hat und sich keine Flüssigkeit mehr absetzt. Die restliche Orangenschale unterrühren.

Das Chutney in warme, saubere und trockene Gläser füllen. Beim Einfüllen darauf achten, daß keine Luftblasen eingeschlossen werden. Die Gläser fest verschließen und bis zum Öffnen 4–6 Wochen kühl, dunkel und trocken aufbewahren.

Chutney von frischen Datteln und Ananas

Dieses Chutney wurde ursprünglich mit getrockneten Datteln und Ananas aus der Dose zubereitet, da das Original-Rezept aus der Zeit vor dem Zweiten Weltkrieg stammt. Es schmeckte zwar gut, aber mit frischen Datteln und frischer Ananas, die heute fast überall erhältlich sind, wird daraus eine erlesene Köstlichkeit.

ERGIBT ETWA 2 KG

225 g Zwiebeln, gehackt
1 Ananas (etwa 1,4 kg), geschält, die harte Mitte entfernt und kleingeschnitten
450 g Kochäpfel, geschält, entkernt und gehackt
1 TL gemahlener Zimt
425 ml Apfelessig
225 g frische Datteln, entsteint und grob gehackt
225 g vorgewärmter heller Muscovado-Zucker (siehe S. 7)

Zwiebeln, Ananas, Äpfel, Zimt und Essig 30–40 Minuten sanft köcheln lassen, bis die Früchte weich sind.

Die Datteln und den vorgewärmten Zucker zugeben und rühren, bis der Zucker aufgelöst ist. Die Mischung zum Kochen bringen und 20–25 Minuten unter häufigem Rühren sanft köcheln lassen, bis die Früchte von einem dicken Sirup überzogen sind.

Das Chutney in warme, saubere und trockene Gläser füllen. Beim Einfüllen keine Luftblasen einschließen. Die Gläser mit säurebeständigen Deckeln fest verschließen und bis zum Öffnen 2 Monate kühl, dunkel und trocken aufbewahren.

Mango-Fruchtpaste

Kurz vor Beendigung der Kochzeit wird die Fruchtpaste probiert, ob sie auch kräftig genug nach Kardamom schmeckt. Wenn nicht, kann man immer noch ein paar Samen rösten, zerstoßen und dann unterrühren, bis die gewünschte Stärke des Aromas erreicht ist.

ERGIBT ETWA 1,1 KG

1 TL Kardamomsamen
900 g feste, reife Mangos, geschält
115 ml Zitronensaft
115 ml Orangensaft
800 g vorgewärmter Zucker (siehe S. 7)

Die Kardamomsamen ohne Fett in einer kleinen gußeisernen Pfanne rösten; ab und zu umrühren, damit sie nicht ansetzen.

Anschließend die Samen herausnehmen und im Mörser zerstoßen oder im Mixer zerkleinern. Beiseite stellen.

Das Fruchtfleisch der geschälten Mango in Scheiben vom Kern lösen, dann hacken und mit dem Zitronen- und Orangensaft in einen großen Topf geben. Alles zum Kochen bringen und unter gelegentlichem Rühren sanft köcheln lassen, bis die Fruchtstückchen weich geworden sind und die Flüssigkeit verkocht ist.

Die Fruchtmasse entweder durch ein Passiergerät geben oder mit einem Holzlöffel durch ein feinmaschiges Kunststoffsieb streichen. Das Püree in den ausgespülten Topf zurückgeben. Bei milder Hitze den vorgewärmten Zucker und die Kardamomsamen hinzufügen und rühren, bis der Zucker aufgelöst ist. Die Masse aufkochen lassen, dabei anfangs nur gelegentlich rühren, dann immer häufiger, bis nach etwa 30–45 Minuten ein dicker Fruchtbrei entstanden ist. Abschmecken und eventuell mit Kardamom, wie eingangs beschrieben, nachwürzen.

Die fertige Fruchtpaste in warme, saubere und trockene Gläser füllen und fest verschließen. Bis zum Öffnen einige Tage kühl, dunkel und trocken aufbewahren.

Die Mango-Fruchtpaste schmeckt ausgezeichnet zu gerösteten Brioches oder warmen Croissants zum Frühstück.

Oben: Mango-Fruchtpaste – ein nicht ganz alltäglicher Brotaufstrich mit exotischem Aroma.

Guavengelee

Kaufen Sie keine vollreifen Guaven, denn die Früchte reifen schnell nach, und für dieses Gelee werden nicht ganz ausgereifte Früchte benötigt.

ERGIBT ETWA 675 G

1,4 kg noch nicht ganz ausgereifte Guaven, in dünne Scheiben geschnitten
3 Kardamomkapseln, zerdrückt (nach Belieben)
675 g vorgewärmter Gelierzucker (siehe S. 7)
Saft von 1–2 Zitronen, je nach Säuregehalt der Guaven

Die Guavenscheiben mit den Kardamomkapseln – falls verwendet – in einen großen Topf geben, knapp mit Wasser bedeckt zum Kochen bringen und etwa 45 Minuten sanft köcheln lassen, bis die Früchte sehr weich sind.

Die Fruchtscheiben durch ein Kunststoffsieb streichen oder im Mixer zerkleinern, in einen Saftbeutel geben und den Saft an einem kühlen Platz langsam (8–12 Stunden) in eine untergestellte metallfreie Schüssel abtropfen lassen. Nicht pressen oder wringen, sonst wird das Gelee trüb.

Den gewonnenen Saft abmessen und in den Topf zurückgeben. Auf je 570 ml Saft 450 g Gelierzucker und den Zitronensaft zugeben. Bei milder Hitze den Zucker unter Rühren auflösen. Die Temperatur heraufschalten und den Sirup 10–15 Minuten kräftig kochen lassen, bis er geliert.

Den Topf von der Kochstelle nehmen und das Gelee abschäumen. In warme, saubere und trockene Gläser füllen und fest verschließen. Das Gelee über Nacht fest werden lassen und anschließend kühl, dunkel und trocken aufbewahren.

TROCKENFRÜCHTE

Schwarz glänzende, pralle Backpflaumen in Armagnac (siehe S. 114), bernsteinfarben leuchtende Aprikosenmarmelade mit Bénédictine (siehe S. 112), Chutneys und würzige, pikante Pickles – all das und noch viel mehr läßt sich preiswert und zu jeder Jahreszeit aus dem reichhaltigen Angebot der Trockenfrüchte zubereiten. Die Verwendung von Trockenfrüchten hat zudem den Vorteil, daß außer Einweichen kaum irgendwelche vorbereitende Arbeiten anfallen. Es sollten möglichst nur sonnengetrocknete Früchte verarbeitet werden, die nicht geschwefelt oder mit anderen Konservierungsmitteln behandelt wurden.

Links (von links nach rechts): Gewürzte Trockenfrüchte, Aprikosen-Birnen-Marmelade, Aprikosen-Orangen-Mincemeat.

Aprikosenmarmelade mit Bénédictine

Feinschmecker, die reichlich von dieser Marmelade essen, haben stets eine gute Entschuldigung, denn der berühmte französische Kräuterlikör soll angeblich rheumatische Beschwerden lindern.

ERGIBT ETWA 2 KG

450 g getrocknete Aprikosen
Vorgewärmter Zucker (siehe S. 7)
Saft und abgeriebene Schale von
1 unbehandelten Orange
50 g Mandelblättchen
4 EL Bénédictine

Die Aprikosen mit 1,2 l Wasser in eine metallfreie Schüssel geben und über Nacht einweichen.

Den Inhalt der Schüssel in einem großen Topf zum Kochen bringen, etwa 45 Minuten sanft köcheln lassen, bis die Aprikosen sehr weich sind.

Die weichgekochten Früchte durch ein Kunststoffsieb streichen oder im Mixer pürieren. Das Püree abmessen und mit 450 g Zucker auf je 570 ml Püree in den Topf zurückgeben. Die Orangenschale und den Saft unterrühren, die Mischung zum Kochen bringen und etwa 10 Minuten einkochen lassen; bei Bedarf rühren.

Den Topf von der Kochstelle nehmen, die Mandelblättchen und den Kräuterlikör unterrühren. Die Marmelade 10–15 Minuten ruhen lassen, nochmals umrühren und in vorgewärmte, saubere, trockene Gläser füllen. Die Gläser fest verschließen, über Nacht stehenlassen und anschließend kühl, dunkel und trocken aufbewahren.

Hunza-Aprikosen-Honig

Die von dem ismailitischen Bergvolk im Hunzatal angebauten Aprikosen sind in gut sortierten Naturkostläden erhältlich. Sie schmecken einfach wunderbar, und es werden ihnen beachtliche gesundheitsfördernde Eigenschaften nachgesagt.

ERGIBT ETWA 850 ML–1 L

900 g Hunza-Aprikosen
2 EL Zitronensaft
175 g flüssiger Honig

Die getrockneten Aprikosen in eine Schüssel geben, mit 850 ml kochendheißem Wasser überbrühen und etwa 4 Stunden im heißen Wasser einweichen.

Die Aprikosen abtropfen lassen. Das Einweichwasser zurückbehalten und in 15–20 Minuten auf 425 ml Flüssigkeit einkochen.

In der Zwischenzeit die Aprikosen entsteinen und grob zerkleinern. Die Fruchtstückchen mit dem Zitronensaft zu der Flüssigkeit geben und bei milder Hitze darin weichkochen.

Den Topfinhalt durch ein Kunststoffsieb in eine Schüssel geben. Mit einem Holzlöffel kräftig pressen, damit man möglichst viel Fruchtmark erhält. Das Püree in den Topf zurückgeben, den Honig unterrühren und so lange unter gelegentlichem Rühren kochen, bis ein am Topfboden entlanggezogener Löffel eine deutliche Spur hinterläßt.

Den Aprikosenhonig in vorgewärmte, saubere, trockene Gläser füllen, fest verschließen und kühl, dunkel und trocken aufbewahren.

Aprikosen-Apfel-Marmelade mit Cidre

ERGIBT ETWA 2,2 KG

225 g getrocknete Aprikosen, gehackt
570 ml trockener Cidre
900 g Kochäpfel, geschält, entkernt und gehackt
1 1/2 EL Zitronensaft
1,4 kg vorgewärmter Zucker (siehe S. 7)

Die vorbereiteten Aprikosen in eine metallfreie Schüssel geben, mit dem Cidre übergießen und über Nacht einweichen.

Den Inhalt der Schüssel in einen großen Topf geben, die Äpfel hinzufügen und zum Kochen bringen. Die Temperatur herunterschalten und die Mischung etwa 1 Stunde sanft köcheln lassen, bis die Früchte weich sind und beginnen zu zerfallen.

Bei milder Hitze den Zitronensaft und den vorgewärmten Zucker unterrühren, bis der Zucker aufgelöst ist. Die Temperatur erhöhen und die Mischung 10–15 Minuten kräftig kochen lassen, bis der Gelierpunkt erreicht ist. Bei Bedarf zwischendurch rühren.

Den Topf von der Kochstelle nehmen und entstandenen Schaum von der Marmelade abschöpfen. In vorgewärmte, saubere, trockene Gläser füllen und fest verschließen. Die Marmelade über Nacht fest werden lassen und anschließend kühl, dunkel und trocken aufbewahren.

Links (im Uhrzeigersinn von der Mitte oben): Backpflaumen, getrocknete Pfirsiche, Hunza-Aprikosen, getrocknete Aprikosen, Feigen, Apfelringe, Birnen, Datteln und Mangostreifen.

Aprikosen-Orangen-Mincemeat

Durch die Zugabe von Möhren bleibt diese ungewöhnliche Mincemeat-Zubereitung schön saftig, während der Kardamom ein angenehm würziges, etwas zitronenartiges Aroma beisteuert.

ERGIBT ETWA 1,1 KG

225 g getrocknete Aprikosen, gehackt
Saft und fein abgeriebene Schale von 2 großen unbehandelten Orangen
Saft und fein abgeriebene Schale von 1 unbehandelten Limette
225 g Sultaninen
115 g Rosinen, gehackt
75 g kandierte Zitrusschalen
115 g Mandelblättchen
115 g dunkler Muscovado-Zucker
225 g Möhren, gerieben
150 g gehacktes Pflanzenfett oder Rindertalg
Samenkörner von 6 Kardamomkapseln, fein zerrieben
1 1/2 TL gemahlener Zimt
1/2 TL geriebene Muskatnuß
4 EL Cointreau
150 ml Whisky

Alle Zutaten in einer großen metallfreien Schüssel vermengen und die Mischung zugedeckt über Nacht oder mehrere Stunden an einem kühlen Platz durchziehen lassen; gelegentlich umrühren.

Das Mincemeat so dicht in saubere, trockene Gläser füllen, daß keine Luftbläschen eingeschlossen werden. Die Gläser fest verschließen und bis zum Öffnen mindestens 1 Monat kühl, dunkel und trocken aufbewahren.

Oben: Der Mincemeat-Pudding mit selbstgemachtem Mincemeat schmeckt phantastisch und macht kaum Arbeit.

Mincemeat-Pudding

FÜR 4 PERSONEN

75 g Butter, zimmerwarm
65 g dunkler Muscovado-Zucker
2 Eier (Gewichtsklasse 3), verschlagen
115 g Mehl
1 1/2 TL Backpulver
225 g Aprikosen-Orangen-Mincemeat (siehe oben)

Den Backofen auf 160 °C vorheizen; eine flache feuerfeste Schüssel gleichmäßig mit Butter ausstreichen.

Butter und Zucker in einer Schüssel schaumig rühren, nach und nach die verschlagenen Eier einrühren. Mit einer großen Gabel erst das Mehl und dann das Mincemeat unterheben.

Die Mischung in die feuerfeste Form füllen und 10 Minuten backen. Die Temperatur auf 150 °C reduzieren und 40–45 Minuten weiterbacken, bis ein in die Mitte eingestochenes Messer beim Herausziehen sauber bleibt.

Den Pudding heiß mit Vanillesauce oder Vanille-Eiscreme servieren.

Aprikosen-Birnen-Marmelade

Getrocknete Aprikosen und Birnen ergeben eine aromatische Marmelade, deren Zubereitung sich besonders im Winter anbietet, wenn frisches Obst knapp und teuer ist. Die Aprikosenkerne verleihen der Marmelade ein angenehmes Mandelaroma und gleichzeitig etwas Biß.

ERGIBT ETWA 2,2 KG

450 g Hunza-Aprikosen
450 g getrocknete Birnen
1 Vanilleschote (längs aufgeschnitten)
1 Zimtstange
Saft und abgeriebene Schale von 2 unbehandelten Zitronen
500 g vorgewärmter Zucker (siehe S. 7)

Die Aprikosen mehrere Stunden in 1,2 l Wasser einweichen, abtropfen lassen und die Flüssigkeit zurückbehalten.

Die getrockneten Birnen mit Vanilleschote, Zimtstange, Zitronenschale und -saft, 900 ml Wasser und dem Einweichwasser der Aprikosen in einen großen Topf geben. Die Mischung zum Kochen bringen und auf kleiner Flamme 10 Minuten unter gelegentlichem Rühren köcheln lassen, bis die Birnen weich sind.

Die Aprikosen entsteinen und die Steine mit einem Nußknacker, einem Nudelholz oder einem Hammer aufbrechen, um die Kerne zu entnehmen.

Bei milder Hitze die Aprikosen und den vorgewärmten Zucker in den Topf geben und den Zucker unter Rühren auflösen. Die Temperatur heraufschalten und die Mischung etwa 20 Minuten unter häufigem Rühren kochen, bis der Gelierpunkt erreicht ist. Die Vanilleschote und die Zimtstange herausnehmen.

Den Topf von der Kochstelle nehmen und die Marmelade etwa 15 Minuten stehenlassen. Die Aprikosenkerne unterrühren, die Marmelade in vorgewärmte, saubere und trockene Gläser füllen und fest verschließen. Über Nacht stehenlassen und anschließend kühl, dunkel und trocken aufbewahren.

Abwandlung: ***Aprikosen-Haselnuß-Marmelade***
450 g getrocknete Aprikosen über Nacht in 1,7 l Wasser einweichen, dann im Einweichwasser mit dem Saft von 1 großen Zitrone weichkochen. Bei milder Hitze 1,4 kg Zucker unterrühren, bis er aufgelöst ist. Wie oben beschrieben fortfahren und anstelle der Aprikosenkerne 40 g geröstete und gehackte Haselnüsse unterrühren.
Ergibt etwa 2,2 kg.

Pfirsich-Maronen-Chutney

Für dieses angenehm nussig schmeckende Chutney werden gekochte Maronen benötigt. Ersatzweise kann auch die gleiche Menge gehackte Walnüsse, Mandeln oder Haselnüsse verwendet werden.

ERGIBT ETWA 1,8 KG

450 g getrocknete Pfirsiche
450 g Zwiebeln, gehackt
Saft und fein abgeriebene Schale von 2 großen unbehandelten Orangen
225 g Rosinen
1 Knoblauchzehe, gehackt
1 TL englisches Senfpulver
1/2 TL gemahlener Piment
450 g heller Muscovado-Zucker
850 ml Apfelessig
225 g gekochte Maronen, geviertelt

Die getrockneten Pfirsiche in eine metallfreie Schüssel geben und, knapp mit kaltem Wasser bedeckt, über Nacht einweichen.

Am nächsten Tag die Pfirsiche abtropfen lassen und kleinschneiden. Das aufgefangene Einweichwasser in einen großen Topf gießen und stark einkochen lassen. Die restlichen Zutaten – bis auf die Maronen – hinzufügen und zum Kochen bringen. Die Mischung bei verminderter Hitzezufuhr 1 Stunde unter häufigem Rühren sanft köcheln lassen, bis die Masse eine marmeladeähnliche Konsistenz hat und sich keine Flüssigkeit mehr absetzt.

Den Topf von der Kochstelle nehmen und die Maronenstückchen unterrühren. Das Chutney in vorgewärmte, saubere und trockene Gläser füllen. Beim Einfüllen Lufteinschlüsse vermeiden. Die Gläser mit säurebeständigen Deckeln fest verschließen und bis zum Öffnen mindestens 1 Monat kühl, dunkel und trocken aufbewahren.

Backpflaumen in Armagnac

In Alkohol eingelegt profitieren nicht nur hochwertige Backpflaumen, auch nicht so schöne Früchte werden auf diese Weise veredelt. Die dünn abgeschälte Orangenschale läßt man am besten auf kleinster Flamme im Backofen trocknen. Bei der Auswahl des Glases daran denken, daß die Backpflaumen während der Lagerung noch quellen.

ERGIBT ETWA 1 L

450 g weiche Backpflaumen
425 ml frisch aufgebrühter Tee mit würzigem Aroma, zum Beispiel Orange Pekoe oder Earl Grey
1 Streifen getrocknete Orangenschale
225 ml Armagnac
115 g Demerara-Zucker

Die Backpflaumen mit dem heißen Tee in einen großen Topf geben und zum Kochen bringen, 3 Minuten sanft köcheln lassen und vom Herd nehmen. Die Kochflüssigkeit abgießen und zurückbehalten; die Pflaumen abtropfen lassen und mit der Orangenschale in ein sauberes, trockenes Glas geben; mit Armagnac übergießen.

Die zurückbehaltene Flüssigkeit in den Topf zurückgeben, den Zucker einstreuen und bei milder Hitze unter Rühren auflösen. Die Flüssigkeit aufkochen, dann auf kleiner Flamme sirupartig einkochen lassen. Über die Backpflaumen gießen, so daß sie gut bedeckt sind.

Das Glas schwenken, damit eingeschlossene Luftblasen entweichen können, und fest verschließen. Bis zum Öffnen 2 Monate kühl, dunkel und trocken aufbewahren; gelegentlich schütteln.

Die eingelegten Backpflaumen zu Schweinebraten oder Wildbret reichen. Die Flüssigkeit verdünnt zum Ablöschen des Bratensaftes von Schweinesteaks verwenden, die mit ein paar Pflaumen serviert werden. Man kann sie auch mit Eiscreme als Dessert reichen oder eisgekühlt zu knusprigem Mandelbiskuit essen und unter Obstsalate mischen.

Abwandlung: ***Backpflaumen in Rum***
Den Armagnac durch Rum ersetzen. Ergibt etwa 1 l.

Kompott von Trockenfrüchten mit Pekannüssen

Ein paar Gläser Kompott erweisen sich gerade im Winter als nützlich, wenn es darum geht, schnell ein Dessert zu zaubern oder eine erlesene Beilage zur Verfügung zu haben. Wer es nicht ganz so würzig mag, der bindet die Gewürze in ein Stück Musselin ein und entfernt das Säckchen nach dem Einweichen der Früchte.

ERGIBT ETWA 2 L

1 Flasche Rotwein
1 Lorbeerblatt, 4 Gewürznelken
1 Zimtstange, 2 ganze Sternanis
1 Vanilleschote (aufgeschlitzt)
$^1/_2$ TL Korianderkörner
5 schwarze Pfefferkörner
350 g Backpflaumen, entsteint
750 g gemischte Trockenfrüchte wie Aprikosen, Pfirsiche, Birnen und Feigen, grob gehackt
50 g Pekannüsse
250 g Zucker
4 EL Weinbrand

Den Wein mit den Gewürzen 30 Minuten sanft köcheln lassen. Die Trockenfrüchte in eine Schüssel geben, mit dem Wein übergießen und über Nacht einweichen.

Die Früchte mit den Gewürzen aus der Flüssigkeit heben und in saubere, hitzebeständige Gläser füllen. Die Pekannüsse gleichmäßig auf die Gläser verteilen.

Den Wein in einen großen Topf gießen, den Zucker einstreuen und bei milder Hitze unter Rühren auflösen. Die Temperatur heraufschalten und den Sirup etwas einkochen lassen. Den Topf von der Kochstelle nehmen, den Weinbrand unterrühren und die Mischung über die Früchte gießen. Die Gläser schwenken, damit Luftblasen entweichen können. Die Gläser fest verschließen und bis zum Öffnen 3–4 Wochen kühl, dunkel und trocken aufbewahren.

Links: Kompott von Trockenfrüchten mit Pekannüssen – eine köstliche Einmachvariante mit Biß.

Eingemachte Backpflaumen mit Rosinen

ERGIBT ETWA 1,6 KG

570 g Backpflaumen, halbiert und entsteint
350 g Rosinen
115 g getrocknete Feigen oder entsteinte getrocknete Datteln, gehackt
500 ml frisch aufgebrühter Earl-Grey-Tee
Saft und fein abgeriebene Schale von 1 unbehandelten Orange
Saft von 1 Zitrone
2 Gewürznelken
225 g dunkler Muscovado-Zucker, vorgewärmt (siehe S. 7)
50 g Walnußhälften
4 EL Kirschwasser oder brauner Rum

Die Trockenfrüchte in eine Schüssel geben, mit dem Tee übergießen und über Nacht einweichen.

Den Inhalt der Schüssel in einen großen Topf geben, die restlichen Zutaten – bis auf die Nüsse und den Alkohol – hinzufügen und den Zucker bei milder Hitze unter Rühren auflösen. Die Temperatur heraufschalten, die Mischung aufkochen lassen und etwa 12 Minuten unter Rühren köcheln, bis die Flüssigkeit leicht geliert.

Den Topf von der Kochstelle nehmen, die Walnußhälften und den Alkohol unterrühren und die Früchte mit dem Sirup in vorbereitete Gläser füllen. Fest verschließen und bis zum Öffnen einige Tage kühl, dunkel und trocken aufbewahren.

Gewürzte Backpflaumen

ERGIBT ETWA 700 ML

450 g saftige Backpflaumen
450 ml frisch aufgebrühter Earl-Grey-Tee
115 g Zucker
1 TL Gewürznelken
8 Pimentkörner
1 Muskatblüte
1 Stück Zimtstange (etwa 3 cm)
150 ml Weißweinessig
Einige kurze Streifen Orangenschale

In einer Schüssel die Backpflaumen mit dem Tee übergießen und zugedeckt über Nacht einweichen.

Am nächsten Tag den Zucker, die Gewürze und den Essig in einen großen Topf geben und bei milder Hitze den Zucker unter Rühren auflösen, dann die Temperatur heraufschalten und die Essig-Zucker-Lösung 5 Minuten kochen. Die eingeweichten Pflaumen mit der Einweichflüssigkeit zugeben und zugedeckt etwa 20 Minuten sanft köcheln lassen, bis die Früchte weich sind.

Die Pflaumen mit einem Schaumlöffel herausheben und dicht unter Zugabe der Orangenschale in ein vorgewärmtes, sauberes, trockenes Glas füllen. Den Sirup aufkochen und über die Pflaumen gießen. Das Glas schwenken, damit eventuell eingeschlossene Luftblasen entweichen können. Mit säurebeständigem Deckel fest verschließen und bis zum Öffnen 1 Monat kühl, dunkel und trocken aufbewahren.

Diese Pflaumen als Beilage zu Schinken, Schweinefleisch, Gans oder Hase reichen oder mit Rotkohl schmoren. Den Sirup kann man zum Ablöschen von Bratensaft verwenden.

Chutney von Trockenfrüchten

Für ein stückiges Chutney werden die Früchte grob gehackt, für eine glattere Würzsauce von marmeladeähnlicher Konsistenz entsprechend feiner geschnitten.

ERGIBT ETWA 2,2 KG

225 g getrocknete Pfirsiche, gehackt
225 g getrocknete Aprikosen, gehackt
225 g getrocknete Birnen, gehackt
570 ml Weißweinessig
450 g Kochäpfel, vorzugsweise Bramley oder Gravensteiner, geschält, entkernt und gehackt
225 g Zwiebeln, fein gehackt
2 Knoblauchzehen, fein gehackt
115 g Rosinen, 1/2 TL gemahlener Koriander
1/2 TL gemahlene Nelken
1 TL englisches Senfpulver
1 Prise Cayennepfeffer, 1 TL Meersalz
675 g heller Muscovado-Zucker, vorgewärmt (siehe S. 7)

Die gehackten Trockenfrüchte über Nacht im Essig einweichen.

Am nächsten Tag die eingeweichten Früchte in einen großen Topf geben und zum Kochen bringen, dann die restlichen Zutaten – bis auf den Zucker – hinzufügen und die Mischung 30 Minuten sanft köcheln lassen, bis alle Früchte weich sind.

Bei milder Hitze den vorgewärmten Zucker unterrühren, bis er aufgelöst ist. Die Temperatur erhöhen und die Mischung unter ständigem Rühren 15–20 Minuten köcheln lassen, bis die Masse eine marmeladeähnliche Konsistenz hat und sich keine Flüssigkeit mehr absetzt.

Das Chutney in vorgewärmte, saubere und trockene Gläser füllen. Darauf achten, daß keine Luftblasen eingeschlossen werden. Die Gläser mit säurebeständigen Deckeln fest verschließen und bis zum Öffnen mindestens 2 Monate kühl, dunkel und trocken aufbewahren.

Gewürzte Trockenfrüchte

Diese eingelegten Früchte sind süß genug für ein Dessert (man kann sie natürlich nach Geschmack nachsüßen), sie schmecken aber auch gut als Beilage zu Fleisch oder in Schmorgerichten mit Schwein, Lamm, Fasan oder Rebhuhn.

ERGIBT ETWA 1,4 KG

900 g gemischte Trockenfrüchte wie Backpflaumen, Apfelringe, Birnen, Pfirsiche, Aprikosen
1 Stück frischer Ingwer (etwa 5 cm), geschält und gerieben
Je 2 TL Pimentkörner und Gewürznelken
1 Zimtstange
Schale von 1 unbehandelten Zitrone
400 ml Apfelessig, 400 g Zucker

Alle Trockenfrüchte in eine Schüssel geben und, mit Wasser bedeckt, über Nacht einweichen.

Die Gewürze, die Zitronenschale und den Essig in einen großen Topf geben und zum Kochen bringen; 10 Minuten sanft köcheln. Die Flüssigkeit abkühlen lassen.

In der Zwischenzeit die Trockenfrüchte mit dem Einweichwasser in einen zweiten Topf geben und zugedeckt bei schwacher Hitze weichkochen.

Den Essig durch ein mit Musselin ausgelegtes Kunststoffsieb filtern und in den Topf zurückgießen. Bei milder Hitze den Zucker einstreuen und unter Rühren auflösen. Die Essig-Zucker-Lösung aufkochen und 7–10 Minuten bei schwacher Hitze einkochen lassen.

Die Früchte abtropfen lassen und in vorgewärmte, saubere, trockene Gläser füllen. Mit dem Sirup übergießen, so daß sie gut bedeckt sind, und eingeschlossene Luftblasen durch Drehen des Glases entweichen lassen. Mit säurebeständigen Deckeln fest verschließen und bis zum Öffnen mindestens 1 Monat kühl, dunkel und trocken aufbewahren.

Lammragout mit gewürzten Trockenfrüchten

Das Lammfleisch läßt sich gut einen Tag im voraus zubereiten. Am nächsten Tag wird es 30 Minuten vor dem Servieren langsam erhitzt, und man läßt es dann noch 20 Minuten sanft köcheln. Die eingelegten Früchte werden nach der Hälfte der Kochzeit zugegeben.

FÜR 4 PERSONEN

675 g entbeinte Lammkeule, in Würfel geschnitten
1 1/2 EL mildes Olivenöl
1 Zwiebel, fein gehackt
1 Knoblauchzehe, fein gehackt
2 TL Mehl
1 Zimtstange
1 TL gemahlener Piment
450 ml Brühe
Saft und fein abgeriebene Schale von 1 unbehandelten Orange
Saft und fein abgeriebene Schale von 1/2 unbehandelten Zitrone
100 ml Gewürzessig von den Trockenfrüchten (siehe S. 116)
Etwa 1 EL flüssiger Honig
1 Prise Cayennepfeffer
Salz und frisch gemahlener schwarzer Pfeffer
Etwa 10 eingelegte Trockenfrüchte, gegebenenfalls halbiert

Oben: Gewürzte Trockenfrüchte geben diesem reichhaltigen Lammragout einen besonderen Geschmack.

Den Backofen auf 170 °C vorheizen.

In einem Schmortopf die Fleischwürfel portionsweise in heißem Öl anbraten, mit einem Schaumlöffel herausnehmen und beiseite stellen.

Die Zwiebel in dem Bratfett glasig dünsten, dann den Knoblauch hinzufügen. Das Mehl und die Gewürze unterrühren und 1 Minute rösten; die Brühe, die Fruchtschalen und den -saft, Gewürzessig, Honig und Cayennepfeffer dazugeben; mit Salz und Pfeffer abschmecken. Die Sauce unter Rühren aufkochen lassen. Das Lammfleisch dazugeben und zugedeckt in der Sauce 1 Stunde und 10 Minuten schmoren. Die Trockenfrüchte unterrühren und 10 Minuten weitergaren.

Dattel-Aprikosen-Marmelade

Durch die hohe Zuckerkonzentration in den Trockenfrüchten kommt diese Marmelade mit sehr viel weniger Extrazucker aus. Trotzdem ist sie mit ihrem Gesamtzuckergehalt keineswegs für Diabetiker geeignet.

ERGIBT ETWA 1,1 KG

450 g getrocknete Aprikosen
675 g getrocknete Datteln, entsteint und gehackt
225 g vorgewärmter Zucker (siehe S. 7)
Saft von 1 Zitrone
50 g Haselnüsse, gehackt

Die Aprikosen in eine metallfreie Schüssel geben, mit 570 ml Wasser übergießen und zugedeckt 12 Stunden oder über Nacht einweichen, bis die Früchte aufgequollen sind.

Den Inhalt der Schüssel in einen großen Topf geben, die Datteln und zusätzlich 570 ml Wasser zugeben und sanft köcheln lassen, bis die Aprikosen weich sind.

Bei milder Hitze den vorgewärmten Zucker und den Zitronensaft zugeben und rühren, bis der Zucker aufgelöst ist. Die Temperatur heraufschalten und die Mischung zum Kochen bringen, dann bei verminderter Hitzezufuhr unter gelegentlichem Rühren sanft köcheln lassen, bis die Masse eindickt. Die Haselnüsse unterrühren und 2 Minuten weiterköcheln lassen.

Den Topf von der Kochstelle nehmen und entstandenen Schaum abschöpfen. Die Marmelade 10–15 Minuten abkühlen lassen, dann umrühren und in vorgewärmte, saubere Gläser füllen. Fest verschließen und bis zum Öffnen einige Tage kühl, dunkel und trocken aufbewahren.

Abwandlungen: Die Haselnüsse durch Walnüsse oder Mandeln ersetzen. Statt Zitronensaft Orangensaft verwenden.

Feigen-Apfel-Marmelade

Die Früchte für dieses Rezept können entweder von Hand zerkleinert oder durch den Fleischwolf gedreht werden.

Wen die winzigen Samenkörner in den Feigen stören, der kann die gekochten Früchte durchpassieren (dann erübrigt sich auch das Schälen und Entkernen der Äpfel).

ERGIBT ETWA 1,8 KG

1,4 kg Äpfel, geschält, entkernt und fein gehackt
450 g getrocknete Feigen, die Stielansätze entfernt und fein gehackt
Saft und fein abgeriebene Schale von 1 großen unbehandelten Orange
1/4 TL gemahlener Zimt
1/4 TL frisch geriebene Muskatnuß
1 Prise gemahlene Nelken
1,1 kg vorgewärmter Zucker (siehe S. 7)

Alle Zutaten – bis auf den Zucker – in einen großen Topf geben und, knapp mit Wasser bedeckt, zum Kochen bringen. Die Mischung 20–30 Minuten sanft köcheln lassen, bis ein dicker Fruchtbrei entstanden ist.

Bei milder Hitze den vorgewärmten Zucker einstreuen und unter Rühren auflösen. Die Temperatur heraufschalten und die Marmelade 10–15 Minuten kräftig kochen, bis der Gelierpunkt erreicht ist. Bei Bedarf rühren.

Den Topf von der Kochstelle nehmen und entstandenen Schaum abschöpfen. Die Marmelade in vorgewärmte, saubere, trockene Gläser füllen und fest verschließen. Die Gläser auskühlen lassen und bis zum Öffnen einige Tage kühl, dunkel und trocken aufbewahren.

Abwandlung: Den Zimt durch gemahlenen Piment oder chinesisches Fünfgewürzpulver ersetzen.

Dattel-Orangen-Chutney

ERGIBT ETWA 1,4 KG

450 g unbehandelte Orangen
675 g getrocknete Datteln, entsteint und gehackt
225 g Rosinen
450 g Zwiebeln, gehackt
625 g Zucker
1,4 l Gewürzessig (siehe S. 139)

Die Orangenschale fein abreiben und die Hälfte davon in einen großen Topf geben. Die weiße Fruchthaut von den Orangen abschneiden und das Fruchtfleisch hacken; die Kerne entfernen. Die kleingeschnittenen Orangen mit den übrigen Zutaten – bis auf den Zucker – in den Topf mit der Orangenschale geben.

Die Mischung zum Kochen bringen und etwa 1 Stunde unter gelegentlichem Rühren sanft köcheln lassen, bis das Chutney eine marmeladeähnliche Konsistenz hat und sich keine Flüssigkeit mehr absetzt.

Die restliche Orangenschale unterrühren und das Chutney in vorgewärmte, saubere, trockene Gläser füllen. Beim Einfüllen keine Luftblasen einschließen. Die Gläser mit säurebeständigen Deckeln fest verschließen und bis zum Öffnen mindestens 2 Monate kühl, dunkel und trocken aufbewahren.

Chutney von getrockneten Mangos

Getrocknete Mangos entwickeln beim Kochen ein ausgeprägteres Mangoaroma als frische Früchte und sind daher für dieses Chutney besser geeignet.

ERGIBT ETWA 1,4 KG

225 g getrocknete Mangos, gehackt
1 getrocknete rote Chilischote, halbiert
6 Kardamomkapseln, zerdrückt
3 Gewürznelken
5 Pimentkörner
1 TL Koriandersamen, zerstoßen

1 Zimtstange, halbiert
350 g Kochäpfel, geschält, entkernt und gehackt
1 Knoblauchzehe, in feine Scheiben geschnitten
Meersalz
300 ml Weißweinessig
350 g vorgewärmter Zucker (siehe S. 7)

Die Mangos in eine metallfreie Schüssel geben und knapp mit Wasser bedeckt über Nacht einweichen. Am nächsten Tag das Einweichwasser in einen großen Topf abgießen und auf 300 ml Flüssigkeit einkochen lassen.

Die Chilischote und die Gewürze ohne Fett in einer schweren Pfanne vorsichtig anrösten; mit den Mangos, den Äpfeln, dem Knoblauch, etwas Salz und dem Essig in den Topf geben. Die Mischung aufkochen und unter Rühren etwa 10 Minuten sanft köcheln lassen. Den Zucker unter Rühren auflösen. Die Temperatur heraufschalten und die Masse unter häufigem Rühren köcheln lassen, bis sie eingedickt ist.

Das Chutney in vorgewärmte, saubere Gläser füllen; darauf achten, daß keine Luftblasen eingeschlossen werden. Die Gläser mit säurebeständigen Deckeln fest verschließen und bis zum Öffnen 1 Monat kühl, dunkel und trocken aufbewahren.

Mostarda di Frutta

Eine echte Spezialität sind diese italienischen Senffrüchte. Hier werden Süße und Schärfe harmonisch zusammengeführt.

ERGIBT ETWA 600 G

115 g englisches Senfpulver
115 g heller Muscovado-Zucker
175 ml Weißweinessig
Je 115 g getrocknete Aprikosen, getrocknete Feigen, Rosinen und kandierte Kirschen, grob gehackt
50 g getrocknete Apfelringe, geviertelt
6 Stücke eingelegter Ingwer
1 TL Meersalz

In einer Schüssel das Senfpulver mit 300 ml Wasser verrühren und die Paste zugedeckt mindestens 1 Stunde durchziehen lassen.

Zucker und Essig in einen Topf geben und auf kleiner Flamme unter Rühren erhitzen, bis der Zucker aufgelöst ist. Die Essig-Zucker-Lösung bei mäßiger Hitze etwas einkochen lassen. Die Früchte, den Ingwer, das angerührte Senfpulver und das Salz zugeben und unter Rühren zum Kochen bringen, dann sanft köcheln lassen, bis die Masse eingedickt ist. Etwas abkühlen lassen und die Senffrüchte in vorgewärmte, saubere, trockene Gläser füllen. Beim Einfüllen keine Luftblasen einschließen. Die Gläser mit säurebeständigen Deckeln fest verschließen und bis zum Öffnen 6–8 Wochen kühl, dunkel und trocken aufbewahren.

In der Lombardei sind Senffrüchte die klassische Beilage zu gekochtem Fleisch.

Unten: Mostarda di Frutta – dieses klassische italienische Rezept stammt aus der Lombardei.

Nüsse

Nüsse sind nicht nur eine geschmackliche Bereicherung für viele Marmeladen, Chutneys und Saucen sondern verleihen ihnen einen gewissen Biß. Beim Einmachen können Nüsse die Hauptzutat sein, wie bei dem Maronenpüree mit Vanille (siehe S. 122), oder aber – in Verbindung mit anderen Zutaten – eine geschmacksverfeinernde Rolle übernehmen, wie bei der Birnenmarmelade mit Pistazien (siehe S. 124) und der Pflaumen-Orangen-Marmelade mit Haselnüssen (siehe S. 124). Etwas exotischer wirken Zubereitungen wie die Karibik-Marmelade oder das Kokosnuß-Relish (siehe S. 124). Beim Verarbeiten von Nüssen ist darauf zu achten, daß sie ganz frisch sind (möglichst nur ungeschälte Ware kaufen, weil sie länger haltbar ist). Sobald Nüsse alt oder auch nur leicht ranzig schmecken, sollten sie nicht konserviert werden, da sich der muffige Geschmack nach dem Kochen verstärkt und alles verdirbt.

Links (von links nach rechts): Möhren-Ingwer-Chutney mit Mandeln, Maronen in Sirup und Pflaumen-Orangen-Marmelade mit Haselnüssen.

Möhren-Ingwer-Chutney mit Mandeln

Die Möhren können längs, quer oder diagonal gerieben werden, je nachdem, wie lang die Streifen sein sollen.

ERGIBT ETWA 1,1 KG

450 g Möhren, gerieben
15 g gemahlener Koriander
15 g Meersalz
1 Messerspitze Cayennepfeffer
Saft und fein abgeriebene Schale von 1 unbehandelten Zitrone
250 ml Apfelessig
50 g frischer Ingwer
350 g vorgewärmter Zucker (siehe S. 7)
50 ml flüssiger Honig
25 g Mandelblättchen

Die Möhren, Koriander, Salz, Cayennepfeffer, Zitronenschale und -saft mit dem Essig in eine Schüssel geben. Die Hälfte des Ingwers reiben und die andere Hälfte in dünne Streifen schneiden. Den Ingwer unterrühren und die Mischung zugedeckt über Nacht durchziehen lassen.

Am nächsten Tag den Inhalt der Schüssel in einen großen Topf geben, mit 150 ml Wasser zum Kochen bringen und 20 Minuten sanft köcheln lassen. Bei milder Hitze den vorgewärmten Zucker und den Honig unter Rühren auflösen und 20–25 Minuten weiterköcheln lassen, bis die Masse eingedickt ist. Bei Bedarf rühren. Die Mandelblättchen unterrühren und die Masse noch etwa 4 Minuten köcheln lassen.

Das Chutney von der Kochstelle nehmen und in vorgewärmte, saubere, trockene Gläser füllen. Beim Einfüllen keine Luftblasen einschließen. Mit säurebeständigen Deckeln fest verschließen und das Chutney bis zum Öffnen mindestens ein paar Tage, wenn möglich, aber länger durchziehen lassen.

Maronen in Sirup

Das Schälen der Maronen ist zwar sehr zeitaufwendig, sollte Sie aber nicht dazu verleiten, getrocknete Maronen einzuweichen. Sie wären von dem Ergebnis so enttäuscht, daß Sie sich über die vergeudete Zeit maßlos ärgern würden. Von der im Rezept angegebenen Menge sollen nach dem Schälen noch 350 g Maronen übrigbleiben.

ERGIBT ETWA 350 G

Etwa 600–675 g Maronen
1 Vanilleschote (aufgeschlitzt)
225 g Zucker
225 g Glukosesirup
2 EL Weinbrand oder brauner Rum (nach Belieben)

Die Maronen mit einem scharfen Messer auf der gewölbten Seite einritzen, in kochendes Wasser geben und 10 Minuten köcheln lassen. Den Topf von der Kochstelle nehmen und die Maronen mit der Schaumkelle einzeln herausnehmen. Abkühlen lassen, dann die braune Außenschale und die innere hellgelbe Haut entfernen.

Die geschälten Maronen und die Vanilleschote in einen Topf geben und, knapp mit Wasser bedeckt, etwa 5 Minuten köcheln lassen, bis die Maronen weich sind, aber noch nicht zerfallen. Abtropfen und auf Küchenkrepp trocknen lassen; die Vanilleschote zurückbehalten.

Zucker, Glukosesirup und 175 ml Wasser in einem großen Topf langsam erhitzen und den Zucker unter Rühren auflösen. Die Temperatur heraufschalten und die Flüssigkeit aufkochen lassen. Den Topf von der Kochstelle nehmen und die Maronen hinzufügen, dann erneut zum Kochen bringen. Wieder von der Herdplatte nehmen und zugedeckt über Nacht durchziehen lassen.

Am nächsten Tag den Deckel abnehmen und die Maronen abermals im Sirup aufkochen. Den Topf von der Kochstelle nehmen und noch einmal zugedeckt über Nacht stehenlassen. Am Tag darauf die Vanilleschote zugeben und alles ein letztes Mal aufkochen. Den Topf vom Feuer nehmen und den Alkohol – falls verwendet – unterrühren, dann die Maronen mit dem Sirup in ein vorgewärmtes, sauberes, trockenes Glas füllen und durch Drehen des Glases eingeschlossene Luftblasen entweichen lassen. Das Glas fest verschließen und anschließend kühl, dunkel und trocken aufbewahren.

Man kann die Maronen mit Crème fraîche, Eiscreme oder griechischem Joghurt als Dessert servieren oder zu einem Schokoladen-Soufflé oder anderen Schokokaden-Desserts und zu Schokoladenkuchen reichen. Sie schmecken auch köstlich mit Karamel- oder Vanillecreme.

Maronen schälen: *Bei der Zubereitung von Maronen darauf achten, daß sowohl die braune Außenschale als auch die innere Haut entfernt werden.*

Maronenpüree mit Vanille

Dies ist eine verfeinerte Variante der als Konserve erhältlichen *crème de marrons*. Für dieses Rezept wurde heller Muscovado-Zucker verwendet.

ERGIBT ETWA 1,4 KG

Etwa 1,25 kg Maronen
1 Vanilleschote
600 g heller Muscovado-Zucker, vorgewärmt (siehe S. 7)
2 EL brauner Rum

Die Maronen wie im vorherigen Rezept vorbereiten.

Die vorbereiteten Maronen und die Vanilleschote in einen Topf geben und knapp mit Wasser bedeckt zum Kochen bringen; zugedeckt etwa 30 Minuten sanft köcheln lassen, bis die Maronen weich sind. Die Vanilleschote herausnehmen und

Maronen

die Kochflüssigkeit auffangen. Die Maronen abtropfen lassen, in ein Passiergerät geben oder im Mixer oder in der Küchenmaschine pürieren. Das Püree abwiegen (es sollten etwa 750 g sein).

Die Vanilleschote längs aufschneiden, das Fruchtmark herausschaben und mit der Schote in einen großen Topf geben. Das Maronenpüree, den Zucker und 100 ml von der zurückbehaltenen Kochflüssigkeit hinzufügen. Die Mischung langsam erhitzen und rühren, bis der Zucker aufgelöst ist, dann köcheln lassen, bis die Masse eingedickt ist. Die Vanilleschote herausnehmen und den Rum unterrühren.

Das Maronenpüree in vorgewärmte, saubere, trockene Gläser füllen und fest verschließen. Über Nacht abkühlen und etwas fest werden lassen. Kühl, dunkel und trocken aufbewahrt, hält sich dieses köstliche Maronenpüree etwa 6 Monate.

Mit dem Maronenpüree kann man die Böden für einen Schokoladenkuchen zusammensetzen oder eine Schokoladen-Biskuitrolle füllen. Man füllt damit Schokoladen-Pfannkuchen oder Baiser-Schalen und verziert sie mit einer Sahnehaube und Schokoladenspänen. Englische Creme (Vanillesauce), Konditorcreme oder Schlagsahne wird mit dem Maronenpüree verfeinert, und es dient als Basis für Soufflés, Mousses und Eiscremes. Mit Schlagsahne, Crème fraîche oder Joghurt vermischt, ist schnell ein Dessert gezaubert, und zu leicht gesüßten pochierten Orangenscheiben oder Kumquats paßt das Püree ganz ausgezeichnet.

Rechts: Maronenpüree mit Schlagsahne, Crème fraîche oder griechischem Joghurt in Gläser schichten, und fertig ist ein köstliches Dessert.

Karibik-Marmelade

ERGIBT ETWA 1,4 KG

1 Kokosnuß
6 unbehandelte Limetten
1 Ananas
2 Kochäpfel, mit Schale und Kerngehäuse gehackt
900 g vorgewärmter Zucker (siehe S. 7)

Die »Augen« der Kokosnuß mit einem Fleischspieß durchbohren und das Kokoswasser in einen Topf abfließen lassen. Die Schale der Kokosnuß mit einem Hammer aufklopfen und das Kokosfleisch aus der Schale lösen. Das Fleisch grob raspeln und zu dem Kokoswasser geben.

Die Limettenschale abreiben, die Limetten auspressen (die Schalen zurückbehalten) und den Saft in den Topf geben. Die Limettenschalen kleinschneiden und dazugeben.

Die Ananas dick abschälen; darauf achten, daß alle »Augen« entfernt werden. Das Fruchtfleisch fein hacken und mit der abgeriebenen Limettenschale mischen. Die Ananasschale kleinschneiden und mit den vorbereiteten Äpfeln und 1,4 l Wasser in einen großen Topf geben. Die Mischung zum Kochen bringen und bei mäßiger Hitze etwa 1 Stunde köcheln lassen.

Die Flüssigkeit abseihen und die Schalenstücke gut ausdrücken, damit möglichst viel Saft gewonnen werden kann. Mit den mit der Limettenschale vermischten Ananasstückchen in den Topf mit den Kokosraspeln geben und unter gelegentlichem Rühren etwa 20 Minuten sanft köcheln lassen, bis die Fruchtstückchen weich sind.

Bei milder Hitze den Zucker einstreuen und unter Rühren auflösen. Die Temperatur heraufschalten und die Marmelade 10–15 Minuten sprudelnd kochen, bis der Gelierpunkt erreicht ist (siehe S. 17).

Den Topf von der Kochstelle nehmen und entstandenen Schaum abschöpfen. Die Marmelade in vorgewärmte, saubere und trockene Gläser füllen und fest verschließen. Über Nacht fest werden lassen und anschließend kühl, dunkel und trocken aufbewahren.

Die Karibik-Marmelade schmeckt gut auf gebuttertem Toast oder vermischt mit Naturjoghurt.

Kokosnuß-Relish

Dieses knackige Relish ist wirklich etwas Besonderes. Hier vereinen sich alle exotisch anmutenden Aromen – milde Kokosnuß, scharfer Cayennepfeffer, würziger Ingwer und Zimt – zu einem harmonischen Ganzen.

ERGIBT ETWA 675 G

1 Kokosnuß
1/2 TL gemahlener Ingwer
1 Zimtstange
1 Messerspitze Cayennepfeffer
1 große Zwiebel (keine Gemüsezwiebel) oder zwei kleinere Zwiebeln, fein gehackt
2–3 Knoblauchzehen, gehackt
50–115 g Zucker, nach Geschmack
1 TL Meersalz
300 ml Apfelessig

Die »Augen« der Kokosnuß mit einem Fleischspieß durchbohren und das Kokoswasser in einen großen Topf abfließen lassen. Mit einem Hammer die Schale der Kokosnuß aufklopfen und das Kokosfleisch aus der Schale lösen. Das Fleisch grob raspeln und zusammen mit den restlichen Zutaten in einen Topf geben.

Die Mischung langsam zum Kochen bringen und zugedeckt 30 Minuten sanft köcheln lassen. Den Deckel abnehmen und etwa 15 Minuten unter gelegentlichem Rühren weiterköcheln lassen, bis die Masse stark eingedickt ist.

Das Relish von der Kochstelle nehmen und in vorgewärmte, saubere Gläser füllen. Mit säurebeständigen Deckeln fest verschließen und bis zum Öffnen mindestens 1 Monat kühl, dunkel und trocken aufbewahren.

Das Kokosnuß-Relish ist eine ausgezeichnete Beilage zu allen Curry-Gerichten und paßt auch zu anderen kräftig gewürzten Fleischspeisen. Auch Geflügel- und Fischgerichten kann man mit diesem Relish eine völlig neue Geschmacksrichtung geben.

Birnenmarmelade mit Pistazien

Die delikaten grünen Pistazien harmonieren gut mit dem milden Birnengeschmack und sind auch optisch sehr reizvoll.

ERGIBT ETWA 1,4 KG

1 kg Birnen, geschält, entkernt und gewürfelt
Saft von 1 Zitrone
1,1 kg vorgewärmter Zucker (siehe S. 7)
75 g Pistazien, grob gehackt

Die Birnen mit dem Zitronensaft und 300 ml Wasser in einem großen Topf zum Kochen bringen und 10 Minuten sanft köcheln lassen, bis die Fruchtstückchen weich sind.

Den Zucker einstreuen und bei milder Hitze unter Rühren auflösen. Die Temperatur heraufschalten und die Mischung 15–20 Minuten unter gelegentlichem Rühren kräftig kochen, bis die Masse leicht eindickt.

Den Topf von der Kochstelle nehmen, den Schaum von der Marmelade abschöpfen und die Pistazien unterrühren. Die Marmelade 10–15 Minuten abkühlen lassen, dann umrühren und in vorgewärmte, saubere, trockene Gläser füllen. Beim Einfüllen keine Luftblasen einschließen. Die Gläser fest verschließen, über Nacht stehenlassen und anschließend kühl, dunkel und trocken aufbewahren.

Pflaumen-Orangen-Marmelade mit Haselnüssen

Leicht geröstete, gehackte Haselnüsse verleihen dieser beliebten Marmelade noch mehr Aroma und Konsistenz.

ERGIBT ETWA 1,4 KG

1 kg Pflaumen, entsteint
Saft und fein abgeriebene Schale von 1 kleinen unbehandelten Orange oder von 1 unbehandelten Limette
115 g Haselnüsse
1 kg Zucker

Oben: Mincemeat mit Pekannüssen und Whisky, gebacken in einer Hülle aus Phyllo-Teig, schmeckt wunderbar als Abschluß eines Menüs und ist schnell zubereitet.

Die Pflaumen mit 75 ml Wasser und dem Orangen- oder Limettensaft und der Zitrusschale in einem großen Topf zum Kochen bringen; etwa 20 Minuten sanft köcheln lassen, bis die Früchte weich sind. Den Grill vorheizen. Die Haselnüsse auf einem Backblech ausbreiten und rösten, bis die Häute platzen und die Nußkerne braun werden.

Die gerösteten Nüsse in einen Durchschlag geben und mit einem groben Tuch die Häute abreiben. Die Nüsse hacken und mit dem Zucker zu den Pflaumen geben, dann unter Rühren den Zucker auflösen. Die Temperatur heraufschalten und die Marmelade 10–15 Minuten sprudelnd kochen, bis der Gelierpunkt erreicht ist; bei Bedarf rühren.

Den Topf von der Kochstelle nehmen und entstandenen Schaum abschöpfen. Die Marmelade 10–15 Minuten abkühlen lassen, dann umrühren und in vorgewärmte, saubere, trockene Gläser füllen. Die Gläser fest verschließen, über Nacht stehenlassen und anschließend kühl, dunkel und trocken aufbewahren.

Mincemeat mit Pekannüssen und Whisky

Der nicht zu knapp bemessene Whisky unterstreicht die würzige Note dieser typisch englischen Zubereitung.

ERGIBT ETWA 1,1 KG

115 g Pekannüsse, gehackt
350 g Kochäpfel, geschält, entkernt und fein gehackt
200 g Rosinen
115 g getrocknete Aprikosen, fein gehackt
Je 75 g entsteinte Datteln und getrocknete Feigen, fein gehackt
150 g Sultaninen
1 TL frisch geriebene Muskatnuß
1 TL gemahlener Zimt
1 Prise gemahlener Piment
175 g gehackter Rindertalg oder Pflanzenfett
115 g dunkler Muscovado-Zucker
Saft und fein abgeriebene Schale von 2 unbehandelten Orangen
Saft und fein abgeriebene Schale von 1 unbehandelten Zitrone
300 ml Whisky

Alle Zutaten in einer metallfreien Schüssel verrühren und die Mischung zugedeckt 24 Stunden an einem kühlen Ort durchziehen lassen; gelegentlich umrühren.

Das Mincemeat dicht in saubere, trockene Gläser füllen und fest verschließen. Bis zum Öffnen 6–8 Wochen kühl, dunkel und trocken aufbewahren.

Oben: Roastbeef schmeckt ausgezeichnet mit einer Sauce aus eingelegten Walnüssen.

Eingelegte Walnüsse

Die Walnüsse werden gepflückt, bevor sich die harte Schale gebildet hat.

ERGIBT ETWA 2 L

450 g grüne Walnüsse
115 g Salz
40 g frischer Ingwer
1,7 l Weißweinessig
75 g schwarze Pfefferkörner
40 g Pimentkörner

Die Nüsse rundherum mit einer Stopfnadel einstechen und in eine metallfreie Schüssel legen. Die Hälfte der Salzmenge in 570 ml Wasser auflösen, über die Walnüsse gießen und die Nüsse zugedeckt 1 Woche stehenlassen, um ihnen die Bitterstoffe zu entziehen.

Das Einweichwasser abgießen und die Walnüsse abtropfen lassen.

Die restliche Hälfte Salz in 570 ml Wasser auflösen, über die Nüsse gießen und abermals 2 Wochen stehenlassen.

Die Walnüsse abtropfen lassen (die Salzlösung weggießen), abspülen und trocknen, dann 2–3 Wochen ausgebreitet an der Luft liegen lassen, bis sie schwarz geworden sind. Die Walnüsse in saubere, trockene Gläser füllen.

Den geschälten Ingwer mit einem Messer zerdrücken, zusammen mit dem Essig und den Gewürzen in einen Topf geben und 10 Minuten kochen, dann den Sud über die Nüsse gießen. Die Gläser vorsichtig aufstoßen, damit eingeschlossene Luftblasen entweichen können. Abkühlen lassen und mit säurebeständigen Deckeln fest verschließen. Bis zum Öffnen 1 Monat kühl, dunkel und trocken aufbewahren.

Roastbeef mit Walnuß-Sauce

Zum klassischen englischen Roastbeef gehört eigentlich auch ein anderer englischer Klassiker: eingelegte Walnüsse. Der angenehm pikante Geschmack der Sauce harmoniert vortrefflich mit dem edlen Fleischaroma.

FÜR 6 PERSONEN

1 Rippenstück vom Rind (etwa 2,2 kg)
Mildes Olivenöl zum Bestreichen
Frisch gemahlener schwarzer Pfeffer
6 eingelegte Walnüsse (siehe links), abgetropft
350 ml Rotwein
Etwa 75 ml Brühe, vorzugsweise Rinderfond
15 g Butter
Salz und frisch gemahlener Pfeffer

Den Backofen auf 230 °C vorheizen. Zur Berechnung der Garzeit das Fleisch wiegen, dann mit dem Öl bestreichen, pfeffern, aber nicht salzen. Das Roastbeef in einen Bräter legen und im Backofen auf einen Rost stellen. Das Fleisch 10–12 Minuten braten, dann die Ofentemperatur auf 180 °C reduzieren und pro 450 g Fleisch 12–15 Minuten (Gargrad blutig), 15–18 Minuten (Gargrad rosa) oder 18–20 Minuten (Gargrad durchgebraten) weiterbraten. Das Roastbeef gelegentlich mit dem Bratensaft begießen. Das Fleisch aus dem Ofen nehmen, auf eine Platte legen und im ausgeschalteten Ofen warmhalten. Dabei die Backofentür einen Spalt offenstehen lassen.

Überschüssiges Fett vom Bratensatz abschöpfen. Die eingelegten Walnüsse in den Bräter geben und mit einer Gabel zerdrücken. Den Wein unterrühren und alles aufkochen lassen. Die Brühe zugeben und die Sauce bis zur gewünschten Konsistenz einkochen lassen.

Bei milder Hitze die Butter stückchenweise unterrühren. Die Sauce mit Salz und Pfeffer abschmecken, in eine vorgewärmte Sauciere umfüllen und zum Roastbeef reichen.

Quinn's Sauce

Für die Zubereitung dieser Sauce muß man nicht unbedingt auf die selbsteingelegten Walnüsse zurückgreifen, die im Handel erhältlichen tun es auch. Ein fertig gekaufter Pilz-Ketchup ist ebenfalls geeignet.

ERGIBT ETWA 570 ML

300 g eingelegte Walnüsse mit Essigsud (siehe S. 126)
150 ml Pilz-Ketchup (siehe S. 31)
3 EL Sojasauce
115 g Sardellenfilets
12 Schalotten, fein gehackt
1 TL Cayennepfeffer

Alle Zutaten in einem Topf zum Kochen bringen und 15 Minuten sanft köcheln lassen. Den Topf von der Kochstelle nehmen, die Mischung etwas abkühlen lassen und im Mixer pürieren.

Die Sauce in saubere, trockene Glasgefäße füllen. Mit säurebeständigen Deckeln fest verschließen und bis zum Öffnen mindestens 2 Wochen kühl, dunkel und trocken aufbewahren.

Diese Sauce rundet Eintopfgerichte und Fischsaucen ab und ist auch vorzüglich als Tischwürze für Fisch und alle Sorten Fleisch, Wild und Geflügel geeignet.

Walnuß-Ketchup

Grüne Walnüsse lassen sich auch gut zu dieser vielseitig verwendbaren, pikanten Würzsauce verarbeiten. Das Zerkleinern der Nüsse erfolgt am besten in der Küchenmaschine oder im Mixer. Perfektionisten lassen die Mischung – ohne zu pressen oder zu wringen – durch einen Saftbeutel abtropfen.

ERGIBT ETWA 700 ML

40 grüne Walnüsse, fein gehackt
115 g Zwiebeln, fein gehackt
3 Muskatblüten
6 Gewürznelken
1 1/2 TL schwarze Pfefferkörner
1 1/2 TL Pimentkörner
75 g Meersalz
570 ml Weißweinessig

Die gehackten Walnüsse in eine metallfreie Schüssel und die restlichen Zutaten in einen großen Topf geben.

Den Topfinhalt langsam zum Kochen bringen, über die Walnüsse gießen und die Mischung zugedeckt 2 Wochen an einem kühlen Platz durchziehen lassen; täglich umrühren.

Den Inhalt der Schüssel in ein mit Musselin ausgelegtes Kunststoffsieb geben und abtropfen lassen. Die Masse mit einem Holzlöffel kräftig zusammendrücken, damit möglichst viel Saft austritt.

Die abgetropfte Flüssigkeit im offenen Topf etwa 1 Stunde kochen lassen, anschließend in vorgewärmte, saubere, trockene Flaschen füllen. Die Flaschen mit säurebeständigen Deckeln fest verschließen und bis zum Öffnen mindestens 2–4 Wochen kühl, dunkel und trocken aufbewahren.

Den Ketchup an Suppen, Schmorgerichte, Saucen, Marinaden und Salatsaucen geben oder auch als Tischwürze verwenden.

Links: Die grünen Walnüsse für Eingelegte Walnüsse und Walnuß-Ketchup werden geerntet, bevor sich die harten Schalen bilden.

Walnuß-Pickle

Gehackte Nüsse ergeben ein Pickle von interessanter Konsistenz. Durch Rösten und die Zugabe von etwas Walnußöl läßt sich der aromatische Nußgeschmack noch verstärken. Würziger wird das Pickle, wenn man frisch geriebenen Ingwer untermischt.

ERGIBT ETWA 1,1 KG

450 g Walnüsse
1 Zwiebel, fein gehackt
2 Knoblauchzehen, fein gehackt
2 EL mildes Olivenöl
50 g frisch geriebener Ingwer (nach Belieben)
1 großer Kochapfel, geschält, entkernt und gehackt
2 EL Walnußöl
1/2–3/4 TL frisch geriebene Muskatnuß
1/2 TL Paprikapulver
300 ml Weißwein- oder Apfelessig
175 g Zucker

Den Grill vorheizen. Die Walnußkerne auf einem Backblech ausbreiten und unter dem Grill leicht rösten. Die Nüsse häufig wenden, damit sie nicht anbrennen. Die gerösteten Nüsse auf eine Arbeitsplatte geben und hacken.

Die Zwiebel und die Knoblauchzehen im Olivenöl weichdünsten, aber nicht bräunen. Den Ingwer – falls verwendet – unterrühren und die restlichen Zutaten zugeben. Die Temperatur erhöhen und die Mischung zum Kochen bringen; zugedeckt 15–20 Minuten sanft köcheln lassen; bei Bedarf umrühren.

Das Pickle in vorgewärmte, saubere, trockene Gläser füllen, mit säurebeständigen Deckeln fest verschließen und bis zum Öffnen mindestens 3 Wochen kühl, dunkel und trocken aufbewahren.

Das Walnuß-Pickle paßt vorzüglich zu allen Käsesorten und Gerichten, die Käse enthalten.

Blüten, Kräuter und andere Aromazutaten

Der zarte und doch alles durchdringende Duft von Blüten, Kräutern und anderen Würzmitteln verleiht vielem Eingemachten ein ungeahntes Aroma. Manchmal sind diese Würzmittel die Hauptzutat eines Rezeptes, wie beim Holunderblütensirup (siehe S. 130), oder sie parfümieren gewissenmaßen andere Ingredienzen, wie beispielsweise bei der Angelika-Rhabarber-Marmelade (siehe S. 135) oder bei aromatisierten Ölen und Essigen (siehe S. 136–139). Selbstverständlich dürfen keine Blüten und Kräuter verwendet werden, die chemisch behandelt worden sind, und man muß alles meiden, was am Straßenrand wächst. Am besten pflückt man Blüten und Kräuter an einem sonnigen Vormittag, wenn die Sonne den Tau der Nacht schon abgetrocknet hat und noch nicht vom Himmel brennt. Kräuter werden stets vor der Blüte geerntet.

Links (von links nach rechts): Kräuteröl, Hagebuttensirup, Safran-Knoblauch, Kräutergelee und Gewürzessig.

Nelkenlikör

Von den verschiedenen Nelkenarten eignet sich für die Likörbereitung nur *Dianthus caryophyllus*, die allseits beliebte Gartennelke, die typisch ist für alte Bauerngärten.

ERGIBT ETWA 1 L

150 g Nelkenblüten
1 Gewürznelke
1 Stück Zimtstange (etwa 2,5 cm)
570 ml Wodka
225 g Zucker

Die Blüten mit einem Nudelholz leicht zerdrücken und zusammen mit den Gewürzen in eine Flasche mit weitem Hals geben.

Den Wodka in einem Topf leicht erwärmen und über die Nelkenblüten gießen. Die Mischung zugedeckt 2 Monate an einem warmen Platz durchziehen lassen; dabei die Flasche alle zwei Tage schütteln.

Den Inhalt der Flasche in ein zweifach mit Musselin ausgelegtes Sieb geben und die Flüssigkeit mehrere Stunden, ohne zu drücken und zu pressen, abtropfen lassen.

Den Zucker in 300 ml Wasser bei milder Hitze unter Rühren auflösen und anschließend abkühlen lassen.

Den aromatisierten Wodka mit dem Zuckersirup mischen, in eine saubere, trockene Flasche füllen und fest verschließen. Der Likör kann sofort getrunken werden.

Holunderblütensirup

Mit der Blüte des Holunders kündigt sich bei uns der Sommer an.

Der eigenwillige Duft der Holunderblüten läßt sich mit diesem Rezept besonders gut konservieren.

ERGIBT ETWA 1,1 L

Etwa 15 große Holunderblütendolden
900 g Zucker
1 unbehandelte Zitrone, in Scheiben geschnitten
40 g Zitronensäure
500 ml kochendes Wasser

Die Holunderblüten, den Zucker, die Zitronenscheiben und die Zitronensäure in eine große feuerfeste Schüssel geben. Das kochende Wasser zugießen und so lange rühren, bis sich der Zucker aufgelöst hat. Die Mischung zugedeckt an einem kühlen Platz 4 Tage durchziehen lassen; gelegentlich umrühren.

Eine Kostprobe nehmen. Die Flüssigkeit sollte einen ausgeprägten Geschmack haben, da sie zum Trinken noch verdünnt wird.

Den Sirup in saubere, trockene Flaschen abseihen und fest verschließen.

Der Sirup kann sofort getrunken werden, ist aber sehr lange haltbar, wenn er kühl, dunkel und trocken aufbewahrt wird.

Den Sirup gut gekühlt, mit Wasser oder trockenem Weißwein verdünnt, trinken, an Obstdesserts mit Stachelbeeren, Erdbeeren, Pfirsichen oder Himbeeren geben oder zum Aromatisieren von Cremespeisen verwenden.

Stachelbeer-Holunder-Püree

Die säuerlichen Stachelbeeren und die kräftig duftenden Holunderblüten ergänzen einander vortrefflich. Beides sind saisonale Köstlichkeiten, und zufällig hat es die Natur so eingerichtet, daß ihre Erntezeiten zeitlich zusammenfallen. Das Ergebnis dieser wunderbaren Verbindung ist ein samtiges, streichfähiges Püree mit einem zarten Blütenduft.

ERGIBT ETWA 1,1 KG

1,4 kg Stachelbeeren
3 Holunderblütendolden
Vorgewärmter Zucker (siehe S. 7)

Die Stachelbeeren mit den Holunderblüten und 150 ml Wasser in einen großen Topf geben und sanft köcheln lassen, bis die Beeren weich und musig sind.

Den Fruchtbrei mit einem Holzlöffel durch ein Kunststoffsieb passieren. Das Püree abmessen und mit 350 g Zucker auf je 570 ml Püree in den Topf zurückgeben.

Den vorgewärmten Zucker einstreuen und bei milder Hitze unter Rühren auflösen, dann die Temperatur erhöhen und die Masse etwa 30–45 Minuten unter ständigem Rühren sanft köcheln lassen, bis sie die Konsistenz einer dicken Creme erreicht hat.

Das Püree in vorgewärmte, saubere, trockene Gläser füllen und fest verschließen. Bis zum Öffnen einige Tage kühl, dunkel und trocken aufbewahren.

Das Stachelbeer-Holunder-Püree zum Füllen von Torten oder Torteletts verwenden und die Torteletts anschließend mit pochierten Stachelbeeren belegen. Es schmeckt auch sehr gut zu Weißbrot oder Kuchen.

Holunderbeerensauce

Aus den schwarzen aromatischen Holunderbeeren läßt sich eine delikate, feinwürzige Sauce zubereiten, die ausgezeichnet zu geschmorten Fleischgerichten, besonders zu Wild, paßt.

ERGIBT ETWA 1,1 L

3 Gewürznelken
2 Pimentkörner
5 schwarze Pfefferkörner
1 kleines Stück Zimtstange (1 cm)
1 getrocknete rote Chilischote
300 ml Rotweinessig
900 g Holunderbeeren
1 Zwiebel, gehackt
675 g Zucker
2 TL Meersalz

Die Gewürze und die Chilischote in ein Stück Musselin einbinden und mit dem Essig in einen großen Topf geben. Den Deckel auflegen und den Essig zum Kochen bringen.

Den Topf von der Kochstelle nehmen und zugedeckt über Nacht an einem kühlen Platz stehenlassen.

Die Holunderbeeren, die Zwiebel, den Zucker und das Salz in den Sud geben und die Mischung etwa 10–15 Minuten köcheln lassen, bis die Beeren weich sind. Das Stoffsäckchen herausnehmen und die Sauce in eine Schüssel abseihen.

Geschmorter Fasan mit Holunderbeeren-sauce

Man kann für dieses Gericht auch alle Zutaten in einen Tontopf gegeben, über Nacht durchziehen lassen und am nächsten Tag direkt in den Backofen stellen und schmoren. Noch besser ist allerdings die unten beschriebene Methode. Die Garzeit im Backofen ist abhängig vom Alter des Fasans.

FÜR 2 PERSONEN

1 Fasan, in Portionsstücke zerteilt
1 Handvoll Kräuter, wie Petersilie, Thymian, Rosmarin oder Schnittlauch
Salz und frisch gemahlener schwarzer Pfeffer
350 ml trockener, fruchtiger Rotwein
1 EL Öl
1 dicke Scheibe Frühstücksspeck (etwa 115 g), kleingeschnitten
1 Zwiebel, gehackt
2 Möhren, gehackt
2 EL Holunderbeerensauce (siehe S. 130)

Die Fasanenteile salzen, pfeffern und mit den Kräutern in eine metallfreie Schüssel legen, mit dem Wein übergießen und zugedeckt etwa 8 Stunden im Kühlschrank durchziehen lassen. Die Geflügelteile gelegentlich wenden.

Den Backofen auf 150 °C vorheizen. Die Fasanenteile aus der Marinade heben und gut abtrocknen. Den Wein zurückbehalten.

Das Öl in einer feuerfesten Kasserolle erhitzen, den Frühstücksspeck hinzufügen und ausbraten. Die Zwiebel und die Möhren zugeben und anschmoren, dann mit einem Schaumlöffel herausnehmen. Die Geflügelteile in das heiße Fett geben und goldbraun anbraten. Herausnehmen, den Wein mit den Kräutern einrühren und aufkochen lassen. Die Holunderbeerensauce hinzufügen, dann die Fasanenteile in die Kasserolle zurückgeben und das Gemüse und den gebratenen Speck darauf verteilen. Zugedeckt im Backofen schmoren, bis die Fasanenteile gar sind. Falls die Sauce zu dünn ist, das Geflügel herausnehmen und warmhalten, und die Sauce bis zur gewünschten Konsistenz einkochen lassen.

Oben: Mit der feinwürzigen Holunderbeerensauce wird der geschmorte Fasan ein aromatischer und saftigen Braten, der relativ einfach in der Zubereitung ist.

Die Sauce in den Topf zurückgeben und bei mäßiger Hitze etwas einkochen lassen; bei Bedarf rühren. Die Sauce in vorgewärmte, saubere, trockene Flaschen füllen und mit säurebeständigen Deckeln fest verschließen. Anschließend im Wasserbad (siehe S. 13) 30 Minuten sterilisieren.

Hagebuttensirup

Eine alte Bauernregel sagt, daß Hagebutten, die in der Küche Verwendung finden, erst nach dem ersten Frost geerntet werden sollen.

Hagebuttensirup ist reich an Vitamin C, das bekanntlich wasserlöslich ist. Deshalb wird dieser Sirup im Gegensatz zu herkömmlichem Sirup vitaminschonend zubereitet. Da sich angebrochene Flaschen nicht länger als eine Woche halten, füllt man den Sirup am besten nur in kleinen Mengen ab.

ERGIBT ETWA 570 ML

900 g reife Hagebutten
450 g vorgewärmter Zucker (siehe S. 7)

In einem Topf 1,8 l Wasser zum Kochen bringen. In der Zwischenzeit die Hagebutten durch den Fleischwolf (mittlere bis große Lochscheibe) drehen und sofort in den Topf geben. Die Mischung aufkochen lassen, von der Kochstelle nehmen und 15 Minuten durchziehen lassen.

Den Topfinhalt in einen ausgekochten Saftbeutel geben und in 8–12 Stunden möglichst viel Saft in eine untergestellte Schüssel abtropfen lassen.

Den Inhalt des Saftbeutels in den Topf zurückgeben, 850 ml Wasser zugeben und erneut zum Kochen bringen. Den Topf von der Kochstelle nehmen, 10 Minuten stehenlassen und den Inhalt abermals in den Saftbeutel geben. Weitere 4–6 Stunden den Saft abtropfen lassen.

Den so gewonnenen Saft in den ausgespülten Topf zurückgeben und bei schwacher Hitze auf etwa 850 ml Flüssigkeit einkochen lassen.

Bei milder Hitze den Zucker einstreuen und unter Rühren auflösen. Die Temperatur erhöhen und den Sirup 5 Minuten kochen. In heiß ausgespülte Flaschen abfüllen und verschließen. Die Flaschen 5 Minuten im Wasserbad sterilisieren (siehe S. 13). Herausnehmen und die Verschlüsse sofort fest zudrehen. Der Sirup ist bis zu 1 Jahr haltbar.

Zwei Teelöffel Sirup pro Tag ergänzen auf natürliche und preiswerte Art die Vitamin-C-Zufuhr. Der Sirup schmeckt auch gut zu Biskuitkuchen und pochierten Früchten oder an Obstsalaten.

Kandierte Rosenblütenblätter

Rosenblütenblätter, die man selbst kandiert hat, sehen viel schöner aus als gekaufte. Manchmal wird dafür anstelle von Gummmiarabikum leicht geschlagenes Eiweiß verwendet, aber das in jeder Apotheke erhältliche Gummiarabikum läßt sich einfacher auf die zarten Blütenblätter auftragen und konserviert sie besser und länger. Die nachfolgend beschriebene Methode des Kandierens ist auch für andere eßbare Blüten oder kleine Blätter geeignet, die als Garnierung für Desserts, Kuchen und Süßigkeiten verwendet werden.

6 große Blüten von Duftrosen
1 TL Gummiarabikum
Etwa 3 TL Rosenwasser
Feiner Zucker

Die Blütenblätter abzupfen und alle bitteren weißen Teile abschneiden. Das Gummiarabikum im Rosenwasser auflösen.

Mit einem Mal- oder Kosmetikpinsel das Gummiarabikum auf 3 oder 4 Blütenblätter gleichzeitig auftragen und die Blüten gleichmäßig mit dem Zucker bestreuen. Darauf achten, daß keine Stellen frei bleiben.

Die Blütenblätter auf ein mit Alufolie ausgelegtes Kuchengitter legen und an einem warmen, trockenen und luftigen Ort gut trocknen lassen; zwischendurch vorsichtig wenden. Die Blüten in ein Glas oder eine Dose geben, die einzelnen Lagen mit Seidenpapier trennen. Luftdicht verschlossen aufbewahrt, halten sich die kandierten Blütenblätter mindestens 1 Jahr.

Rosenblütenblätter mit Gummiarabikum-Lösung überziehen: *Mit einem kleinen Pinsel die Blütenblätter gleichmäßig mit der Lösung bestreichen.*

Rosenblüten-Marmelade

In einem Märchen aus Tausendundeiner Nacht ist die Rede vom Kalifen von Bagdad, der sieben Paläste besaß, wovon der siebente und prächtigste der Palast der ewigen und unersättlichen Freuden war. Auf den dort stattfindenden Festen wurde unter anderem auch eine sirupähnliche Marmelade von Rosenblütenblättern gereicht, eine honigsüße Köstlichkeit, die angeblich jeden gefangennahm, der davon kostete. Die nachfolgend beschriebene Marmelade ist vielleicht nicht dieselbe wie die aus dem Palast, aber sie ist mit Sicherheit sehr schmackhaft. Von der Konsistenz ist es mehr ein dickflüssiger Sirup als eine Marmelade. Wer den Brotaufstrich gern etwas fester hat, nimmt zum Kochen Gelierzucker und läßt die Marmelade nur 4 Minuten kochen.

ERGIBT ETWA 450 G

225 g dunkelrote, stark duftende Rosenblüten
450 g Zucker
Saft von 2 Zitronen
Rosenwasser nach Geschmack und Belieben

Die Blütenblätter abzupfen, die bitteren weißen Teile entfernen und die Blütenblätter in kleine, aber nicht zu winzige Stücke schneiden. Die kleingeschnittenen Blütenblätter in eine Schüssel geben und die Hälfte des Zuckers unterrühren. Zugedeckt etwa 24 Stunden durchziehen lassen.

Den restlichen Zucker mit dem Zitronensaft und 1,1 l Wasser in einem großen Topf langsam erhitzen und den Zucker unter Rühren auflösen. Die gezuckerten Blütenblätter hinzufügen, die Temperatur erhöhen und die Mischung etwa 20 Minuten unter gelegentlichem Rühren köcheln lassen.

Die Blütenmischung 5 Minuten kochen, bis sie etwas eingedickt ist, aber noch nicht den Gelierpunkt erreicht hat. Das Rosenwasser unterrühren, falls der Rosengeschmack zu schwach ist. Die Marmelade in vorgewärmte, saubere, trockene Gläser füllen und fest verschließen.

Die Marmelade über Nacht abkühlen und leicht gelieren lassen, dann kühl, dunkel und trocken aufbewahren.

Rosenblüten-Sorbet

Auch im tiefsten Winter ist es möglich, Erinnerungen an einen sommerlich warmen Nachmittag in einem altmodischen Bauerngarten wachzurufen, es bedarf dazu lediglich dieses delikaten Sorbets, garniert mit kandierten Rosenblütenblättern.

FÜR 4 PERSONEN

225 g Zucker
Etwa 3 EL Rosenblüten-Marmelade (siehe S. 132)
Rote Lebensmittelfarbe (nach Belieben)
Kandierte Rosenblütenblätter (siehe S. 132) zum Garnieren

Den Zucker mit 850 ml Wasser in einen großen Topf geben und den Zucker bei milder Hitze unter Rühren langsam auflösen. Die Marmelade unterrühren, die Temperatur heraufschalten und die Mischung sirupartig einkochen lassen (sie sollte in etwa die Konsistenz des Sirups von Obstkonserven haben).

Den Sirup auf seinen Rosengeschmack hin kosten; gegebenenfalls noch etwas Marmelade unterrühren, da sich der Geschmack später beim Gefrieren abschwächt.

Den Sirup in ein flaches gefriergeeignetes Gefäß gießen und zunächst abgedeckt im Kühlschrank kalt stellen.

Den gut gekühlten Sirup im Gefriergerät anfrieren lassen, herausnehmen und in eine eisgekühlte Schüssel geben. Die Masse mit einem kalten Schneebessen kräftig durchschlagen, um die Eiskristalle aufzubrechen. Falls das Sorbet zu blaß ist, etwas Lebensmittelfarbe unterrühren.

Die Masse erneut gefrieren lassen und wieder kräftig durchschlagen. Das Gefäß fest verschließen und wieder in das Gefriergerät zurück stellen. Das fertige Sorbet zum Servieren mit einigen kandierten Rosenblütenblättern dekorieren.

Oben: Dieses duftende, zartrosa Sorbet ist der krönende Abschluß einer Mahlzeit, denn es ist leicht, erlesen und wirklich etwas ganz Besonderes. Es kann auch zwischen den Gängen zur Erfrischung serviert werden.

Diesem nicht alltäglichen, delikaten Rosenblüten-Sorbet verleiht eine Rosenblüten-Marmelade das besondere Aroma. Das Sorbet schmeckt wunderbar als Abschluß eines leichten Sommermenüs, ob pur oder garniert mit zartem Gebäck, wie beispielsweise Katzenzungen.

Safran-Knoblauch

Diese exotisch anmutende Zubereitung macht wirklich nur wenig Mühe und ist eine willkommene Abwechslung zu herkömmlich eingelegtem Knoblauch.

ERGIBT ETWA 700 ML

4–5 Knoblauchknollen, in Zehen zerteilt, ungeschält
3 EL Zucker
1 große Prise Safranfäden, zerrieben
1½ TL schwarze Pfefferkörner
1 TL Meersalz

In einem Topf 300 ml Wasser zum Kochen bringen, die Knoblauchzehen hinzufügen und 2 Minuten blanchieren. Den Topf von der Kochstelle nehmen und die Knoblauchzehen mit einer Schaumkelle herausheben. Bis zur Weiterverarbeitung etwas abkühlen lassen, dann schälen und in ein sauberes, trockenes Einmachglas füllen.

Den Zucker in die Kochflüssigkeit einstreuen und bei milder Hitze unter Rühren auflösen. Den Safran, die Pfefferkörner und das Salz zugeben und rasch aufkochen lassen.

Den Sud über die Knoblauchzehen gießen und das Glas fest verschließen. Bis zum Öffnen mindestens 3 Monate durchziehen lassen.

Rhabarber-Ingwer-Konfitüre

In England gilt Rhabarber mit Ingwer als eine klassische Mischung. In diesem Rezept gibt frischer Ingwer das Grundaroma und der in Sirup eingelegte Ingwer einen milderen, süßeren Geschmack und etwas mehr Konsistenz.

Frischen Ingwer sollte man möglichst als großes Stück kaufen. Er muß sich fest anfühlen und eine matt glänzende Schale haben, sonst ist er bereits ausgetrocknet und hat Aroma verloren.

ERGIBT ETWA 1,8 KG

900 g Rhabarber, kleingeschnitten
900 g Zucker
25 g frischer Ingwer, ungeschält
90 g in Sirup eingelegter Ingwer, abgetropft und gehackt

Die Rhabarberstücke abwechselnd mit dem Zucker in eine Schüssel schichten und zugedeckt über Nacht an einem kühlen Platz durchziehen lassen.

Den frischen Ingwer mit der flachen Seite eines Messer auf einem Arbeitsbrett zerdrücken, in ein Stück Musselin einbinden und das Stoffsäckchen in einen großen Topf legen.

Den Inhalt der Schüssel in den Topf geben und bei milder Hitze den Zucker unter Rühren auflösen. Die Temperatur heraufschalten und die Mischung 15 Minuten sprudelnd kochen, bis sie leicht eingedickt ist. Bei Bedarf umrühren.

Den eingelegten Ingwer hinzufügen und weitere 5 Minuten kochen. Das Stoffsäckchen herausnehmen und entstandenen Schaum abschöpfen. Die Konfitüre 10–15 Minuten abkühlen lassen, dann in vorgewärmte, saubere, trockene Gläser füllen. Fest verschließen und bis zum Öffnen mindestens 1 Woche kühl, dunkel und trocken aufbewahren.

Rhabarber-Pickle

Der Rhabarber in diesem Rezept wird nicht gekocht, sondern nur mit der heißen Essiglösung übergossen, was einen ähnlichen Effekt hat. Einfacher und schneller geht es wirklich nicht. Darüber hinaus behält der Rhabarber seine Form und wird nicht zu weich.

ERGIBT ETWA 1,5 KG

1,1 kg Rhabarber, in dicke Scheiben geschnitten
2 EL Zucker
2 EL Meersalz
575 ml Apfelessig
25 g frischer Ingwer, in dünne Scheibchen geschnitten
25 g Gewürznelken
1 getrocknete rote Chilischote, aufgeschlitzt

Den kleingeschnittenen Rhabarber in ein hitzebeständiges Glas füllen.

In einem großen Topf den Zucker und das Salz bei milder Hitze unter Rühren im Essig auflösen. Die Gewürze hinzufügen und 2 Minuten kochen.

Den heißen Essigsud über den Rhabarber gießen und die Mischung abkühlen lassen, dann das Glas mit einem säurebeständigen Deckel fest verschließen und bis zum Öffnen mindestens 1 Monat kühl, dunkel und trocken aufbewahren.

Kandierte Angelika

Obwohl das Kandieren von Angelikastengeln etwas Mühe macht, lohnt sich die Arbeit, denn sie schmecken um einiges besser als die handelsüblichen Produkte. Angelika, auch als Engelwurz bekannt, ist in jedem Garten leicht zu kultivieren und benötigt keine besondere Pflege. Die Stengel zum Kandieren werden am besten im April oder Mai geerntet und sofort in Salzwasser eingelegt, damit sie ihre schöne grüne Farbe behalten. Die süßlichen Blätter können zum Aromatisieren von Kompott verwendet werden. Außerdem mildern sie die Säure von herbsäuerlichen Früchten wie Rhabarber (siehe Angelika-Rhabarber-Marmelade, S. 135). Das Kandieren von Früchten wird ausführlich auf den Seiten 20–21 beschrieben.

8 g Salz
2–3 Handvoll frische Angelikastengel
Zucker

In einer großen Schüssel das Salz in 2,3 l Wasser auflösen, die Angelikastengel hineingeben und 10 Minuten darin ziehen lassen.

Die Stengel abtropfen lassen und unter fließendem, kaltem Wasser abspülen. In einen großen Topf geben und, knapp mit Wasser bedeckt, zum Kochen bringen, dann etwa 5 Minuten kochen, bis sie ziemlich weich sind. Erneut abtropfen lassen, das Kochwasser zurückbehalten und die Stengel in einen Drahtkorb geben, der genau in den Topf paßt. Sobald die Stengel abgekühlt sind, die harte Außenhaut abziehen.

175 g Zucker und 300 ml von der Kochflüssigkeit in einen großen Topf geben und bei milder Hitze den Zucker unter Rühren auflösen. Die Temperatur heraufschalten und die Zuckerlösung aufkochen. Den Drahtkorb mit den Angelikastengeln in den Topf hängen und zugedeckt 1 Tag an einem kühlen Platz durchziehen lassen.

Den Korb herausnehmen und den Sirup abmessen und auf je 300 ml Flüssigkeit 50 g Zucker zugeben. Den Sirup in den Topf zurückgießen und bei milder Hitze den Zucker unter Rühren auflösen.

ANGELIKA

Die Hitzezufuhr erhöhen und den Sirup erneut aufkochen lassen. Den Topf von der Kochstelle nehmen, den Drahtkorb mit den Stengeln wieder in den Topf hängen und zugedeckt einen weiteren Tag durchziehen lassen. Diese Prozedur fünfmal wiederholen, bis der Sirup die Konsistenz von dünnem Honig hat. Nach dem letzten Auflösen von 50 g Zucker die Stengel 2–3 Minuten im Sirup kochen und dann zugedeckt 2 Tage stehenlassen.

Die Angelikastengel aus dem Sirup nehmen (der Sirup kann zum Süßen von Obstspeisen verwendet werden), auf einem mit Alufolie ausgelegten Kuchengitter ausbreiten und zum Trocknen an einen warmen, trockenen Platz stellen (oder in den auf kleinster Flamme eingeschalteten Backofen stellen und die Tür einen Spaltbreit öffnen). Bis zum Verzehr zwischen Wachspapier luftdicht verschlossen aufbewahren.

Unten: In feine Streifen geschnittene Angelikablätter verleihen der Angelika-Rhabarber-Marmelade ein außergewöhnliches Aroma.

Angelika-Rhabarber-Marmelade

Frische Angelikablätter verleihen der Marmelade nicht nur einen delikaten Duft, sie mildern außerdem die Säure des Rhabarbers.

ERGIBT ETWA 1,4 KG

900 g Rhabarber, in 2–3 cm lange Stücke geschnitten
900 g Zucker
5 Angelikablätter, in feine Streifen geschnitten
Saft von 1 Zitrone

Den Rhabarber mit dem Zucker in einer metallfreien Schüssel verrühren und die Mischung zugedeckt 8 Stunden an einem kühlen Platz durchziehen lassen.

Die Mischung in einen Topf geben, die Angelikablätter und den Zitronensaft hinzufügen und bei milder Hitze rühren, bis sich der Zucker aufgelöst hat. Die Hitzezufuhr erhöhen und die Mischung zum Kochen bringen, dann 10–15 Minuten kräftig weiterkochen lassen, bis der Gelierpunkt erreicht ist. Bei Bedarf rühren.

Den Topf von der Kochstelle nehmen und die Marmelade abschäumen. In vorgewärmte, saubere und trockene Gläser füllen, fest verschließen und bis zum Öffnen mindestens 1 Monat kühl, dunkel und trocken aufbewahren.

Abwandlung:
Rosenblüten-Rhabarber-Marmelade
Die Angelikablätter durch eine gute Handvoll dunkelroter, stark duftender Rosenblütenblätter ersetzen und wie oben beschrieben fortfahren. Ergibt etwa 1,4 kg.

Die Marmelade zum Füllen von Torteletts verwenden, die anschließend mit einer Sahnehaube verziert werden. Sie schmeckt auch köstlich zu einem gedämpften Pudding oder zu Frischkäse.

Ziegenkäse in Öl

Läßt man den Käse 2–3 Wochen im Öl durchziehen, kann das Öl die ganze Geschmacksfülle des Käses aufnehmen und umgekehrt. Für dieses klassische, französische Rezept sollte man versuchen, kleine, feste, aber nicht zu trockene Ziegenkäse zu bekommen, die jeweils etwa 60–75 g wiegen.

ERGIBT 6 STÜCK

6 Stück Crottin de Chavignol oder andere Ziegenkäse
2 Lorbeerblätter
3 frische Thymianzweige
1 frischer Rosmarinzweig
1 Knoblauchzehe (nach Belieben)
6 schwarze Pfefferkörner
Olivenöl

Den Käse, die Kräuter, die Pfefferkörner und den Knoblauch – falls verwendet – in ein sauberes, Glas geben, mit so viel Olivenöl aufgießen, daß die Käse gut bedeckt sind, und fest verschließen. Bis zum Öffnen mindestens 1–2 Wochen kühl, dunkel und trocken aufbewahren und möglichst innerhalb von 6–8 Wochen verbrauchen.

Abwandlung: ***Feta in Öl***
175 g Feta abtropfen lassen, mit Küchenkrepp abtrocknen und würfeln. Die Käsewürfel mit ein paar Zweigen frischer Kräuter, 1 getrockneten roten Chilischote, 2 leicht zerdrückten Knoblauchzehen und 12 schwarzen Pfefferkörnern in ein sauberes Glas füllen und mit Olivenöl aufgießen. Das Glas fest verschließen und bis zum Öffnen mindestens 1 Woche kühl, dunkel und trocken aufbewahren. Die Menge reicht für ein Glas von 500 g Fassungsvermögen.

Den eingelegten Käse zu knusprigem Brot servieren oder an Salate geben. Man kann mit ihm auch Toast oder Weißbrotscheiben belegen und grillen. In Scheiben geschnitten, ist der Käse ein vorzüglicher Pizzabelag, oder man würfelt ihn und mischt ihn mit heißen Nudeln. Übriggebliebenes Öl kann über knuspriges Brot geträufelt, für Salatsaucen oder zum Bestreichen von gegrilltem Fleisch, Huhn oder Fisch und zum Sautieren von Gemüse verwendet werden.

Aromatisiertes Öl

Aromatisierte Öle machen keine Mühe in der Herstellung und verleihen vielen Gerichten eine besondere Note.

Fast alle Aromazutaten sind zum Parfümieren der Öle geeignet, angefangen bei Rosenblütenblättern über duftende Kräuter bis hin zu aromatischen Gewürzen, feurigen Chillies oder herben Zitrusschalen.

Die Wahl des Öls ist abhängig vom jeweiligen Verwendungszweck und natürlich vom persönlichen Geschmack.

Besonders geeignet ist ein mildes Olivenöl. Als Würzöl für Salatsaucen nimmt man am besten ein kaltgepreßtes Olivenöl aus erster Pressung, für Würzöle, die zum Kochen gedacht sind, kann auch ein einfacheres Olivenöl verwendet werden. Neutrale Öle wie Maiskeim- oder Distelöl sind besser zum Ansetzen von geschmacksintensiveren Aromazutaten geeignet.

Aromatisierte Öle sind in der Küche vielseitig verwendbar, zum Beispiel für Salatsaucen, Marinaden und gekochtes Gemüse oder zum Braten und Bestreichen von Grillgut.

Indisches Würzöl

ERGIBT ETWA 570 ML

2 EL Koriandersamen
1 EL Bockshornkleesamen
1 EL Kreuzkümmelsamen
6 Kardamomkapseln
2 getrocknete rote Chillies
570 ml Erdnußöl

Koriander, Bockshornklee, Kreuzkümmel und Kardamom mit den Chillies trocken in einer Pfanne mit schwerem Boden anrösten; gelegentlich rühren, damit nichts anbrennt.

Die gerösteten Gewürze und Chillies leicht zerstoßen und in ein Glasgefäß geben. Das Öl zugießen, das Gefäß fest verschließen und kräftig schütteln, dann etwa 1 Woche durchziehen lassen; in dieser Zeit den Inhalt gelegentlich schütteln. Das Öl gegebenenfalls abseihen und in eine saubere Flasche umfüllen.

Kühl, dunkel und trocken aufbewahrt, hält sich das Öl bis zu 6 Monate.

Kräuteröl

Man kann nur ein Küchenkraut oder eine Mischung verschiedener Kräuter verwenden. Einige Lorbeerblätter intensivieren den Geschmack.

ERGIBT ETWA 1,1 L

1 Bund frische Kräuter, wie Rosmarin, Basilikum, Estragon oder Thymian
2 Knoblauchzehen (nach Belieben)
6 schwarze Pfefferkörner
Etwa 1,1 l Olivenöl

Alle Zutaten in ein sauberes Glasgefäß geben, fest verschließen und gut durchschütteln. Das Öl 2 Wochen an einem kühlen, dunklen Ort durchziehen lassen und das Gefäß einmal täglich schütteln. Nach dieser Zeit den Knoblauch – falls verwendet – herausnehmen, das Gefäß wieder verschließen und abermals 2 Wochen stehenlassen.

Das Öl in eine Flasche abseihen. Gegebenenfalls einen Zweig der verwendeten Kräuter zur Dekoration in die Flasche geben, die Flasche fest verschließen. Kühl, dunkel und trocken aufbewahren und innerhalb von 6 Monaten verbrauchen.

Chiliöl

Die Schärfe des Öls läßt sich mildern, indem man die Samenkerne der Chilischoten entfernt. Da die Chillies unterschiedlich scharf sind, sollte das Öl hin und wieder probiert werden, ob es den passenden Schärfegrad erreicht hat.

Ist das Öl zur sofortigen Verwendung bestimmt, schneidet man die Schoten in Ringe, erwärmt sie behutsam im Öl und läßt sie dann etwa 10 Minuten darin ziehen.

ERGIBT ETWA 570 ML

Etwa 8 frische oder getrocknete rote Chillies, aufgeschnitten
570 ml Sonnenblumenöl

Die Chillies in ein sauberes Glasgefäß geben, mit dem Öl übergießen und zugedeckt etwa 2 Wochen durchziehen lassen. Zwischendurch probieren, um zu sehen, ob das Öl scharf genug ist, dann sofort in eine Flasche abseihen und fest verschließen. Das Öl kühl, dunkel und trocken aufbewahren und innerhalb von 6 Monaten verbrauchen.

Thailändisches Öl

ERGIBT ETWA 700 ML

4 Stengel Zitronengras
4 frische Zweige Koriandergrün
2 getrocknete rote Chillies, aufgeschnitten
1 Knoblauchzehe
700 ml Sonnenblumenöl

Das Zitronengras mit einem Messer auf einem Arbeitsbrett leicht zerdrücken. Das Koriandergrün zwischen den Handflächen leicht zerreiben und mit dem Zitronengras, den Chillies und der Knoblauchzehe in ein Glasgefäß geben. Mit dem Öl aufgießen, das Gefäß fest verschließen, das Öl gut durchschütteln und 2 Wochen durchziehen lassen. Die Knoblauchzehe herausnehmen (am besten mit einem Holzstäbchen aufspießen) und das Gefäß wieder verschließen. Das Öl ist jetzt gebrauchsfertig, sollte aber kühl, dunkel und trocken aufbewahrt und innerhalb von 6 Monaten verbraucht werden.

Orangen-Würzöl

ERGIBT ETWA 700 ML

3 breite Streifen Orangenschale
1 EL Koriandersamen
700 ml Olivenöl

Den Backofen auf kleinster Stufe vorheizen. Die Orangenschale auf ein Backblech legen und etwa 1 1/4 Stunden im warmen Ofen trocknen lassen; die Koriandersamen während der letzten 30 Minuten mit in den Ofen geben.

Die Koriandersamen im Mörser zerstoßen oder im Mixer zerkleinern und zusammen mit der trockenen und gegebenenfalls kleingeschnittenen Orangenschale in ein Glasgefäß geben. Mit dem Öl aufgießen, das Gefäß fest verschließen, schütteln und das Öl etwa 2 Wochen durchziehen lassen; zwischendurch hin und wieder schütteln. Das Öl kühl, dunkel und trocken aufbewahren und innerhalb von 6 Monaten verbrauchen.

Links (von links nach rechts): Kräuteröl, Thailändisches Öl, Orangen-Würzöl und Indisches Würzöl.

Kräutergelee

Mit den verschiedenen Kräutergelees hat man für die meisten Fleischgerichte immer eine passende Beilage: ein Salbeigelee für Schweinefleisch, ein Minz- oder Rosmaringelee für Lamm, ein Estragon- oder Thymiangelee für Huhn und ein Petersiliengelee für Schinken.

Wie würzig das Gelee letztendlich schmeckt, ist abhängig von der Menge der verwendeten Kräuter.

1,1 kg Kochäpfel, vorzugsweise Bramley oder Gravensteiner
Einige große Zweige des gewünschten Küchenkrauts oder eine Mischung aus verschiedenen Kräutern
570 ml Weißweinessig
Zucker
1 Bund frische Kräuter, fein gehackt (etwa 3–4 EL)

Die Äpfel mit ihrer Schale und dem Kerngehäuse hacken. Die gehackten Äpfel mit den ganzen Kräuterzweigen und 570 ml Wasser in einen großen Topf geben, zum Kochen bringen und ungefähr 1 Stunde unter gelegentlichem Rühren sanft köcheln lassen.

Den Essig zugießen, die Mischung aufkochen und 5 Minuten weiterkochen lassen.

Den Topfinhalt durch einen ausgekochten Saftbeutel 8–12 Stunden an einem kühlen Platz in eine metallfreie Schüssel abtropfen lassen. Den Beutel nicht pressen oder wringen, sonst wird das Gelee trüb.

Den abgetropften Saft abmessen und in einem großen Topf langsam erhitzen. Pro 570 ml Flüssigkeit 450 g Zucker abwiegen. Den Zucker in den Saft einrühren, bis er aufgelöst ist, dann die Temperatur heraufschalten und die Mischung 10–15 Minuten sprudelnd kochen, bis der Gelierpunkt erreicht ist.

Den Topf von der Kochstelle nehmen, das Gelee abschäumen und 10–15 Minuten stehenlassen, erst dann die gehackten Kräuter unterrühren, damit sie sich gleichmäßig verteilen. Das Gelee in vorgewärmte, saubere Gläser füllen und fest verschließen. Über Nacht abkühlen lassen und anschließend kühl, dunkel und trocken aufbewahren.

Aromatisierter Essig

Mit Würzmitteln versetzter Essig läßt sich genauso einfach herstellen wie aromatisiertes Öl (siehe S. 136–137), ist aber wesentlich länger haltbar, das heißt mindestens ein Jahr.

Aromatisierter Essig verleiht Salatsaucen und selbstgemachter Mayonnaise eine individuelle Geschmacksnote.

Die zum Ansetzen verwendeten Blüten und Kräuter müssen absolut trocken sein.

Zitrusessig

ERGIBT ETWA 1 L

1 l Weißweinessig
2 unbehandelte Zitronen
1/2 unbehandelte Orange
2 unbehandelte Limetten
1 Prise Paprikapulver
Pfeffer
Meersalz

Den Essig in einen Topf gießen. Eine der beiden Zitronen in dünne Scheiben schneiden und dazugeben.

Die Schale der zweiten Zitrone, der halben Orange und einer Limetten abreiben und hinzufügen. Die zweite Limette auspressen und den Saft in den Topf geben. Paprikapulver, Salz und Pfeffer zugeben, die Flüssigkeit aufkochen und dann abkühlen lassen.

Den gewürzten Essig in saubere Gläser füllen und die Zitronenscheiben gleichmäßig auf die Gläser verteilen. Die Gläser mit säurebeständigen Deckeln fest verschließen und an einem sonnigen oder warmen Ort 2 Wochen ziehen lassen; die Gläser gelegentlich schütteln.

Anschließend den Essig durch ein mit Musselin ausgelegtes Kunststoffsieb in saubere Flaschen abseihen und verkorken.

Chiliessig

ERGIBT ETWA 1 L

350 g frische kleine rote und grüne Chillies
1 l Weißweinessig
2–3 Knoblauchzehen

Die Chillies mit dem Essig in einen Topf geben und 1 Minute kochen lassen.

Die Knoblauchzehen auf saubere Glasgefäße verteilen und mit dem Essig übergießen. Die Chillies auf die Gefäße verteilen. Mit säurebeständigen Deckeln fest verschließen und den Essig bis zum Gebrauch 2–4 Wochen stehenlassen; gelegentlich schütteln.

Den Chiliessig anschließend kühl, dunkel und trocken aufbewahren.

Holunderblütenessig

ERGIBT ETWA 1 L

Eine große Handvoll frische Holunderblütendolden
1 l Weißweinessig

Die Blütendolden in ein sauberes Glasgefäß geben, mit Essig aufgießen und mit einem säurebeständigen Deckel verschließen.

Die Blütendolden mindestens 1 Monat an einem kühlen, dunklen und trockenen Ort im Essig ziehen lassen.

Anschließend den Essig durch ein mit Musselin ausgelegtes Kunststoffsieb in eine saubere Flasche füllen, verkorken und kühl, dunkel und trocken aufbewahren.

Rosenblütenessig

ERGIBT ETWA 1 L

75 g stark duftende Rosenblütenblätter
1 l Weißweinessig

Die Rosenblütenblätter in ein großes sauberes Glasgefäß geben und mit dem Weißweinessig aufgießen.

Das Glas mit einem säurebeständigen Deckel verschließen und die Blütenblätter etwa 10 Tage im Essig ziehen lassen; das Gefäß gelegentlich schütteln.

Den Essig durch ein mit Musselin ausgelegtes Kunststoffsieb in saubere Flaschen füllen und verkorken.

Der Rosenblütenessig ist sofort gebrauchsfertig, sollte aber kühl, dunkel und trocken aufbewahrt werden.

Gewürzessig

Dieser Essig dient in erster Linie als Einmachessig, eignet sich aber auch vorzüglich für Salatsaucen und Mayonnaise.

ERGIBT ETWA 1,1 L

1 EL Pimentkörner
1 EL Gewürznelken
2 Zimtstangen
1 EL schwarze Pfefferkörner
2 Muskatblüten
2 Lorbeerblätter, in Stücke zerteilt
4 getrocknete rote Chillies
1,1 l Rotwein- oder Weißweinessig

Alle Zutaten in einen großen Topf geben und zum Kochen bringen. Den heißen Essig mit den Gewürzen in saubere Flaschen füllen , dabei die Würzmittel gleichmäßig auf die Flaschen verteilen. Die Flaschen verkorken. Der Gewürzessig ist bereits nach einem Tag gebrauchsfertig, sollte aber nach Möglichkeit noch 1–2 Wochen durchziehen. Den fertigen Essig kühl, dunkel und trocken aufbewahren.

Wird der Essig längere Zeit aufbewahrt, sollte man ihn hin und wieder probieren, und falls der Geschmack zu aufdringlich wird, ist es besser die Gewürze zu entfernen.

Unten (von links nach rechts): Essig mit Chillis, Rosenblüten, Zitrusfrüchten und Gewürzen.

Allgemeines Register

Kursiv gedruckte Zahlen verweisen auf Abbildungen.
Die Namen der Rezepte, für die Einmachspezialitäten verwendet werden, sind ebenfalls kursiv gedruckt.

A

B

C

D

E

F

G

Allgemeines Register

Allgemeines Register

Register der Rezepte

In diesem Register sind alle Einmachrezepte nach Sachgruppen geordnet. Kursiv gedruckte Zahlen verweisen auf Abbildungen.

Register der Rezepte

Danksagung

Dank der Autorin

Während der Recherchen zu diesem Buch und bei der anschließenden Ausarbeitung bin ich mit vielen Menschen zusammengekommen, die mir bereitwillig das eine oder andere streng gehütete Einmachrezept verraten haben, und dafür möchte ich jedem einzelnen herzlich danken. Bei jedem Rezept habe ich nachgefragt, ob es bereits irgendwo veröffentlich wurde, und wo immer es möglich war, habe ich die Erlaubnis zum Nachdruck eingeholt. Die Rezepte für Ratatouille-Chutney (siehe S. 36) und Eingelegte Orangen mit Honig (siehe S. 66) stammen aus dem Buch *Home Preserves* von Jackie Burrows, das erstmalig 1979 bei Sundial Books Limited in der Reihe *St Michael Cookery Library* erschienen ist.

Dank des Verlages

Der Verlag dankt den nachstehend aufgeführten Personen für ihre Hilfe bei der Vorbereitung des Buches: Kate Bell, Alison Bolus, Jo Brewer, Janet Brinkworth, Jackie Burrows, Fiona Kirkpatrick, Louisa Maskill von *Wild Food Tamed* (für die Beschaffung der grünen Walnüsse für das Foto auf S. 127), Jackie Matthews und Kate Worsley. Der Verlag dankt außerdem Jane Chapman, Alison Fenton, Helen Green und Tony Seddon für ihre Unterstützung.